법관의 일

법관의 일

송민경 지음

문학동네

차례

1부 판사의 하루

2부 타인의 삶

3부 더 나은 삶을 위하여

프롤로그

중국의 소설가 위화는 한 사람이 성장해온 과정이 그의 일생을 결정한다고 말했다. 이 세상에 관한 기본적인 그림이 바로 이때 그의 가슴 깊은 곳에 새겨져 마치 복사기처럼 한 장 또 한 장 개인의 삶 속에서 계속 복사되는 것이라고 말이다.[1] 갓 태어난 병아리에게는 처음 맞닥뜨린 존재가 모성으로 각인되는 것처럼, 한 개인의 성장 과정에서 마주한 결정적 사건은 그의 영혼 속에 쉽게 지워지지 않는 흔적을 남긴다.

그런 면에서 내게는 초임법관 시절이 각별한 기억으로 떠오른다. 내가 처음 발령받았던 법원은 태릉 부근의 서울북부지방법원이었는데, 건물이 낡고 퇴락하긴 했지만 주변 동네가 한적하고 고즈넉했다. 특히 법원 근처에 드라마 〈나의 아저씨〉에 나오는 것과 비슷한 철길

이 있었다. 그때 나는 근처에 사는 고등학교 선배 집에 기숙하는 신세여서 퇴근길에 곧장 집에 가지 않고 종종 산책을 즐겼는데, 〈나의 아저씨〉의 이선균처럼 서류가방을 둘러메고 철길 앞을 뚜벅뚜벅 걷고 또 걸었다. 그렇게 걷다가 차단기가 내려오는 철길 건널목 앞에 멈춰 서서 땡땡거리는 종소리를 듣고 있으면, 왠지 꿈을 꾸는 듯한 초현실적인 기분이 들었다.

그때 그 시절이 아련하고 애틋하게 개인적으로 추억되는 것과 달리, 초임법관 시절 내가 접했던 사건 중에는 기억에 남을 만큼 참혹하고 충격적인 사건이 많았다. 어쩌면 내가 배석판사로 배치되어 일한 재판부에 유독 그런 사건이 많았다기보다는 비교적 순탄한 삶을 살아온 나로서는 우리가 살아가는 이 세계에 그렇게 많은 불행과 불화, 사건과 사고가 넘쳐나는지 미처 알지 못했던 탓이라고 보는 게 정확할 것이다. 그중 한 사건이 특히 기억에 남는다. 어느 날 불운한 사고로 아이를 잃은 부모가 사고 원인을 제공한 구청을 상대로 손해배상을 청구한 사건이었다.

어느 초여름 저녁, 다섯 살짜리 여자아이 유진이[2]는 친오빠 재은과 사촌언니 지은, 사촌동생 준우 그리고 동네 친구들과 어울려 집 근처 공원의 놀이터에서 놀았다. 한참 놀던 유진이는 소변이 마려워 공원 화장실에 갔는데, 유진이와 함께 그네를 타던 준우가 화장실 밖에서 유진이를 기다렸다. 그런데 한참이 지나도 유진이가 나오지 않아 화장실에 따라 들어가보니 세면대 앞 정화조의 뚜껑이 열려 있고, 정화조 안에서 기포가 올라오고 있었다. 준우는 즉시 그 사실을 누나와 사촌형에게 알렸고, 재은은 집으로 달음박질쳐서 엄마에게 알렸다. 저녁상을 차리다 말고 황급하게 뛰쳐나온 엄마는 화장실로 뛰어가 정화조에서 아이를 건져냈지만, 유진이는 이미 의식을 잃은 상태였다. 119 구급대가 도착해 응급처치를 실시한 후, 아이를 인근 병원 응급실로 옮겼지만 안타깝게도 유진이는 끝내 사망했다. 사인은 익사에 의한 심폐정지였다.

그해 가을 무렵, 우리 재판부는 문제의 공원으로 현장검증을 갔다. 동네 어디서나 흔히 볼 수 있는 작은 공원이었다. 플라타너스가 곳곳에 서 있는 그리 넓지 않은 공원을 산책길이 에두르고 있었다. 공원 안으로 조금 걸어들어가니 공원 중앙에 있는 놀이터에는 여전히 동네 꼬마들이 뛰어놀고 있었다. 그리고 바로 곁에 화장실이 있었다.

공원 화장실은 용변 칸이 서너 개쯤 있고 벽면에 오늘의 명언이 액자 형식으로 걸려 있는 평범한 공용화장실이었다. 세면대 앞쪽 바닥에는 직경 40~50센티미터쯤 되는 정화조 뚜껑이 있었는데, 사고 당시 유진이는 정화조 뚜껑이 열려 있는 줄 모르고 그 앞을 지나다가 추락한 것으로 추정됐다. 만약 어른이나 몸집이 조금 더 큰 아이가 그런 일을 당했다면 발만 빠지거나 몸통 정도에서 걸렸을 것이다. 하지만 재판기록에 첨부된 사진 속에 가족과 함께 환히 웃고 있는 아이는 작은 새처럼 가냘프고 왜소했다. 정화조 뚜껑을 열고 무게를 달아보니 2킬로그램 남짓밖에 되지 않을 정도로 가벼운 데다

뚜껑 중앙에 손잡이가 있어 누구라도 쉽게 들어올릴 수 있었다.

사고 원인은 불분명했다. 새벽녘에 인부가 정화조에 파이프를 연결해 분뇨 배출 작업을 한 후 정화조 뚜껑을 덮어두는 것을 잊은 탓일 수도 있고, 누군가 장난삼아 정화조 뚜껑을 열어둔 것일 수도 있었다. 하지만 무슨 연유이든 유진이가 그날 오후 6시 50분경에 무심결에 공원 화장실로 걸어들어갔을 때 정화조 뚜껑이 열려 있었던 것만은 분명했다.

그날, 퇴근길에 산책하다 말고 맥 빠진 기분이 들어 동네 공원의 풀밭에 풀썩 주저앉았다. 근처 편의점에서 산 캔맥주를 홀짝거리며 천천히 비웠다. 그날 일을 돌이키며 앉아 있자니 빈속에 마셔 올라오는 술기운 때문인지 몰라도 법이 무엇인지 왠지 알 것 같았다. 우리가 살아가는 이 세상에는 우리의 발길이 이르는 도처에, 온갖 모퉁이와 구석구석에, 어쩌면 지금 내 발밑에도 시커먼 구멍이 존재할지 모른다. 누군가 악의적으로, 부주의하게, 무심결에 매설하거나 방치한 지뢰처럼 검은 구멍은 얕고 교활한 숨을 고르고 있다가 누군가 곁에 다가오면 갑자기 시커먼 아가리를 벌려 그의 발목을 낚아챌 것이다.

이 복잡한 세상에서 어떤 일은 예측할 수 없이, 이해할 수 없이 일어난다. 어찌하여 이런 일이 생겨났는지 묻는다면, 유일하게 가능한 대답은 그저 그 일이 일어났다는 것이다. 유진이에게 일어난 일이 누군가의 짓궂은 장난 탓으로 밝혀졌다고 해도, 혹은 관리자의 관리 소홀 탓으로 드러났다고 해도, 당시 놀이터에서 함께 뛰어놀던 동네 꼬마들 중에 왜 굳이 유진이가 그 일을 당했는지, 아니, 당해야만 했는지는 설명되지 않는다.

당연한 말이지만 법은 그 일이 일어나지 않은 것처럼, 구멍이 처음부터 생겨나지 않은 것처럼 되돌릴 수는 없다. 그럼에도 법은 뒤늦게나마 해야 하는 일을 한다. 구덩이에 빠진 불운한 누군가를 건져올리고, (할 수 있다면) 구덩이를 메운다. 그 과정에서 최소한의 이해를 구할 자격 있는 사람이 있다면, 아마 그 일을 당한 사람일 것이다. 유진이의 부모는 평화로운 공원 한켠에 어째서 끔찍한 구멍이 생겨나 하필 유진이를 삼켜버렸는지 결코 이해할 수 없을 것이다. 하지만 적어도 구청이 화장실 관리에 좀더 신경썼다면, 허술한 정화조 뚜껑을 좀더 견고한 것으로 교체했다면 그런 비극이 일어나지 않았을 것임을 이해할 수 있을 테고, '법정'이라는 공간에 함께 선 사람들에게 그러한 이해를 공유하고 또 선언해줄 것을 요청할 수 있다. 법은 사건의 필연을 이해하는 데 대체로 실패하지만, 최소한의 책임을 규명하는 일만은 그럭저럭 해낸다.

누군가는 이 모든 일이 부질없는 일이라 말할지 모른다. 소 잃고 외양간 고치는 격이라고 비아냥댈지 모른다. 구청을 상대로 소송을 제기한다고 아이가 살아 돌아오는 건 아닐 테니까. 그러나 하등의 필연적 이유 없이 그럴 수 있을 법한 일들로 가득찬 이 세계에서 뒤늦게나마 기대어 호소할 수 있는 법이라도 없다면 더없이 적막하고 쓸쓸하지 않을지. 법은 이 세상에서 숱하게 일어나는 온갖 종류의

'그럴 수 있는' 일들을 이미 돌이킬 수 없는 기정사실이라는 이유만으로 승인하길 거부한다. 이미 벌어진 일의 사실성을 부인할 순 없어도 그 일의 당위성을 문제삼고 끝내 부정할 수 있는 것이 바로 법의 힘이다. 이 뒤늦은 부인과 거부가 무력하긴 해도 간혹 쓸모 있는 이유는, 그 일의 끝에 살아남은 이로서는 '결코 그래선 안 되는' 일이 벌어졌다는 이 당연한 확증과 확인을 딛고서야 겨우 일어설 수 있기 때문이다.

그런데 언제부터라고 말할 수 없지만, 서서히 나는 우리 삶에 생겨난 구멍을 메우는 일은 법의 부차적인 역할에 지나지 않는다는 사실을 깨달았다. 차라리 법은 우리 삶을 조직하는 보이지 않는 그물망에 가깝다. 법의 실재를 어렴풋이나마 인식하기 전에는 이 사회가 법에 의해 얼마나 조건지어지고 구조화된 사회인지 실감하지 못한다. 하지만 영화 〈매트릭스〉의 네오처럼 빨간 알약을 집어삼키는 순간, 이 사회가 법의 그물망에 의해 조직된 가상세계에 가깝다는 것을 깨닫게 된다. 그럼에도 우리가 평소 법의 실존을 깨닫지 못하는 까닭은 이 사회에 드리워진 법의 그물망이 투명하고 가늘어 눈에 잘 띄지 않기 때문이다. 그러나 이 보이지 않는 법의 그물망은 질기고 촘촘하여 끊어지는 법이 없고, 이곳저곳 미치지 않는 구석이 없다. 아무도 이의를 제기치 않는 문법처럼 우리 삶의 밑바탕에서 강력하고 은밀하게 작용하는 것이 바로 법의 힘이다.

대개의 경우 법의 그물망은 정상적으로, 아무 문제 없이, 거의 무의식적으로 작동한다. 그러다 어느 날, 사고와 불행, 불화와 갈등이 생기면 그때서야 비로소 얽히고설킨 법의 그물망이 수면 위로 불쑥 드러난다. 우리는 물속의 물고기처럼 거대한 매트릭스 안에서 유영하며 살아가기에 그 실체를 깨닫지 못하다가, 어떤 사건을 계기로 자신이 복잡한 거미줄에 의존해서 살아가는 조그만 거미 같은 존재였음을 알게 되는 것이다.

그렇기에 법을 조금이나마 이해하려고 하는 것은 우리 사회를 지배하는 게임의 규칙을 알고자 하는 노력과 같다. 물론 법은 게임에 참여하기 위해 무조건 받아들여야 하는 게임의 규칙과는 조금 다르다. 법은 우리에게 주어지는 것이면서 동시에 우리가 만드는 것이다. 우리 사회는 민주주의와 법치주의의 양축으로 운영된다. 이는 민주주의적인 절차를 통해 우리가 만든 법이 우리가 살아가기 위해 지켜야 할 법으로 주어진다는 뜻이다. 법의 창조와 소여는 앞면과 뒷면이 배배 꼬여 맞물린 뫼비우스 띠와 같다. 이런 면에서 법은 독단적 창조나 피동적 복종이 아닌 자율적 참여의 문제다.

헌법을 최상위로 하여 하나하나의 개별 법률들이 모이면, 그것이 우리 사회의 운영체제인 '매트릭스'가 된다. 달리 말해, 우리 사회의 운영체제를 프로그래밍하는 코딩 언어가 바로 법이라 할 수 있다. 법을 만드는 일은 이 로직과 언어를 이용해 우리 사회가 지켜야 할 대강의 약속을 정하는 일이고, 법을 해석하고 적용하는 일은 개별 사안 속에서 그 약속의 의미를 되밝혀 이를 관철하는 일이다. 그럼에도 시민들이 법의 언어를 이해하지 못하면 우리 사회를 만들어가는 공적 대화에서 점차 배제되거나 소외될 수밖에 없고, 결국 우리 사회의 나아갈 향배를 합리적 공론公論 아닌 실속 없는 공론空論과 과격한 공분公憤에 내맡기게 된다. 공적 합리성의 알맹이라 할 수 있는 공정성, 효율성, 지속가능성은 정작 망각되고, 각자의 진영 논리에 사로잡힌 허황되고 과격한 수사들만 양산된다.

우리가 공동의 삶을 영위하는 과정에서 생겨나는 문제는 대체로 갈등과 분쟁의 양상을 띤다. 수많은 사람들이 각자의 필요와 욕구, 계획과 전망에 따라 살아가는 공동의 삶에서, 복잡한 사회경제적 이해관계와 다양한 정치적 관점이 엇갈리는 공동의 삶에서 갈등과 분쟁이 생겨나는 건 어찌 보면 불가피하다. 흔한 경제학 상식이 일러주는 것처럼, 인간의 욕망은 무한한 반면 이를 충족하기 위한 자원과 기회는 희소하거나 제한되어 있기 때문이다. 이 문제를 풀어내기 위해서는 한정된 자원과 기회를 어떻게 키워나가고 또 나누는 것이 공정하고 효율적일지 함께 머리를 맞대고 고민하지 않을 수 없다.

우리나라는 지난 반세기의 노력으로 선진국 대열에 간신히 편입되기는 했지만, 저출산과 저성장의 위기, 성별 간 내지 세대 간 갈등, 경제적 양극화, (사회적 고비용의 근원으로 지적되는) 부동산과 교육 문제를 마주하고 있고, 산업구조의 개편이라는 중대한 분기점 앞에 서 있다. 이러한 상황에서 우리 사회가 지속가능한 발전으로 이행하고 한층 복잡다단해진 정치, 사회, 경제적 이해관계를 풀어내기 위해서는 우리 모두를 위한 더 나은 대안을 만들어낼 수 있는 공적 합의의 가능성이 되살아나야 한다.

그래서 나는 양질의 공적 합의를 위한 토양을 되살리는 일이 무엇보다도 우선이라고 생각한다. 이 토양을 프랜시스 후쿠야마가 사회적 번영의 기초로 꼽은 '사회적 신뢰(트러스트)'라고 하든, 하버마스가 시민사회 성립의 필수조건이라고 한 '공론장'이라 부르든 지금 우리에겐 정확히 그런 것이 필요하다. 성격과 기질이 썩 맞지 않고 가치와 지향이 제법 다름에도 어쩌다 눈에 콩깍지가 씌어 결혼한 부부가 티격태격하면서 그럭저럭 어울려 살아가기 위해 요구되는 태도 같은 것이 말이다(네, 맞습니다, 저희 부부 이야기입니다). 서로의 차이를 손쉬운 비난으로 성급하게 해소하려 들지 않고 상대의 입장과 각자의 개성을 존중하는 가운데, 지속가능한 공동의 삶을 일구어가기 위해 함께 동의할 수 있는 지점을 이성적으로 모색해가는 과정이 필요하다. 우리는 법의 언어를 이해함으로써 우리 사회를 조금 더 알아가는 동시에 조금 더 나은 곳으로 바꿔갈 수 있다.

사실 법을 배우고 이해하는 일은, 좋은 시민이 되는 일만큼이나 근본적인 쓸모가 있다고 믿는다. 법적 사고방식을 체득하면 살아가는 데 유용한 어떤 관점을 체득할 수 있기 때문이다. 마치 수학 공식을 모조리 잊어버려도 은연중에 수학적 방식에 따라 사고하는 것과 비슷하다고 할까. 이 책을 읽기 전에는 조금 엉뚱하게 들릴지 모르지만, 법의 관점은 되도록 많이 관찰하고 가급적 적게 판단한다는 점에서 소설가의 관점과 비슷한데, 두 관점은 단지 비유적인 의미에서가 아닌 본질적인 의미에서 유사하다. 구태여 법의 구구절절한 공론에 끼어들 생각이 없는 분이라도, 이런 생뚱한 관점을 하나쯤 당신 안에 간직해두었다가 어느 날 필요한 때 꺼내어 당신의 당면 문제에 비추어본다면 도움될 구석이 아주 없지는 않을 것이다.

2022년 새봄

나의 키친테이블에서

1부

판사의 하루

판사의 하루

나의 하루는 대체로 엇비슷하다. 영화 〈사랑의 블랙홀〉에서 빌 머레이가 분한 남자 주인공 필 코너는 알 수 없는 이유로 타임루프에 갇혀 같은 하루를 반복해서 살게 된다. 같은 하루를 살아가는 모습이 조금씩 달라지기는 하지만.

나도 영화 속의 빌 머레이처럼 같은 침대에서 매일 아침 정각 6시에 일어난다. 잠든 아내를 깨우지 않기 위해 조용히 부엌으로 나가 커피 한 잔을 내려 마시고, 잠이 덜 깼다 싶으면 팔굽혀펴기를 서른 개쯤 한다. 서른 평 남짓한 집에 개인 서재를 둘 공간은 없지만, 부엌 식탁에 하얀 데스크매트를 깔면 내 책상이 된다. 작지만 내밀한 나만의 공간에서 사과에 커피를 곁들여 마시며 한 시간가량 이런저런 책, 주로 소설책을 읽는다.

출근시간은 오전 9시지만, 조금 일찍 집을 나선다. 동네 사우나에 들러 몸을 말끔히 씻고 땀을 한소끔 빼기 위해서인데, 이 시간에 동네 사우나에 가면 대개 할아버지들만 계신다. 예전에는 판검사를 '영감님'이라 불렀다고들 하던데, 어쩌면 나도 그런 이유로 아침마다 동네 영감님들과 자연스레 어울리는 건지도 모른다. 자주 오는 영감님들과 데면데면 인사를 나누고, 물 안 잠그고 비누칠한다고 잔소리도 들어가며 그렇게 묵묵히 몸을 씻는다.

사우나에서 법원까지 걸어서 30분, 차 타고 10분 정도 걸린다. 원래 법원까지 걸어다녔지만 퇴근 후 한강 둔치를 걷는 습관을 들인 이후로 차를 타고 다닌다. 개인 사무실에 들어서는 시각은 대략 오전 8시 정도. 빨라도 늦어도 오차 범위 10분 이내를 벗어나는 경우는 좀처럼 없다. 일이 밀렸을 때는 업무를 바로 시작하지만, 평소에는 읽고 싶은 책을 좀더 읽는다. 그런데 이때 읽는 책은 소설이 아니다. 업무와 직접 관련되는 법학서적이나 논문을 읽기도 하지만, 대개는 판사로서 소양을 기르는 데 도움이 된다고 믿는 책들, 그러니까 인문사회 분야의 서적을 읽는다.

초임법관 시절, 칸트의 『순수이성비판』을 힘겹게 읽어나갈 때 함께 사무실을 쓰던 배석판사(부장판사는 개인 사무실을 쓰지만, 배석판사는 동료와 사무실을 공유한다)가 도대체 그런 책은 왜 읽느냐고 물은 적이 있다. 요즘 사는 게 힘드냐고, 얼마 전 만난 그녀에게 차이기라도 한 거냐고(아닙니다, 지금도 함께 그럭저럭 살고 있답니다). 갑작스러운 질문에 말문이 막히는 바람에 그런 책을 읽는 게 '판사한테 참 좋은데 어떻게 표현할 방법이 없네'라고 혼자 되뇌었을 뿐이지만, 지금은 표현할 방법을 조금은 알 것 같다.

판사의 일이란 세상에서 벌어지는 온갖 일들과 그 속에서 살아가는 숱한 사람들을 '법정'이라는 한정된 공간에서 마주하는 가운데, 무수한 주장과 증거의 이면에 놓인 사건의 실체를 파악하는 일이다. 다시 말해, 법관은 무언가를 알아내야 함과 동시에 (어느 지점에 이르러서) 무언가는 도저히 알 수 없다고 고백해야 하는 사람이다. 그러므로 이런 책임을 갖는 사람에게 인간 인식의 조건과 한계를 논하는 칸트의 인식론은 한번쯤 진지하게 공부해볼 만한 주제가 된다. 물론 모든 판사가 내 생각에 동의하지는 않을 것이다. 하지만 어떤 판사라도 사안의 실체가 무엇인지 판단하려면 무엇을 기준으로 진실을 가릴 것인지에 관한 나름의 관점을 갖지 않을 수 없다. 다만 누군가는 성찰을 거친 정제되고 명료한 형태로, 다른 누군가는 어쩌면 편견일지도 모르는 모호하고 암묵적인 형태로 갖고 있을 뿐이다.

하여튼 이것도 빌 머레이다운, 쓰잘데기없는 습관인지는 모르겠지만, 일찍 출근해 책을 읽을 때는 천장등을 꺼둔 채 초록색 갓을 두른 탁상 스탠드만을 켜둔다. 업무시간이 되면 천장등을 켜고, 경쾌한 음악을 틀고, 사무용 골무를 끼고, 복잡하지 않은 가벼운 일부터 시작한다.

참, 사무용 골무가 무엇인지에 관해 설명이 필요할 듯하다. 만약 이미 이것에 대해 알고 있다면 당신은 법조인이거나 법조인과 특수관계(≒배우자, 자녀, 부모, 친구 등등)에 있다는 뜻이다. 외과의사가 수술하기에 앞서 수술복을 입고 의료용 마스크를 쓰는 것과 마찬가지로, 판사는 재판기록을 들여다보기에 앞서 국내 유일의 독점업체인 '반디'사에서 나온 파란색 골무를 착용한다.

이 소중한 골무를 엄지손가락에 끼면, 권당 500장쯤 하는 두꺼운 재판기록이 착착, 엉킴 없이, 리듬감 있게 넘어간다. 골무의 표면에 우툴두툴한 엠보싱 돌기가 솟아 있는데, 이것이 손가락에 침을 묻힌 것의 3.5배 정도의 효과를 주는 것이다. 그런데 골무는 이러한 실용적 효과를 넘어 정서적 효능감까지 준다. 적어도 내게 골무를 낀다는 것은 일을 하기에 적합한 정신적 태세(이것도 뭐라 설명하기 어렵다, 판사한테 참 좋은 건 분명한데)를 갖춘다는 뜻이며, '이 고무 재질의 엠보싱 돌기가 닳을 만큼 열심히 기록을 보겠습니다'라고 스스로 다짐하는 일과 같다.

일주일에 두 번 열리는 재판 기일에는 하루종일 법정을 들락거리느라 바쁘지만, 재판 없는 날에도 사무실에서 하루종일 무언가를 읽거나 보거나 쓴다. 그런 점에서 도서관에서 하루 열두 시간씩 엉덩이를 붙이고 앉아 고시 공부를 하던 시절과 별반 달라진 건 없다. 다만 조금 달라진 점은 그때는 주로 법서를 읽었다면 지금은 대부분의 시간을 재판기록을 읽는 데 할애한다는 점이다.

의사에게 진료차트와 같은 것이 판사에게는 재판기록이다. 의사가 환자를 진료하지 않는 날에 진료차트를 보며 다음날 진료를 준비하듯이, 판사는 재판하지 않는 날에도 재판기록을 들여다보며 그

주간의 재판을 준비한다. 그런데 재판기록을 읽을 때 판사에게 필요한 특유의 태도 같은 게 있다. 처음 만나 잘 알지 못하는 사람을 대할 때의 태도 같은 것이랄까. 이를테면 '이 사람은 도대체 어떤 사람일까' 생각해보는 가벼운 호기심, 엉성하게 묶인 운동화 끈에서 운동화 주인의 무방비함을 추론해보는 주의깊은 관찰력, 가설과 추론, 의심과 반증, 억측과 오해 사이를 끊임없이 오가며 누군가를 조금씩 더 깊이 알아가는 순환의 변증법 같은 것. 판사는 처음 만나는 사람을 대할 때처럼 조금은 느긋하게 자신을 열어놓은 상태로 사건기록을 편안하게 읽어내려가면서도 예민한 촉수를 드리운 채 무슨 일이 벌어진 건지 조용히 지켜봐야 한다.

나는 의학 드라마를 볼 때면 의사들에게 늘 감탄하는 편인데, 진료차트와 검사지 따위를 보고 환자의 상태와 운명에 관해 확신에 찬 어투로 말하는 그들의 명료함과 단호함에 매료되곤 한다. 그런데 판사들은 대부분 재판기록을 읽고 또 읽고 나서도 그렇게 단호하고 과감하게 말하지 못한다. 합의부(판사 3인으로 구성된 재판부) 동료들이 사건에 관해 이야기를 나누는 모습을 지켜보자면, 물러터진 남자가 좋아하는 여자에게 자기 마음을 빙빙 둘러 고백하는 장면을 지켜보는 것처럼 속이 답답할 지경이다. "……것 같습니다" "……라고 생각됩니다만" "혹시 그런 건 아닐까요" "어쩌면 아닐 수도 있어요" "반면 ……인 점도 고려해야겠지요" 등등.

하지만 판사와 의사 사이의 이러한 차이는 각자 다루는 문제의 특성에서 오는 차이일 뿐이다. 환자가 병을 앓는다는 것은 그의 육

체나 정신에 이상이 생겨 의사의 치료가 시급한 고통을 느낀다는 뜻이다. 반면 (소송으로 비화되는) 어떤 사건이 일어났다는 건 두 사람 이상이 연루되는 관계에 법원에 의한 공권적 해결을 요하는 심각한 시비가 벌어졌다는 뜻이다. 간단히 말해 환자가 느끼는 고통이 신체의 병리 때문이라면 소송당사자가 겪는 갈등은 관계의 병리 때문인데, 후자의 문제를 단칼에 명쾌하게 정리하고 해결하기는 여간 쉽지 않다. 고르디아스의 풀리지 않는 매듭처럼 서로 다른 인간들의 미묘한 심리와 욕망이 엉키고 복잡한 이해관계가 충돌하는 인생사의 문제이기 때문이다.

무엇보다 판사가 대하는 문제는 늘 언어를 매개로 주어진다. 의사가 엑스레이 촬영이나 혈액검사 등을 통해 병증이 의심되는 환자의 신체를 직접적으로 관찰할 수 있는 것과는 다르다. 판사는 소송당사자의 문제가 무엇인지 파악하기 위해 우선 당사자의 말을 들어야 하며, 그들이 하는 말을 듣거나 써낸 글을 읽지 않고는 그들이 겪고 있는 문제가 무엇인지 알아낼 재간이 없다. 그런데 말과 글을 통해 서술되는 누군가의 문제에는 그 사람의 지극히 개인적인 욕망과 서사, 그리고 이해가 반영될 수밖에 없기에 판사로서 그의 말과 글을 온전히 믿을 수 없다는 점이 문제다. 양자역학의 딜레마처럼 관찰된 대상은 관찰자에 의해 영향을 받지 않을 수 없기에, 관찰의 시점을 달리하면 대상이 어떻게 (달리) 보일 것인지 되묻지 않을 수 없는 것이다.

때문에 어느 편에 치우치지 않고 양쪽 당사자의 말을 공정하게 듣기 위해서는 (조금 아이러니하기는 해도) 당사자의 말을 어느 정도 의심하지 않을 수 없다. 하지만 동시에 사건의 실체를 파악하기 위해서는 순진한 아이처럼 당사자의 말을 신뢰하고 주의깊게 새겨들어야 한다. 이 모순된 요구를 따르는 일은 서로 이 길이 옳다고 우기는 안내자들의 손을 잡고 어두컴컴한 숲속을 헤쳐나가는 일과 비슷하다. 어느 순간엔 누군가의 말에 의지해 앞으로 나아가야 하지만, 어느 때에는 이를 단호히 뿌리치고 다른 사람의 손을 잡거나 이도 마땅치 않다면 두 손으로 앞을 더듬어가며 한 발씩 걸음을 내디뎌야 한다.

결국 사무용 골무를 낀 채 재판기록을 뒤적이며 하루종일 내가 하는 일이란 당사자의 말을 어디까지 믿어야 할지, 무언가 감안하고 들어야 할 부분은 없는지, 당사자의 오랜 편견과 묵은 감정으로 인해 오염되고 과장된 언어는 없는지, 말과 글의 행간에 놓인 숨은 의미는 무엇인지 신중하고 꼼꼼한 편집증 환자처럼 따지는 일이라고 할 수 있다. 그렇기에 기록의 갈피들을 넘겨가며, 그 갈피들 사이 어딘가에서 늘 배회하고 헤매며 서성이는 수밖에.

그리고 나는 글을 쓴다. 판사들 사이에 떠도는 우스갯소리로 '판사가 판결문만 쓰지 않으면 판사짓 할 만하다'는 말이 있는데, 그만큼 법관에게 판결문을 작성하는 일이 부담스러운 일로 다가옴을 보여주는 농담이다. 그러나 나는 판사가 판결문을 쓰지 않으면 무슨 재미로 판사짓을 하나 싶다. 힘들고 어렵긴 해도 이 일에는 분명 고통스러운 쾌감 같은 것이 따르기 때문이다. 판사들이 '깡치'라고 부르는 복잡한 사건은 루빅스큐브처럼 3×3×3개의 쟁점들이 꽈리처럼 얽혀 있는데, 나는 천재가 아니기에 이 모든 쟁점을 단번에 풀어내진 못한다. 하지만 은근과 끈기로 사건기록을 뒤집고 헤집고 헤매다가 도저히 풀지 못할 것처럼 보이던 루빅스큐브의 정육면체를 한면씩 가지런히 맞춰나갈 때의 쾌감이란 이루 말할 수 없다. 판결문을 쓰는 일은 그렇게 갈피가 안 잡히던 쟁점들을 하나하나 갈무리해 정리하고, 카오스에 질서를 부여하는 일이다. 판결문을 쓰지 않는다면 나는 이 모든 혼돈으로부터 구제받지 못할 것이다.

내가 의사가 아니라서 다행인 건 법정에서는 당장 생명을 놓고 촌각을 다투는 문제란 없다는 것이다. 우아하고 냉정하게, 즉각적으로 판단할 일이 없다는 것은 그런 능력을 갖추지 못한 사람에게는 몹시 다행스러운 일이다. 판결문을 쓰는 일은 힘겨운 바둑을 마치고 계가하는 일처럼 느리고 지루하며 (가끔은) 소득 없는 일이지만, 지든 이기든 그 약속된 종착의 과정이 없다면 다시는 묵직한 재판기록을 집어들 용기가 나지 않을 것이다.

일을 마치고 집으로 돌아가는 길에 집 근처 한강 둔치에 들러 잠시라도 걷는다. 머릿속이 복잡하고 무거울 때 걷기만큼 좋은 운동은 없다. 어딘지 소심하고 강박증적인 면모가 있기 때문인지 사건에 대한 생각이 머릿속을 떠나지 않는 경우가 많은데, 사방이 탁 트인 한강변에서 성큼성큼 내딛다보면 배우 하정우의 말처럼 하체가 '상큼'해지고 마음이 가벼워지는 순간이 온다.[1] 아, 인생, 뭐 있나, 그냥 이렇게 걸어가면 되는 거지.

집에 돌아와서는 월요일엔 피아노를 배우고, 주중에 이틀 정도 피트니스센터에 다닌다. 그리고 세상에서 가장 장난기 많은 우리 집 '초딩'들과 어울려 육탄전을 불사하고 한바탕 논다. 어쩌면 하루 정도는 가까운 동료나 친구와 술자리를 갖지만, 늦어도 저녁 10시 전후로 귀가하는 편이다. 주말 저녁에는 가족들과 늦게까지 텔레비전을 보며 맥주를 한두 잔 마시기도 하지만, 대체로 자정을 전후해 잠자리에 든다.

그리고 다음날 아침 침대에서 정각 6시에 일어난다. 잠든 아내를 깨우지 않기 위해 조용히 부엌으로 나가 커피 한잔을 내려 마시고……

이 거짓말처럼 엇비슷한 하루를 되풀이하다보면, 빌 머레이처럼 나이를 먹지 않고 같은 하루를 영원히 반복해서 살 수 있는 건 아닐까 착각이 들기도 한다. 특별히 기억나는 것도 없고, 그렇다고 딱히 후회할 만한 일도 없는 삶이라고 할까. 어쩌면 아내가 타박하는 나의 형편없는 기억력은 이 단조롭고 특징 없는 일상의 자연스러운 귀결일지 모른다.

가끔 밋밋하고 단조로운 일상이 권태롭게 느껴지기도 한다. 생각해보면 판사로 일하기 전에는 이렇게 재미없는 인간은 아니었던 것으로 기억되는데…… 뭐랄까, 사건에 대한 중압감과 매주 반복되는 불가해한 삶의 패턴이 블랙홀처럼 작용해서 나의 입체적 시공개념과 산뜻한 유머감각을 앗아가버린 건 아닐까.

하지만 답답하기는 해도 저자극의 담백한 일상이야말로 판사의 정신건강을 위해 효과적인 처방이 아닌가 싶기도 하다. 세상에서 벌어지는 온갖 해괴한 기담 같은 사건과 인간이란 어떤 존재일까 회의하게 만드는 악행, 어처구니없는 우연과 한순간의 부주의가 빚어낸 참담한 불행을 매일같이 접하다보면, 그 모든 백팔번뇌에서 벗어나 조용히 쉴 수 있는 달팽이집 같은 공간이 절실해진다. 그렇게 나는 재판을 마치고 나면 피폐해진 몸과 마음으로, 움츠러든 달팽이가 되어 달팽이집을 향해 필사적으로 기어가는 것이다.

그런데 단조로운 일상이 복잡한 세상사와 인간사에 지쳐 나가떨어지기 직전인 유약한 판사에게 도피처의 의미만을 갖는 것은 아니다. '건전하고 규칙적인 생활을 통해 심신을 단련할 수 있다'고 말하면 새마을운동 구호처럼 진부하게 들리긴 하겠지만, 이것도 '판사에게 참 좋은데 달리 표현할 방법이 없는' 종류의 일이라 직접 체험해 보시라고 말할 수밖에 없다.

판사는 무언가를 담아내고 또 판단하는 사람이고, 정신 사납게 만드는 사건들에 휘둘리지 않고 이성적으로 사고해야 하는 사람이다. 그런 까닭에 질박하긴 해도 깨끗한 밥그릇 같은 마음을 지녀야 한다. 그러자면 마음속 어딘가에 단단하고 견고한 울타리를 두르는 수밖에 없는데, 내 경험으로는 이런 울타리를 치는 데 (영원히 반복될 듯 착각을 주는) 단조롭게 변주되는 건전하고 규칙적인 생활보다 좋은 건 없다.

법의 관점

소설가 무라카미 하루키는 자신의 직업에 대해 '많은 것을 관찰하고 판단은 조금만 내리는' 사람이라고 정의한 바 있다. 그런데 소설가가 관찰하고 판단하는 일로 먹고사는 만큼, 어쩌면 그 이상으로, 법관도 관찰하고 판단하는 일을 생업으로 한다는 생각이 든다. 사실 이 두 가지를 얼마나 잘하고 또 못하느냐에 따라 판사가 맡은 일의 성패가 갈린다고 해도 과언이 아니다.

법관[1]이 하는 일을 한 문장으로 줄여 말하면, '사실을 인정하고 법을 적용하는 일'인데, 이것의 내적 기제가 바로 '관찰'과 '판단'이다. 소설가는 가상의 시공간에서 등장인물 사이에 벌어지는 사건을 서술하고(관찰), 그렇게 세심하게 구축된 이야기 속에서 우리가 주목해야 할 삶의 중요한 문제가 무엇인지 묻는다(판단). 이와 비슷하게 판사는 소송당사자 사이에 어떤 일이 벌어졌는지 재판을 통해 밝히고 (관찰), 드러난 사실관계를 바탕으로 법적 관점에서 누구의 주장이 옳고 그른지를 가린다(판단).

누군가는 소설가와 판사는 상반된 일을 하는 직업이라고 반박할지도 모른다. 소설가는 픽션을 창작하는 사람인 만큼 얼마나 능숙하게 거짓말을 구사하는지가 그의 작가적 역량을 결정짓는 요소지만, 법관은 어디까지나 사실을 다루는 사람인 만큼 진실한 태도를 유지해야 한다고 말이다. 그러나 아쉽게도 픽션과 논픽션을 경계로 소설가와 법관을 구분짓는 일은 그리 유효적절한 구분법이 아니다. 법관이 암중모색 끝에 발견한 사안의 진실은 개연성 높은 픽션에 가까울 때가 많고, 소설가가 지어낸 가상의 이야기는 눈앞의 현실보다 더 사실 같아 보이기도 하니까.[2] 법관이든 소설가든 각자 찾아낸 사실이나 만들어낸 이야기가 진실에 다가서려면 '많은(≒풍부한, 상세한, 치밀한)' 관찰에 의해 뒷받침되어야 한다는 점에서 두 직업은 다를 바 없다.

차라리 두 가지 일의 차이를 관찰이 아닌 판단의 측면에서 찾아보자. 하루키의 말대로 소설가는 판단을 '조금만' 내린다. 하루키의 표현에 따르면, 소설가는 잠든 고양이를 조심스레 안아올리듯 이야기를 차곡차곡 쌓아올려 독자도 의식하지 못하는 사이에 그를 정교하게 설계된 이야기의 미로 가운데 가둔다. 그리고 그 미궁에서 탈출하기 위해 그가 반드시 답해야 할 질문을 던진다. 소설가가 판단을 '조금만' 내린다는 건, 소설이 제기하는 여러 난감한 질문들에 대한 답을 소설가가 내심 갖고 있을지도 모르지만 학생의 자율성을 존중하는 윤리교사처럼 선불리 답을 말해주지 않고 독자의 숙고와 선택을 기다린다는 뜻이다.

소설가의 판단은 삶에서 야기되는 복잡한 문제에 대한 답을 신속하고 정확하게 찾아내는 능력에 기반하지 않는다. 그의 능력은 무감하게 흘러가는 시간 속에서 우리가 권태롭게, 어쩌면 위태롭게 간과하고 있는 삶의 이면들을, 이리저리 연기처럼 흩어지는 삶의 파편들을 예리한 질문의 형태로 포착해서 파헤치는 드문 재능에 있다. 말하자면 질문의 재능인 것이다. 뛰어난 소설은 교훈으로 독자를 가르치려 하지 않고 이야기를 통해 독자에게 물음을 던진다.

반면 법관의 판단은 주어진 물음에 정확하게 답하는 능력을 바탕으로 한다. 대신 소설가와 달리 판사에게는 질문의 주도권이 없다. 작가가 묻고 독자가 답하는 소설의 구도가 재판에서는 소송당사자가 묻고 판사가 답하는 구도로 뒤집어진다. 당사자의 물음이 법관이 볼 때 중요하지 않다거나 무의미하다거나 어리석은 질문이라는 점은 고려 대상이 아니다. 게임(재판)의 규칙은, 누군가의 물음이 그의 삶에서 중요하고 절박한 물음일 것이라 정당하게 가정되는 데 있다.

그렇다면 질문에 대한 분명한 답을 제시해야 하는 판사는 단지 묻기만 해도 좋은 소설가와 달리 '많이' 판단하는 사람일까. 원고가 피고에게 빌린 돈을 갚을 것을 주장하며 소송을 제기하면, 법관은 실제 그러한 금전거래가 있었는지, 피고가 돈을 언제까지 갚기로 약속했고 또 이자는 얼마나 주기로 했는지에 관해서만 관심을 갖는다.

재판 과정에서 밝혀진 사실관계에 따라 법관은 피고가 원고에게 얼마의 돈을 언제까지 갚을 의무가 있다고 판결하거나 아니면 (돈을 이미 갚았다는 등의 이유로) 돈을 갚을 의무가 없다고 판결할 테지만, 피고가 빌린 돈을 어디에 썼는지, 부자가 가난한 사람에게 돈을 빌려주면서 비싼 이자를 받는 것이 정의로운지 등의 문제에 대해서는 대체로 관심을 두지 않는다.

조금 어려운 용어를 써서 말하자면, 법관의 판단은 '법의 관점legal point of view'을 따르는 판단이다. 법의 관점은 법관이 오랜 직업적 훈련의 결과로 터득하게 된, 사안을 법의 논리로 분석하여 바라보는 관점을 말하는데, 이 관점 덕분에 판사는 '많은' 관찰을 통해 드러난 사실관계의 여러 측면들 중에서 법적으로 문제되는 특정한 단면을 예리하고 날카롭게 재단할 수 있다. 때문에 유능한 법관의 판단을 거친 사안은 깨끗하게 자른 케이크의 단면처럼 이리저리 얽히고설킨 복잡한 법적 쟁점들을 한눈에 보기 좋게 드러낸다.

그런데 법의 관점은 '법'이라는 체계 내에서 유효하게 작동하는 관점에 불과하기에 결코 포괄적이거나 종합적인 시각일 수 없다. 우리가 살아가는 이 복잡한 사회는 정치, 경제, 사회, 문화를 비롯한 여러 다양한 체계들로 이루어져 있고, 법은 그 체계들 중 하나일 뿐이다. 따라서 법의 관점에 따라 판단하는 일은 '상자 안에서 생각하는 일thinking inside the box'[3]과 비슷하다고 보면 된다. 이 말인즉슨 법관은 '법'이라는 작은 상자에 갇힌 채 그 안에서 내다보이는 한정된 시각으로 대상을 바라보고 분석하며 판단하는 일에 능숙한 사람이라는 뜻이다. 그런 의미에서 법관은 기본적으로 좁은 시야를 가진 사람이며, 소설가와 마찬가지로 판단을 '조금만' 내리는 사람이다.

판사가 사건을 대할 때 취하는 법의 관점은 삶의 다양한 측면을 '법'이라는 하나의 기준으로 환원하려는 편협함, 이를테면 법률만능주의 같은 것으로 오해를 사기도 한다. 판사가 형식적 법논리에 사로잡힌 나머지, 국민의 건전한 상식에 어긋나는 판단을 내렸다는 비판이 곧잘 제기되곤 한다.

예를 들면, '도둑 뇌사' 사건이라는 이름으로 비판의 도마에 오르내린 판결을 생각해보자. 어느 집주인이 새벽녘 자기 집에 무단침입한 도둑을 붙잡아 주먹으로 때려 넘어뜨린 후 빨래 건조대로 수차례 폭행했는데, 도둑이 그만 뇌사상태에 빠져 사망하는 바람에 상해치사죄로 기소되었다. 집주인은 재판 과정에서 자기 행위가 정당방위라고 주장했지만, 재판부는 피를 흘리며 바닥에 쓰러져 저항할 수 없게 된 도둑을 빨래 건조대로 재차 폭행한 집주인의 행동은 정당방위의 범위를 넘어서는 행위라고 판단해 징역 1년 6개월의 실형을 선고했다. 피고인이 항소해 2심에서 집행유예로 감형받긴 했지만 1심의 유죄 판단을 뒤집진 못했고, 대법원 역시 피고인의 상고를 기각했다.

그러자 시민들의 비판의 목소리가 잇따랐다.[4] 애당초 야밤에 남의 집에 들어가 물건을 훔치려 한 도둑이 나쁘지, 그 도둑을 때려잡은 집주인을 처벌하는 건 부당하다는 것이다. 어두운 밤에 무단침입한 도둑과 마주한 위급한 상황에서 어떻게 대처할지 판단하기 쉽지 않았을 것임을 감안하면, 집주인이 도둑을 상대로 과잉대응을 했더라도 정당방위로 인정해야 한다는 의견도 적지 않았다. 그러나 현행법은 정당방위의 요건을 '자기 또는 타인의 법익에 대한 현재의 부당한 침해를 방위하기 위한 행위로서 상당한 이유가 있을 때'로 한정하고 있기 때문에 범인을 이미 제압한 상황에서 이루어진 추가적 폭행을 두고 정당방위로 인정하기 어려운 것도 사실이다. 결국 이 사건은 법의 관점에 따른 판단이 시민의 상식적 판단과 얼마나 다를 수 있는지 잘 보여주는 사건이라 하겠다.

또한 최근 사회적으로 활발히 전개되고 있는 미투운동의 연장선에서 법원이 성범죄 피해자의 처지를 충분히 고려하지 않은 채 현행법에 규정된 강간죄의 요건(특히 '폭행'과 '협박'이라는 요건)에 얽매여 강간죄의 성립을 엄격하게 인정하는 것은 부당하다는 비판의 목소리도 높아지고 있다.[5] 폭행이나 협박이 없었다고 해도 상대방의 분명한 동의가 없는 상태에서 이루어진 성관계를 처벌하는 영미법상의 비동의간음죄와 유사한 수준으로 현행법상 강간죄를 운용하자는 것. 하지만 입법론으로서는 몰라도, 법에 엄연히 강간죄의 성립요건으로 규정되어 있는 '폭행'과 '협박'이라는 요건을 사실상 건너뛰어 강간죄를 인정하기는 아무래도 조심스럽다. 특히 살인, 방화, 강도와 더불어 4대 강력범죄인 강간죄를 인정할 경우 피고인에게 중형을 선고할 수밖에 없다는 점을 감안하면 더욱 그렇다.

그런데 판사가 가끔 욕먹을 각오를 하면서까지 법의 관점에 집착하고 이를 고수하려는 이유는 뭘까. 오히려 협소한 법의 관점에서 벗어나, 나름 설득력 있는 사회적인 비판 여론이나 시민들의 법감정까지 두루 고려해서 판단하는 게 현명한 일 아닐까 싶기도 한데 말이다.

친구와 주말에 저녁식사를 하기로 약속했지만 막상 약속한 당일이 되어 밖에 나가기 싫은 마음이 든다고 생각해보자. 하루종일 비가 내려서일 수도 있고 괜시리 우울한 마음이 들거나 좋아하는 주말드라마 본방 사수를 위해서일 수도 있다. 친구와 약속할 당시에는 친구와 시간을 보내는 것이 즐거운 주말을 보내기 위한 방법이라 생각했지만, 지금 기분으로는 친구와 만나기보다 방 안에서 차분히 휴식을 취하고 싶을 때, 약속을 어기고픈 유혹을 느낀다. 물론 대부분의 사람들은 여러 유혹에도 불구하고 약속을 지킬 것이다. 그런데 당신이 약속을 지키는 이유는 약속을 어기면 친구에게서 신뢰를 잃을지 모른다고 생각하기 때문이거나 그 밖의 다른 이유 때문일 수도 있지만, 사실 약속을 지키는 근본적 이유는 따로 있다.

약속은 일종의 계획, 즉 약속의 당사자들이 수립한 공동 계획 같은 것이라 할 수 있는데, 계획은 약속하는 시점(현재)에서 장래 무엇을 하는 것이 좋을지 예측해서 내리는 판단에 근거한다. 그런데 문제는 계획을 수립하는 시점과 계획을 실행하는 시점 사이에는 시차가 존재한다는 것이다. 때문에 월요일에는 이번 주말에 친구와 만나 저녁식사를 함께 하는 것이 즐거우리라 여겨졌지만 막상 만나기로 한 주말이 되어서는 오히려 괴롭거나 성가신 일처럼 느껴질 수도 있다. 하지만 약속과 실행 사이에 끼어들지 모르는 온갖 사정과 변덕에도 불구하고, 친구와 만나기로 한 약속이 다가올 주말에 어떤 일을 하며 보내는 것이 좋을지를 두고 나름 심사숙고하여 내린 결정, 즉 일종의 계획인 것만은 분명하다. 그럼에도 계획을 실행할 시점이 되어 친구와 만나는 게 좋을지 다시금 고민하는 것이 합리적인 일일까. 친구와 만날 것인지를 두고 처음부터 다시 고민하기보다 (그 문제는 접어두고) 차라리 친구와 어디서 만날지, 식사 메뉴는 무엇으로 할지, 그와 무슨 이야기를 나눌지 생각하는 것이 현명한 태도 아닐까.

법관이 법의 관점을 고수하는 이유도 이와 비슷하다. 바로 법이 우리 모두가 정한 계획이기 때문이다. 달리 말해, 법은 일종의 사회적 계획이다. 우리가 직접 법을 만들지 않았어도, 의회가 민주적 절차를 거쳐 제정한 법은 우리가 함께 지켜야 할 공동의 계획이 된다. 그런데 계획이 지향하는 합리성은 실행 시점에 이르러 '또다시 생각함 없이without reconsideration' 하기로 했던 바로 그것을 실행하는 데 있다.[6] 만약 우리가 지적으로 완벽한 존재라면, 슈퍼컴퓨터처럼 시시각각으로 변하는 수많은 변수들을 종합해 장래 어떤 일이 일어날지 예측할 수 있는 존재라면 굳이 힘들여 뭔가를 계획할 필요가 없을 것이다. 행동의 시점에서 여러 대안들 중 어떤 행동이 가장 좋은 결과를 낳을지 예측해 행동하면 될 테니까. 하지만 인간은 다른 동물보다 높은 수준의 지성을 갖추고 있긴 해도 미래를 완벽히 예측하기에 역부족인 인지능력을 타고났기 때문에 계획을 세울 필요가 생긴다. 계획은 인간이 미래를 완벽히 예견하고 그에 맞추어 만들어갈 수 있기 때문에 수립하는 게 아니다. 역설적으로 말해, 계획은 그러한 능력을 어느 정도 갖고 있기는 하되, 또 어느 정도 결여한 존재에게 유용한 활동이다.

물론 이런저런 이유로 약속을 하고도 막상 지키려 하면 난처한 경우가 생겨나듯이, 국회가 신중한 심의 과정을 거쳐 제정한 법률이라도 그대로 따르는 것이 불합리하게 여겨지는 경우도 분명 존재한다. 그럼에도 법관이 가급적 법의 관점을 따르고자 노력하는 이유는, 전체적으로 볼 때 그것이 합리적이기 때문이다. 계획을 번복하거나 뒤집는 것은 전체 의사결정 구조의 합리성을 훼손하는 일이 되며, 그 자체로 비용과 대가를 치르게 된다. 한번 그러한 일이 용인되면 그다음부터는 계획을 세우고도 그에 따르지 않으려는 일이 잇따를 것이며, 결국 사회 전체의 의사결정 비용이 감당하기 어려울 정도로 늘어날 것이다. 때문에 계획이 조금 불합리하거나 어딘지 모르게 부당해 보이더라도 이미 정해둔 바를 따르는 일은 대체로 합리적인 일이 된다.

판사가 법의 관점을 고수하고자 하는 이유는 우리가 중고등학교에서 배운 법치주의 이념에서도 찾을 수 있다. 많은 사람들이 함께 어울려 사는 삶을 조정하고 규제하는 일을 '통치'라고 하는데, 통치가 반드시 법에 의해 이루어지라는 법은 없다. 중고등학교 역사 시간에 익히 배운 것처럼 인류의 오랜 역사에서 통치는 왕이나 귀족 같은 소수 특권층의 전유물이었다. 사람이 다스리는 통치(인치人治)에서 법이 다스리는 통치(법치法治)로 변모하게 된 것은 군주의 신성한 권리보다 개인의 본래적 자유를 중시하는 근대 정치사상의 발달과 민중의 처절한 저항과 희생을 값으로 치른 역사의 여러 우여곡절을 거쳐 비교적 최근에 가능해진 일이다.

법치를 다른 말로 '법의 지배rule of law'라고 하는데, 그 목적은 위정자의 자의에 의존한 통치를 배제하고 공동체 구성원들의 일반의지를 구현한 법에 의한 통치를 제도화함으로써 구성원들의 자유를 보장하는 데 있다. 따라서 개인의 자유가 보장되는 우선적 근거는 법의 내용보다 형식에 놓여 있다고 볼 수 있다. 법치주의 국가에서 권력은 법이라는 보편적 형식에 따라 행사되어야 하기에 일단 만들어진 법은 유사한 모든 사안, 그리고 평등한 모든 시민에 대하여 똑같이 적용될 수밖에 없으며, 그렇기에 법규범을 만든 사람조차 그 적용을 피해갈 수 없다. 어느 누구도 법 위에 있지 않고, 모든 사람이 법 앞에 평등한 것이다. 위정자가 불법체포와 고문을 금지하는 법을 만든다면 그 법은 자기 자신에게도 적용될 것이기에 그는 자신을 반대하거나 비판하는 사람을 함부로 탄압할 수 없다. 결국 국가 권력이 '같은 것을 같게, 다른 것을 다르게' 규율하는 법의 형식에 따라 행사되어야 한다는 형식적 법치주의만으로도 개인의 자유는 어느 정도 보장받고 커다란 부정의는 존재할 수 없게 된다.

결국 법치주의는 통치의 수단이라기보다 자유의 보장 수단이라 할 수 있다. 법은 각 개인에게 다른 사람의 자유와 양립할 수 있는 최대한의 평등한 자유를 보장하는 제도적 수단이다.[7] 우리는 법을 통해 무엇을 해야 하고 또 하지 말아야 하는가를 알기 때문에 역설적으로 자유로울 수 있다. 법을 통해 누구에게나 부과된 금기와 부담을 지키는 선에서 우리는 각자 하고 싶은 것을 하며 자유롭게 살아갈 수 있다.

흔히 법관을 '법치주의의 수호자'라고 하지만,[8] 이 거창한 표현 대신 '법의 신전을 지키는 무당' 정도로 표현하면 어떨까. 판사는 신(=법)을 대신해 말하는 무당이니까. 다시 말해, 법의 지배라는 신성한 이념은 신 내린 무당(=법관)을 통해 실현된다. 이때 판사는 신의 충직한 대언자代言者로서 몽테스키외의 지적처럼 단지 '법을 말하는 입'이 되어야 한다(다만 이것이 과연 가능한 일인지에 대하여는 의문의 여지가 있으며, 현대 법철학의 그치지 않는 논쟁거리 중의 하나다).[9]

그런데 이 일은 신의 소관 영역에 속하는 일을 한낱 '법 좀 아는' 인간이 대신하는 것인지라 여러 위험이 따른다. 신탁神託에 따르는 가장 큰 위험은 신을 대언해야 할 자가 감히 신을 빙자해 말하는 일이다. 때문에 나는 법관이 법의 수탁자에 지나지 않는다는 사실을 겸손하게 자각하는 것이야말로 법관의 일의 출발점이 아닐까 한다.

앞서 언급한 '법의 관점'은 충실하게 신내림을 받은 법관이라면 응당 취해야 할 관점이라 할 수 있다. 법의 관점을 따를 때 법관 개인의 은밀한 성향이나 섣부른 정의감 같은 것이 개입되어서는 안 된다. 판사가 작두를 탈 때 그런 사사로운 것들에 얽매이면 볼썽사납게 작두에서 떨어져 다치게 될 테니까. 만약 판사가 법의 관점을 따르지 않고 저마다 다른 각자의 정의관이나 가치관을 내세워 사건을 해결한다면 어떻게 될까. 아마 동일하거나 비슷한 사안이라도 판사에 따라 결론이 매번 달라질 수밖에 없을 테다. 이는 '짐이 곧 법'이라고 단언한 절대군주의 역할을 법관 스스로 대신하는 것이며 우리가 법치로써 극복하려고 한 인치를 되살리는 일이 된다. 그런 점에서 개인의 자유 보장을 위해 마련된 법치주의 제도의 성패는 그 제도의 운용자가 되는 법관이 법의 관점을 얼마나 흔들림 없이, 충실히 견지하느냐에 달려 있다고 해도 과언이 아니다.

결론적으로 말해, 법관이 우선 체득해야 할 직업윤리는 '자기절제'의 윤리, 즉 법의 관점보다 자기 관점을 앞세우지 않으려는 겸손함이다. 법관이 판단을 '조금만' 내리는 것은 법치주의에서 파생한 직업윤리에 바탕을 둔다. 시인 정현종의 시구처럼, '권력은 그 행사를 삼갈 때 힘차고, 그 삼가는 게 저절로 그렇게 될 때, 빛나고 아름다운 것'이 된다. 권력의 자기절제는 윤리적인 일인 동시에 아름답기까지 한 일인 것이다.

프로페셔널의 조건

누군가 앞 장의 글, 즉 판사는 모름지기 자기 관점을 자제한 채 법의 관점을 따라야 한다는 글을 읽고 아래와 같은 의문을 제기할지 모르겠다.

'판사의 개인적 선호나 가치관이 판단 과정에 은근슬쩍 끼어드는 것을 막을 수 있나요.'(망원동에 사는 의심 많은 대학생)

'가다머에 따르면 인간의 모든 이해는 선이해를 바탕으로 가능한 것인데, 어찌 판사만 그 예외일 수 있다고 주장하는지요.'(편견 없는 판단이 가능하다는 믿음 자체가 편견이라 생각하는 심오한 철학과 교수)

'판사 아저씨, 혹시 작두 위에서 춤추다가 떨어져본 적 있나요.'(무당이 작두 타다 떨어지면 얼마나 창피하고 아플지 궁금한 초등학생)

일단 그럭저럭 답변 가능한 물음부터 대답하면, '학생, 무당이 작두 타다 떨어지면 어디에다 쓰겠나, 하하(어색하게 웃으며).' '당연히 못 끼어들게 해야죠. 어느 앞이라고 은근슬쩍 새치기를 합니까(여전히 미심쩍게 바라보는 대학생의 눈길을 피하며).'

결국 이러한 의문들은 판사가 자신의 개인적 관점에서 벗어나 순수한 법의 관점을 취하는 게 과연 가능한 일인지 따져묻는데, 결론부터 말하자면 법적 관점을 취하는 일이 무척 까다롭고 어려운 일이기는 해도(까불다간 작두에서 떨어진다) 가능하고 또 마땅히 그래야 한다는 것이다(어쩌면 당연히 그래야 해서 가능하다 믿는 건지도).

대체로 판사들은 개인의 관점과 법관의 관점을 분리하는 일에 능숙한 편이다. 개인으로서 생각하고 말하고 행동하는 것은 판사로서 그렇게 하는 것과 다른 차원의 일이라고, 법의 관점을 취할 때의 자신은 '법관'이라는 페르소나를 쓴 직업인에 지나지 않는다고 여긴다. 때문에 재판을 마치면 거추장스러운 가면을 벗어던지고, 자기 자신으로 변모하길 기다린다. 조깅 뒤의 산뜻한 맥주 한잔과 숲속 캠핑을 좋아하는, 엄마를 쏙 빼닮은 일곱 살배기 딸을 한품에 껴안고 자는 걸 좋아하는 평범한 개인으로. 그래서 이 무방비한 상태로 산책을 하거나 마트에 들러 장을 보고 있을 때 자신을 알아보는 소송 당사자를 마주치는 일만큼 판사에게 당황되고 곤혹스러운 순간도 없다.

이처럼 성스러운 직분과 범상한 인격 사이를 일상적으로 오가며 살아가는 사람의 정신건강이 그리 좋을 리는 없다. 뭐랄까, 일종의 의식 분열증을 겪게 된다고 할까. '개인적으로 이렇게 생각하더라도 판사로서는 저렇게 판단할 수밖에 없지요.' 오래 법관 생활을 한 사람에게서 이 알 수 없는, 묘한 자기분열적 태도가 공통적으로 관찰된다. 그런데 생각해보면 이런 태도에 편리한 구석이 있는 것도 사실이다. 재판 현장에서 이런 태도가 전제되어 있지 않다면 간혹가다 마주칠 수밖에 없는 자기분열적 상황을 견뎌내기 어려울지 모른다. 재판을 하다보면 못된 속셈이 뻔히 들여다보임에도 그의 권리를 딱히 부인할 방법이 없어 되지도 않는 요구를 들어주어야 하는 경우도 있고, 딱한 처지에 놓인 선량한 사람이 분명한데도 마땅히 구제할 길 없는 사건도 있으며, 법이 어딘가 불합리하게 만들어진지라 법이 예정한 수순이 마음에 들지 않는 경우도 제법 된다. 그럴 때마다 판사는 되뇐다. '개인적으로 이렇게 생각하더라도 판사로서는 저렇게 판단할 수밖에 없지요.' 판사의 이러한 유체이탈 화법이 자기 편하자고 취하는 태도일 수도 있겠지만, 그보다는 법관의 일을 마주할 때 요구되는 정신자세 같은 것이 아닌가 싶다. 이 엄숙하고 막중한 책임이 따르는 일을 자기 자신에게서 조금 멀찍이 떨어뜨려놓고, 이런저런 것들로 가득 들어찬 마음을 비워낸 다음, 직업인다운 무덤덤한 시선으로 사건을 바라보자는 자기 다짐 같은 것이라 할까.

직업인, 그러니까 '프로페셔널'의 조건으로 소명의식, 전문지식, 직업적 책임감 등 여러 요소를 들 수 있겠지만, 내가 생각하는 '진짜' 프로페셔널이란 일을 다루는 구체적인 방법을 아는 사람에 가깝다. 비장한 소명감과 책임감으로 단단히 무장된 프로페셔널도 존경스럽지만, 정작 나의 운명을 판가름할 무언가의 일을 맡겨야 한다면 자기 일에 조금 무덤덤하고 시니컬하긴 해도 일의 무게에 매몰되지 않고 그 일을 어떻게 다룰지 아는 프로페셔널을 찾아가고 싶다.

그런데 진짜 프로페셔널이 되기 위해서는 무엇보다 '태도 변경'에 능해야 하는 법이다. 이 '태도 변경'이란 딸바보에서 서울중앙지법 형사합의부 재판장으로 변모하는 과정이라 할 수 있는데, 이 과정이 이루어지고 나서야 비로소 그가 터득한 구체적인 방법에 따라 일을 시작할 수 있을 테니 말이다. 드라마 〈슬기로운 의사생활〉을 보신 분은 이 말을 금방 이해하시리라. 주변 사람들과 어울려 익살 부리고 농담 따먹는 데 천부적 재능을 보이는 간담췌외과 교수 이익준(조정석 분)의 눈빛이 수술방으로 들어가는 순간 거짓말처럼 변하는 모습을, 마치 겨드랑이 아래에 숨겨져 있는 버튼을 눌러 인간 이익준에서 의사 이익준으로 한순간에 변모하는 듯한 모습을 지켜본 분이라면 말이다.

직업인으로서 법관의 느닷없는 태도 변경은 어떻게 가능한 걸까. 우선 일을 시작하기에 앞서 사소한 의식을 치르는 것이 도움이 된다. 법복을 걸치고 법정용 넥타이를 맨다거나 사무용 골무를 낀다거나 아이 손바닥만한 'to do list' 메모지에 검은색 수성펜으로 그날 할 일을 사각사각 적어내려가는 일. 뭉툭해진 연필 몇 자루를 깎아 가지런히 놓아두는 일도 꽤나 도움이 된다. 다음으로, 내가 무엇을 해야 하고 또 무엇을 하지 말아야 할지 생각하는데, 무얼 하지 말아야 할지 생각이 정리되면 자연스레 무얼 해야 할지 생각이 떠오르는 법이다(이렇게 생각을 거듭하다보면 뭐라도 해보자는 생각이 드는지도). 헷갈리는 말장난은 그만두고, 이렇게 '생각'을 정리해보자. 어떤 일이든 무엇을 할지의 문제보다 무엇을 하지 말아야 할지의 문제를 정해두는 편이 정작 그 일을 풀어가는 데 도움될 때가 많다는 것.

해야 할 것과 하지 말아야 할 것을 구분하는 이 선행의 과정은 마음에 파티션을 치는 일에 비유할 수 있다. 참, 파티션을 나누기 전에, 급하게 방청소를 할 때면 옷가지들을 쓸어담는 커다란 서랍장 같은 영역을 만들어두는 걸 잊지 말아야 하는데, 여기에는 주로 신변잡기적 고민들, 퇴근 후 계획 그리고 엊그제 동료와 나누었던 잡담 따위가 담긴다. 이 서랍장을 제외하고 나서, 나머지 가용 영역을(짜장면과 짬뽕의 갈림길에서 망설이던 숱한 사람들의 고민을 일거에 해결해준) 짬짜면 그릇처럼 두 영역으로 구분한다. 칸트식으로 말하자면, 순수이성과 실천이성의 영역으로.

법관의 판단은 인식적 판단과 윤리적 판단으로 나뉘는데, 각각의 판단을 잘하기 위해서는 무엇보다 두 가지 판단이 같은 영역 안에서 뒤섞이지 않도록 주의해야 한다. 법관이 '프로페셔널하게' 일할 채비가 되었다는 것은 마음의 파티션을 쳐서 인식적 판단과 윤리적 판단을 구분할 준비가 되었다는 뜻이며, 윤리적 판단이 인식적 판단으로 틈입하는 것을 배제할 마음자세가 되었다는 말이다.

'사회적 약자를 보듬는 아름다운 판결'로 언론에 여러 차례 소개된 적 있는 다음의 사건을 생각해보자.[1] 구 임대주택법[2]은 임대의무기간이 지나면 '입주일 이후부터 임대주택에 거주한 무주택자'인 임차인에게 해당 주택을 분양하는 제도를 두고 있는데, 아내의 병수발로 자리를 비우기 어려운 어느 노인이 둘째 딸에게 딸 명의로 임대차계약을 대신 체결해줄 것을 부탁하고 임대주택에 입주했다. 임대의무기간이 지나 노인은 임대주택 분양전환을 신청하지만, 임대사업자는 노인이 계약 당사자가 아니라는 이유로 신청을 거절하고 오히려 노인을 상대로 주택 인도를 청구하는 소송을 제기한다.

이 사건을 맡은 법원은 원고의 주택 인도청구를 기각했는데, 판결문의 여러 구절을 읽어보면[3] 재판부의 고뇌가 무엇이었는지 능히 짐작된다. "피고는 현재 75세의 고령에 홀로 살고 있으며, 경제적 활동을 할 능력도, 넉넉한 재정능력도 없는데, 임대차계약 체결 과정에서 있었던 작은 실수 때문에 이제 와서 집에서 계속 거주할 권리를 갖지 못한다고 하기에는 피고의 잘못과 그 결과 사이에 균형을 잃었다는 느낌을 지울 수 없다." "홀로 사는 칠십 노인을 집에서 쫓아내 달라고 요구하는 원고의 소장에서는 찬바람이 일고, 엄동설한에 길가에 나앉을 노인을 상상하는 이들의 눈가엔 물기가 맺힌다." 이 구절로 미루어볼 때, 재판부가 법을 잘 몰라 딸 명의로 임대차계약을 체결하는 바람에 임대주택 분양전환을 받지 못한 채 오히려 길가에 나앉을 처지에 놓인 노인을 측은히 여겼음을 알 수 있다.

그렇다면 판사가 노인을 가여워하는 연민에 이끌린 나머지, 법의 문제와 도덕의 문제를 구분해야 하는 프로페셔널로서의 책임을 잊은 걸까. 하지만 그리 간단한 문제는 아니다. 판결문을 끝까지 읽어보면, 원고의 주택 인도청구를 기각한 재판부의 판단이 단지 윤리적 연민에 바탕한 것이 아니라, 노인이 구 임대주택법상 분양전환 대상자에 해당한다는 법 해석에 근거한 것임을 알 수 있기 때문이다. 주택을 소유하지 못한 주택임차인에게 임대주택을 제공함으로써 서민의 주거생활 안정을 도모하기 위한 임대주택 분양전환 제도의 취지를 고려하면, 분양전환 대상이 되는 '무주택 주택임차인' 요건은 임대사업자와 계약을 체결한 명의자(=둘째 딸)뿐 아니라 그 주택에 실제 거주한 사람(=노인) 또한 포함하는 것으로 해석하는 것이 타당하다는 것. 결국 법원이 내린 결론은 도덕의 관점이 아닌 법의 관점에 의해 정당화되는 것이다.

따라서 이 사건에서 법원이 프로페셔널로서 져야 할 마땅한 책무를 저버렸다고 볼 수는 없다. 따뜻한 가슴에서 우러나온 공감이 하나의 계기가 되었을지는 몰라도, 냉철한 머리에서 나온 판단이 뒷받침되지 않았다면 노인에게 승소판결을 선고할 수 없었을 것이다. 재판부는 혹여나 있을지 모를 오해를 바로잡기 위해서인지 판결문 말미에 다음과 같이 적었다. "우리 모두는 차가운 머리만을 가진 사회보다 차가운 머리와 따뜻한 가슴을 함께 가진 사회에서 살기 원하기 때문에 법의 해석과 집행도 차가운 머리만이 아니라 따뜻한 가슴도 함께 갖고 해야 한다고 믿는다. 이 사건에서 따뜻한 가슴만이 피고 편에 서 있는 것이 아니라 차가운 머리도 그의 편에 함께 서 있다는 것이 우리의 견해이다."

법률적 판단을 정확히 내리기 위해서는 윤리적 판단을 잠시 유보해야 함이 원칙이다. 앞의 사건에서도 담당 판사는 노인에게 퇴거를 명하는 것이 왠지 부당하다는 도덕적 직관을 잠시 접어둔 채 '무주택 주택임차인' 요건에 실질적 임차인까지 포함되는 것으로 볼 수 있는지를 두고 고민을 거듭했을 것이다. 아무리 정당한 윤리적 판단이라고 해도 법의 언어로 표현되어 설득력을 갖출 수 없는 논리라면, 법의 영토에서 축출될 수밖에 없는 노릇이니까(반면 도덕적 관점에서도 강력한 호소력을 갖는 법적 판단은 뜻하지 않은 든든한 원군을 얻는 셈이다).

그런데 법관의 괄호 치기가 법률적 판단과 윤리적 판단 사이의 문제에만 적용되는 것은 아니다. 사실적 판단과 윤리적 판단이 뒤섞이지 않도록 괄호 치는 작업도 올바른 판단을 위한 선행 과정이다(결국 판사의 인식적 판단은 법률적 판단과 사실적 판단을 말하는 셈이다). 예를 들어, 형사재판을 담당하는 법관은 피고인이 착한 사람인지 혹은 나쁜 사람인지에 관한 도덕적 평가에 아무래도 영향을 받기 쉬운데, 그러한 판단은 일단 괄호 쳐놓은 채로 그 사람이 공소 제기된 형벌법규를 위반한 사실이 있는지 여부만을 놓고 따져야 한다.

사실 형사재판에서 무죄추정의 원칙은 판사에게 피고인에 대한 판단 유보를 요구하는 원칙과 다를 바 없다. 검사가 제출한 공소장에 피고인이 천하의 나쁜 놈처럼 적혀 있더라도, 그 공소장을 한 번이라도 읽어본 사람이라면 '아니, 세상에 이런 나쁜 놈이 있나!'라고 장탄식을 내뱉게 되는 사건일지라도, 법관은 피고인이 공소장에 기재되어 있는 그 행위를 했는지에 관한 최종 판단을 (모든 증거 조사가 끝날 때까지) 유보해야 한다는 원칙이 실무가로서 내가 이해하는 무죄추정의 원칙이다.

그렇게 판단 유보의 원칙을 체화하고 있는 판사들은 잔인무도한 범죄를 저질렀다고 신문이나 방송에서 연일 떠드는 범죄자에 대해서도 대체로 이런 태도를 유지한다. '관련 증거를 모두 살피고 재판기록을 들여다보기 전에 왈가왈부할 일은 없지 않나'라는 식의 사고방식이라 할 수 있는데, 아무래도 일반인들은 이런 사고방식이 낯선 듯하다. 가까운 친구조차 같이 뉴스를 보다 무심코 내뱉는 나의 회의적이고 시니컬한 논평에 경악하는 모습을 보이기 때문이다("아니, 이런 냉혈한을 봤나……").

판사의 괄호 치기에서 상당히 까다로운 부분은 어느 시점에는 괄호를 다시 풀어야 한다는 점에 있다(짜장면을 다 먹었으니 이제 짬뽕을 먹을 차례……). 피고인이 무슨 일을 했는지에 관한 사실적 판단을 마치고 나면, 인정되는 사실관계를 바탕으로 피고인의 행위가 얼마나 나쁘고 비난받을 만한 행위인지, 행위자에게 과연 어느 정도의 책임을 물어야 하는지를 따져보아야 하는데, 이러한 양형 판단의 본질은 인간의 책임과 그 귀속에 관한 윤리적 판단이라 할 수 있다. 이 괄호 치기와 풀기의 작업을 능수능란하게 잘해내는 판사는, 사실관계를 정확히 판단하면서 그 의미를 제대로 헤아려 당사자들이 납득할 만한 결론을 도출하는 법관이라 평할 수 있다.

그런 의미에서 나는 프로페셔널의 조건은 구체적 방법과 루틴을 거쳐 나온 사고를 신뢰할 뿐, 자신의 직관적 판단을 크게 신뢰하지 않는 데 있다고 생각한다. 법관은 그러한 방법을 통해 인식된 법이 윤리적으로나 도덕적으로 꼭 정당하거나 옳은 건 아닐 수 있어도, 적어도 우리가 미리 정한 약속이기에 따라야 한다고 믿는 사람이다. 어찌되었건 '법은 법이요, 도덕은 도덕일 뿐이니까law is one thing, morality is another.'

이 장을 마무리하며 어느 철학교수가 서두에 제기한 질문으로 돌아가보자. 판사도 한낱 인간인 이상 인지상정은 마찬가지일 터인데, 여러 영역의 판단을 파티션 쳐서 나누고, 개인적 소신이나 가치관, 도덕적 직관이나 감정 따위를 편리하게 괄호 치고 배제하는 일이 과연 가능한 걸까. 어차피 인간이 무언가 인식하는 과정은 깨끗한 공백 상태에서 가능치 않고, 일상의 편견과 선입견으로 얼룩진 누적의 과정을 통해서 가능한 법인데 말이다.

그러나저러나 내 답변의 전략은, 초등학생의 천진난만한 질문에 대해서나 철학교수의 심오한 물음에 대해서나 늘 일관되다. '선생님 말씀 백번 지당하고 어쩌면 편견 없는 이해란 불가능한 일지도 모르겠습니다만, 적어도 노력해볼 수는 있는 것이고…… 선생님도 잘 아시겠지만, 에드문트 후설에 따르면 인간이 선이해를 벗어나기란 참 힘들긴 해도 잠시 판단중지해서…… 주저리주저리(일단 말을 많이 해서 논점을 흐리고 본다).'

옆집 남자 사건 1

재판은 사건을 다룬다는 점에서, 이를테면 형사재판은 '피고인'이라 불리는 문제적 인간이 사람들의 주목을 끄는 문제적 사건을 저질렀는가에 관심을 갖는다는 점에서 소설과 비슷하다. 소설 역시 여러 사건들로 가득차 있고, 이러한 사건들의 연쇄로 한 편의 이야기가 만들어진다. 형사재판은 소설이 제시하는 것보다 훨씬 적은 수의 사건, 즉 검사의 공소장에 기재된 사건을 중점적으로 다루기는 하지만, 단편소설이라는 소설 형식을 염두에 둘 때 그 차이가 그리 큰 건 아니다.

물론 우리는 소설을 전체적 줄거리를 중심으로 읽어내려가지 하나의 사건에 각별한 의미를 부여하지 않는다. 독자는 책 속에 펼쳐진 개별 사건들을 따라가며 소설을 읽지만, 결국 소설이 제시하는 전체적 풍경 속에서 그 의미를 헤아릴 뿐이다. 마치 광각렌즈로 풍경을 담아낸 사진과 비슷하다고 할까. 우리 눈에 먼저 들어오는 것은 사진에 등장하는 사람이나 사물, 장면이지만, 이러한 세부사항들은 전체 구도 속에서 서로 연결되어 하나의 풍경으로 완성된다.

반면 형사재판에서는 검사의 공소장에 기재된 사건, 다시 말해 특정한 순간에 이루어진 누군가의 행동이 특별히 문제된다. 형사재판을 담당하는 법관은 마치 소설 속의 특정한 장면에 유독 마음을 빼앗긴 나머지 그 부분을 되풀이해서 읽는 독자와 같다. 망원렌즈로 하나의 대상을 확대해 찍은 사진과 같다고 할까. 작가는 생생한 현실감을 무엇보다 중시하며, 피사체를 잘 드러내기 위한 소재로 배경을 드러낼 뿐이다.

이처럼 소설에서는 사건 아닌 이야기가 중심에 놓이고, 이 이야기를 통해 작가는 자신이 말하고 싶은 바, 즉 주제 의식을 은연중에 드러낸다. 반면 재판에서는 이야기 아닌 사건이 전면에 등장하고, 사건에 대해 법관은 법의 관점에 따른 판단을 제시한다. 그렇다고 법관이 전체 줄거리에 관심을 갖지 않는 것은 아니다. 이야기의 전체적 흐름으로 보아 그 사건이 과연 일어날 법한 일인가를 파악하는 일이 필수적이기 때문이다. 판사는 이야기를 배경 삼아 사건을 이해한다.

재판과 소설은 사건과 이야기 중 어디에 초점을 맞췄는지가 다르긴 하지만, 사건을 기본 구성 요소로 삼는다는 점에서 공통점이 있다. 하지만 재판에서 다루는 사건은 '실제 있었던 일'인 반면, 소설에 등장하는 사건은 '실제 있을 법한 일'이라는 점에서 근본적으로 다르지 않은가 의문이 든다. 형사재판은 이 세상에서 일어난 일을 다룬다. 검사에 의해 용의자로 지목된 사람이 그 일을 저질렀는지 확실치 않을 수는 있어도 그 일이 벌어졌다는 사실만은 명백하다. 반면 소설은 실제 없었던 일을 마치 있었던 일처럼 (작가의 상상에 의해) 그럴듯하게 꾸며낸 것이다. 소설가가 실제 사건에서 영감을 받아 소설을 쓴다고 해도 있는 그대로의 사건을 재현하는 건 아니다. 작가가 현실의 사건을 소재로 빌려오는 경우에도 소설 속에서 다른 의미와 뉘앙스를 지닌 사건으로 재구성된다. 만약 일어난 그대로의 일을 그린다면 이는 픽션이 아닌 논픽션에 속한다.

그런 점에서 재판과 소설은 (사건을 다룬다는 점에서 공통점을 갖긴 해도) 사실과 상상의 영역으로 명백히 구분되는 게 아닌가 싶다. 이러한 구분법에 따르면 판사는 검사에 의해 기소된 사건이 피고인의 소행인지 건조하고 차디찬 이성으로 따져묻는 사람인 반면, 소설가는 풍부한 감수성으로 삶을 재구성해 독자로 하여금 삶의 진실에 직면하도록 돕는 사람이라 할 수 있다.

그런데 재판과 소설이 구축한 사실과 상상의 경계가 그렇게 명확하기만 한 걸까. 다시 말해, '실제 일어난 일'과 '실제 일어날 법한 일'이 분명하게 구분되는 걸까. 재판이 '실제 일어난 일'을 다룬다는 생각은 어쩌면 순진한 생각인지도 모른다. 왜냐하면 그러한 일이 실제 일어났는지에 대해 (단 한 사람을 제외하고는) 아무도 정확히 알지 못하기 때문이다. 지금부터 소개할 옆집 남자 사건[1]이 바로 그렇다.

백화점 판매직원으로 일하는 다혜씨는 방 두 칸짜리 다세대주택을 세내어 하얀 페르시안 고양이와 살고 있는 이십대 중반의 여성이다. 2021년 2월 18일 새벽은 스산한 어느 겨울 아침과 다를 바 없었다. 그녀는 아침 6시쯤 깨어 텔레비전을 틀어놓은 채 침대에 가만히 누워 있었다. 출근 준비 전에 아무 생각 없이 늘어져 있는 시간은 그녀가 가장 좋아하는 시간이다. 고양이도 침대 발치에 누워 주인과 함께 평화로운 시간을 즐기던 중이었는데……

그때 갑자기 고양이가 털을 곧추세우며 책상 아래로 재빨리 몸을 피한다. '고양이가 왜 저러지' 이상하게 느끼는 순간 누군가 그녀의 몸 위에 올라타 목을 조르기 시작하고, 놀란 다혜씨는 죽을 것 같은 공포를 느끼면서도 자신의 몸을 더듬으며 옷을 벗기려 하는 남자에게 힘껏 저항한다. 그녀가 남자의 목덜미를 손톱으로 할퀴면서 한참 버둥거리자, 남자는 상황이 여의치 않다고 판단했는지 범행을 멈추고 현관문을 통해 밖으로 도주한다. 그 와중에도 침착함을 완전히 잃지 않은 다혜씨는 용기를 내어 그를 뒤쫓아간다. 뒷모습으로 본 범인은 170센티미터 정도의 중키에 마른 체격으로 검은 패딩점퍼를 걸치고 있는 30대 남성으로 보인다. 그런데 현관문 밖으로 쫓아나가자 어디로 갔는지 범인의 모습은 보이지 않고, 옆집 현관문이 반쯤 열려 있다.

그제야 옆집 남자가 범인일지 모른다는 생각이 다혜씨의 머릿속을 스치고 지나간다. 다혜씨는 어젯밤 퇴근길에 좁은 복도에서 담배를 피우던 이웃집 남자와 마주쳤다. 남자는 길을 터주고 계속 담배를 피웠지만, 자신의 뒷모습을 바라보는 그의 시선이 왠지 기분 나쁘게 느껴졌다. 밀린 집안일을 마치고 이제 겨우 쉬려는 참에 누군가 초인종을 눌렀다. 현관문을 열고 보니 옆집 남자였다.

"저랑 술 한잔하지 않을래요?"

우물거리는 소심한 말투여서 잘 들리지도 않았다. 검은 뿔테안경을 쓰고 짧은 스포츠머리를 한 왜소한 체구의 30대 중반 남자. 이웃집 남자와 마주하자 그의 볼품없는 신체적 특징이 한눈에 들어왔다. 다혜씨는 이성에 관심이 많은 한창때의 젊은 여성이고 딱히 사귀는 사람도 없었지만 자기보다 나이도 많고 호감형도 아닌 남자의 제안에 마음이 내키지 않았다.

"오늘은 제가 너무 피곤해서요. 술을 잘 마실 줄도 모르고요."

이웃집 남자가 돌아간 후, 다혜씨는 올가을께만 해도 그 남자가 아내와 다섯 살 정도 되는 딸아이와 함께 살던 것이 기억났다. 그런데 어느 날부터 아내와 아이가 보이지 않았다. 하루하루 살기 바쁜 그녀로서는 그런 변화를 특별히 눈치채지 못했지만 말이다. 어찌되었건 아내와 헤어진 지 얼마 되지 않은 시점에, 어쩌면 아직도 애 딸린 유부남이거나 잘해야 돌싱인 남자가 내막을 뻔히 알고 있는 자신에게 치근덕거린 것이 괘씸하게 여겨졌다……

그렇게 간밤의 일을 떠올리고 있는데, 누군가 현관문을 두드리는 소리가 들린다. 똑똑. 다혜씨는 순간 겁에 질려 아무 말도 못하고 숨을 죽인다. 똑똑똑. 이번에는 조금 더 분명하고 힘이 들어간 소리. 아무 대답도 하지 않자, 그 누군가는 물러가고 집 안은 위태로운 정적에 휩싸인다. 그제야 정신이 든 다혜씨는 112에 사건을 신고한다.

다혜씨의 신고를 받고 출동한 윤경사는 그녀에게서 자초지종을 전해 듣고 범행현장을 확인한다. 화장실 창문에 달린 방충망이 뜯겨져 있는 것을 보니 범인은 방충망을 뜯고 침입한 듯싶다. 마룻바닥에 침입자의 신발 자국이 보이지 않는 것을 보니, 범인은 맨발이나 양말을 신은 채로 침입한 것으로 보인다. 윤경사는 다세대주택과 면한 골목길에 CCTV가 설치되어 있음을 확인하고 함께 출동한 강순경에게 마을주민센터에 들러 CCTV 영상을 확보할 것을 지시한다. 범인이 침입하거나 도주한 경로를 확인하는 것이 급선무이기 때문이다.

이어 윤경사는 다혜씨가 용의자로 지목한 이웃집 남자를 조사하기 위해 옆집을 찾아간다. 그러나 초인종을 울려도, 현관문을 두드려도 별다른 반응이 없는데…… 혹시 남자가 집을 비운 건 아닐까 해서 포기하고 돌아서려는 순간 강순경이 다가와 귓속말을 한다. 집 뒤편으로 돌아가서 보니 안방 불이 잠시 켜졌다가 꺼졌다는 것. 윤경사는 집에 있는데도 문을 열어주지 않는 옆집 남자에게 무언가 켕기는 것이 있다고 생각하며 위층에 사는 집주인에게 남자의 신상에 대해 이것저것 캐묻는다. 소란의 와중에 현관문이 빼꼼히 열린다.

"무슨 일이신데요?"

윤경사는 옆집 남자에게 이웃집의 범죄 신고로 조사할 게 있어

들렸다고 말하며 남자의 목 부위를 유심히 살핀다. 범인의 목덜미를 할퀴며 저항했다는 말을 다혜씨에게서 들었기 때문인데, 아닌 게 아니라 옆집 남자의 목에 빨갛게 긁힌 상처가 나 있다. 윤경사는 남자와 이야기를 나누면서 남자의 어깨 너머로 집 안을 휘 둘러본다. 마침 범인이 입은 것과 비슷한 색깔의 패딩점퍼가 부엌 식탁 의자에 걸려 있다.

형사의 오랜 직감에 따라 옆집 남자가 범인이 틀림없다고 확신한 윤경사는 남자를 매섭게 추궁한다. 그러자 남자는 울먹이는 태도로 자기가 잘못했으니 이웃집 여자를 만나 용서를 구할 기회를 달라고 말한다. 바로 그 자리에서 윤경사는 옆집 남자를 사건의 용의자로 긴급체포한다.[2] 노련한 경찰답게, 남자가 벗어둔 양말에서 여자가 기르는 고양이 털과 비슷한 하얀 색의 동물 털이 묻어 있는 것을 발견하고는 검은 패딩점퍼와 함께 증거물로 압수하는 것도 잊지 않는다.

그런데 간단한 자백 사건으로 수사를 종결하려던 윤경사는 뜻밖의 암초에 부딪친다. 경찰서에 연행된 이후 옆집 남자가 갑자기 태도를 바꾸어 범행을 부인하기 시작한 것이다. 윤경사는 어이없다는 듯 남자에게 따져묻는다.

"목에 긁힌 상처는 어쩌다 생겼어요?"

"제가 원래 아토피가 있는데, 가려워 긁다가 생긴 상처입니다."

"신고 받고 출동한 경찰한테 선뜻 문을 열어주지 않은 이유는 뭐죠?"

"침대에 누워 헤드폰을 낀 채 음악을 듣고 있어 잘 안 들렸어요."

"그렇게 초인종을 울리고 현관문을 두드려도 몰랐다는 게 말이 됩니까?"

"……"

"옆집 여자를 만나 용서를 구할 기회를 달라고 했잖아요."

"늦은 밤 혼자 사는 여자에게 함께 술 먹자고 치근덕댄 일로 나를 범인으로 오해했나 싶어 미안한 마음이 든 것뿐이에요."

윤경사는 억지스러운 대답을 꾸며내는 남자에게 화가 치밀어올랐지만, 냉정을 잃지 않고 차분히 대응한다.

"괜한 거짓말하지 마세요. 어차피 골목길 CCTV 영상만 확인하면 누가 범인인지 다 알 수 있어요."

"그럼 확인해보시죠. 제가 정말 아니라니까요. 아침에 옆집에서 비명소리가 들려 무슨 일인가 싶어 찾아간 것 말고는 아무 짓도 안 했어요."

마침 마을주민센터에 다녀온 강순경이 윤경사에게 CCTV 영상을 확보하지 못했다고 보고한다. 골목길 CCTV가 쓰레기 무단투기 감시 경고용으로 설치된 '가짜' CCTV라는 것이다.

사건이 간단치 않게 꼬여가는 것을 느끼고 윤경사는 증거를 추가로 확보할 방법을 찾는다. 혹시 운이 좋으면 범인의 목덜미를 할퀸 다혜씨의 손톱 밑에서 범인의 상피세포가 묻어나올지 모른다고 보아 손톱 밑 피부세부를 채취해 국립과학수사연구원에 유전자감식을 의뢰하고, 남자의 양말에 붙어 있던 털이 피해자가 기르던 고양이 털과 일치하는지에 대해서도 확인을 구한다.

며칠 후 국립과학수사연구원으로부터 검사결과가 도착한다. 윤경사의 예상대로, 여자의 오른손 검지손톱 밑에서 채취한 상피세포에서 남성 유전자형이 검출되었다. 그런데 아쉽게도, 채취한 시료가 너무 적었던 탓에 검출된 유전자정보만으로는 그 유전자 주인이 누구인지 식별하기 어렵다는 결과였다. 검출된 DNA형에는 개인을 식별하는 데 필요한 충분한 유전자정보가 담겨 있지 않았고, 단지 동일 부계에 소속된 남성 군群의 유전자정보만이 담겨 있었기 때문이다.[3] 그런데 DNA형에 담긴 부계 유전자정보가 옆집 남자의 부계 유전자정보와 일치했다. 다시 말해, 사건 용의자가 옆집 남자와 남성 유전자정보를 공유하는 부계 집단에 속한 누군가(옆집 남자를 포함해서!)로 좁혀진 것이다. 한편, 고양이 털 검사결과는 남자 양말에서 묻어 나온 동물 털이 고양이 털이 맞기는 하지만 피해자 고양이의 털인지는 확실치 않다는 내용이었다.

옆집 남자의 혐의를 입증할 결정적 증거가 조금 부족했지만 윤경사는 그가 이 사건의 진범이 틀림없다고 보아 검찰에 사건을 송치한다. 검사도 윤경사의 판단을 수긍했는지 주거침입강간미수의 죄목으로 옆집 남자를 기소한다.

이제 당신이 옆집 남자 사건에 배심원으로 참여했다고 생각해보자(필자가 사법연수원 교수로 재직하던 2016년에 옆집 남자 사건을 소재로 모의국민참여재판을 실시한 바 있는데, 파주시 법원읍에 거주하는 주민들이 배심원으로 참여해 함께 머리를 맞대고 열띤 논의를 거쳐 피고인의 유무죄에 관해 평결했다. 그 평결결과는 다음 장에서 공개하겠다). 현행법에 따르면 법정형이 사형, 무기 또는 단기 1년 이상의 징역 또는 금고에 해당하는 사건이 국민참여재판의 대상 사건인데, 성폭력범죄의 처벌 등에 관한 특례법 제3조 제1항에 의하면, 검사가 옆집 남자를 기소한 죄목인 주거침입강간미수죄의 법정형이 무기징역 또는 7년 이상의 징역으로 되어 있어 국민참여재판을 받을 요건을 갖췄다. 피고인이 재판부에 국민참여재판을 신청하면 (특별한 예외사유가 없는 한) 국민참여재판 회부결정이 이루어지고, 7명 내지 9명의 국민들이 배심원으로 참여하는 재판이 진행된다.

당신이 배심원으로 찾아간 서울중앙지방법원의 국민참여재판 법정은 다른 법정에 비해 규모가 제법 큰 법정이다. 법정에 들어서면 정면 깊숙한 곳에 판사 셋이 나란히 앉는 법대가 있고, 법대 오른쪽에 피고인석, 왼쪽에 검사석이 위치해 있다. 배심원석은 검사석 바로 뒤편 조금 높은 단 위에 2열로 마련되어 있다. 검사와 변호인이 법대를 바라보며 변론하는 일반 재판과 달리, 국민참여재판에서는 검사와 변호인은 주로 배심원 쪽을 응시하며 의견을 진술하고 증거를 제시한다. 배심원들의 이해를 돕기 위해 파워포인트 자료를 이용해서 변론하기도 하고, 배심원석 앞에서 손짓과 몸짓을 섞어서 웅변하기도 한다.

긴장한 당신은 꼿꼿한 자세로 배심원석에 앉아 재판이 시작되기를 기다린다. 옆에 앉은 사람과 가볍게 인사를 나누지만, 법정에 온 것이 처음인지라 모든 게 낯설고 서먹하기만 하다. 이윽고 법정경위가 법관의 출정을 알리자, 모두 일어서서 법복을 입은 세 명의 판사를 맞는다. 어딘지 모르게 배우 박정민을 닮은, 멍한 눈빛의 우배석 판사, 어딘지 뻔하게 가수 아이유와 닮은, 야무진 눈매의 좌배석 판사 그리고 언뜻 보기에도 배우 남궁민을 닮은, 스마트한 인상의 재판장이 방청석에 가볍게 목례하고 법대에 앉기를 기다린다(「흡혈귀의 비상」 참조).

이제 옆집 남자가 이웃집에 침입해서 여자를 강간하려 했는지를 가릴 형사재판절차가 본격적으로 진행되는 참이다.

옆집 남자 사건 2

형사재판이 시작되면 재판장은 피고인에게 진술거부권을 고지하고 그의 인적 사항을 확인하는 인정신문을 한다. 인정신문 절차가 끝나면 검사가 일어나 공소장을 낭독한다. 이어서 피고인은 공소장에 기재된 자신의 범행 혐의를 인정할 것인지 아니면 부인할 것인지 답변해야 한다. 검사가 낭독한 옆집 남자 사건의 공소장에는 아래와 같이 적혀 있다.

> 피고인은 2021. 1. 18. 06:30경 서울 ○○구 ○○동 XX-XX 000호 자신의 옆집에 사는 피해자 ○다혜(여, 27세)의 집 화장실 창문 방충망을 뜯어내고 안방에 침입하여 침대에 누워 있던 피해자의 몸 위에 올라타 양손으로 피

> 해자의 목을 조르고 피해자의 반항을 억압한 다음 피해자의 옷을 벗겨 피해자를 강간하려고 하였으나 피해자가 고함을 지르고 몸부림을 치면서 피고인의 목을 할퀴며 심하게 저항하자 그대로 도망감으로써 그 뜻을 이루지 못하고 미수에 그쳤다.

검사의 공소사실은 부인할 수 없는 기정사실처럼 평서문 형태로 기술되어 있지만, 판사는 그 평서문을 의문문 형식으로 바꿔 이해하는 사람이다. '피고인이 2021. 1. 18. 06:30경 이웃집에 침입하여 여자를 강간하려 했는가'의 질문으로.

물론 판사는 증거가 부족하거나 사건을 꿰뚫어보는 통찰력이 부족한 탓에 이 질문에 분명히 답하지 못할 수도 있다. 하지만 그런 경우에도 법정에는 이 질문에 대해 분명하게 답할 수 있는 사람이 적어도 한 사람 존재한다. 바로 피고인이다. 사건이 오리무중에 빠져도 피고인만은 사건의 전모를 알고 있다. 그는 안다, 자신이 그 일을 했거나 혹은 하지 않았음을. 그런 의미에서 피고인은 검사에 의해 기소된 당사자지만, 사건의 진실을 알고 있는, 어쩌면 단 한 명의 증인이기도 하다.

하지만 판사는 피고인의 말을 곧이곧대로 받아들이지 않는다. 그가 거짓말을 할지도 모른다고 여기기 때문이다. 유죄가 선고되면 피고인은 형사처벌을 받고, 경우에 따라서는 십수 년간 감옥에 갇혀 지낼 수도 있다. 때문에 속으로 죄를 자책하며 후회하는 사람이라도 눈앞에 닥쳐온 처벌을 피하기 위해 일단 범행을 부인할 가능성이 높다. 그런 이유로 판사로서는 피고인의 일방적 진술에 의존해 사안의 실체를 가릴 수 없는 노릇이다.

유럽의 중세시대에는 범인의 자백이야말로 '모든 증거들 중의 왕'이라 여겼기 때문에 지금 보면 혀를 내두를 법한 온갖 고문기술이 발달했다. 그처럼 비인간적이고 잔인한 일이 재판 과정에서 아무렇지 않게 자행되었다는 게 이상해 보이지만, 꼭 그렇지만도 않다. 피고인만큼 사안의 진실을 잘 알고 있는 사람은 없기 때문이다.

근대에 이르기까지 고문은 피고인이 소유한 '절대 진실'을 노정시키는 합법적 수단이었다. 고문은 불법적으로 자행되는 야만적 풍습이 아니라 규정된 절차에 따라 공정하게 집행되는 사법적 행위였다. 고문하는 사람(재판관)과 고문당하는 사람(피고인) 사이에 일종의 사법적 결투와 같은 관계가 생기는데, 이 결투에서 피고인이 단계적으로 가혹해지는 고문을 견디면 이기고 자백하면 지는 것이 게임의 룰이었다. 만약 피고인이 죄를 지었다면 고문에 의해 가해지는 고통은 그리 부당한 것이 아니다. 그가 무고하다고 해도 고문은 무죄를 증명하기 위해 피의자가 마땅히 이겨내야 하는 시험일 뿐이다. 이런 견지에서 고문은 피고인의 신체를 대상으로 진실을 생산하는 사법적 절차로서 정당화되었다.[1]

하지만 문제는 피의자가 간직한 내면의 진실을 강제로 끌어내려 할 때 생기는 부작용이다. 끝까지 결백을 주장하려면 마음을 굳게

먹고 가혹한 고문을 견뎌내야 하지만, 마음 약한 사람은 고문을 버텨내지 못하고 억울한 누명을 뒤집어쓸 가능성이 높다. 반면 죄를 지었어도 그 사실을 끝끝내 숨길 정도로 파렴치한 사람도 있을 것이다. 다행히 진범을 상대로 고문해서 범행을 실토하게끔 한다고 해도, 단지 그러한 목적만으로 한 인간의 존엄과 가치를 침해하면서 자행되는 온갖 고문이 과연 정당화되는 건지 의문스럽다.

프랑스혁명 이후 서구 여러 나라에서 이러한 문제점을 해결하기 위해 형사사법제도에 대한 대대적 개혁이 추진되었다. 근대법을 이어받은 우리나라의 법에도 이러한 취지의 법률 조항이 여럿 들어가 있다. 피고인에게서 무리한 방법으로 자백을 이끌어내는 것을 막기 위해 피고인의 자백이 고문이나 폭행, 협박 등 위법한 수단에 의해 이루어졌다고 의심할 만한 사유가 있다면 유죄의 증거로 삼지 못하도록 하고,[2] (그러한 사유가 없는 경우라도) 피고인의 자백을 뒷받침하는 다른 증거가 존재하지 않는 한, 피고인의 자백만을 근거로 유죄판결을 내릴 수 없도록 했다.[3] 이는 수사기관에게 피의자의 자백에만 의존해 수사하지 말고 범죄혐의를 입증할 객관적 증거를 확보할 것을 요구한 것이다. 시쳇말로 피의자를 괜히 '족치지' 말고 과학수사를 하라는 것이다. 또한 우리나라의 법은 피의자의 자백을 억지로 얻어내는 것을 금지하는 것을 넘어서 진술거부권 자체를 피의자의 헌법상의 기본권으로 보장하고 있기도 하다.[4]

이처럼 중세식 마녀재판의 부작용을 시정한 근대적 재판의 이상은 증거재판주의에 집약되어 있다. 사실 인정은 '자백' 아닌 '증거'에 의해야 한다는 것이다.[5] 재판관이 객관적 증거에 의해 범죄혐의 유무를 가리려 하지 않고 피의자의 진술에 의존해 사건의 실체를 파악하려고 하는 것이 문제의 근원이라 본 것이다. 이때 사실 인정의 기초가 되는 증거란, 고문에 의한 자백처럼 위법하게 얻은 증거를 배제한, 적법한 절차에 따라 수집한 증거를 의미하기 때문에 증거재판주의를 '엄격한 증거에 의한 재판주의', 줄여서 '엄격증거재판주의'라고도 한다.

근대 형사사법제도 개혁의 역사는 목적이 수단을 정당화하지 못한다는 상식적 진리를 확인한 역사다. 아무리 목적이 훌륭하고 중요하더라도 일정한 가이드라인을 지켜가면서 달성하라는 것이다. 가이드라인을 어겨 수사를 하는 과정에서 이런저런 부작용들이 생기기 때문이다. 물론 가이드라인을 지키느라 놓치게 되는 범인이 있을 수도 있지만, 이는 우리가 함께 치러야 할 사회적 비용이 된다. 대신 혹시라도 우리 자신이 예기치 않게 수사받는 일이 생기더라도 고문을 동원한 강압수사를 받지 않을까 불안해하지 않고 수사에 떳떳이 임할 수 있는 것이다.

결국 '엄격증거재판주의'를 기반으로 하는 현행법하에서는 피고인의 자백 여부가 크게 중요한 건 아니다. 피고인이 범행을 자백해도, 자백이 고문이나 폭행, 협박에 의해 강요되었거나 피고인의 자백 말고 범죄혐의를 입증할 다른 증거가 없는 경우라면 피고인에게 무죄가 선고될 수 있다. 반면 피고인이 범행을 부인해도 다른 증거들에 의해 피고인이 범행을 저질렀다고 인정되면 유죄가 선고된다. 다시 말해, 피고인의 자백 여부와는 크게 상관없이, 적법하게 수집된 여러 증거들에 의해 피고인의 범죄혐의가 인정되는지가 형사재판의 관건인 셈이다.

다시 옆집 남자 사건으로 되돌아가보자. 옆집 남자 사건에서 경찰 측이 법원에 제출한 증거는 다음과 같다.

① 피해자의 진술

옆집 남자가 간밤에 찾아와 술을 마시자며 치근덕댔다. 범인을 뒤따라 나가보니 옆집 현관문이 열려 있었다. 범인의 용모 또한 옆집 남자와 닮았다.

② 유전자 감식결과

범인은 옆집 남자이거나 그와 부계 쪽 친척이다. 희박한 확률의 우연을 배제한다면 전자의 가능성이 높다.

③ 고양이 털 감정결과

옆집 남자가 그날 아침 신은 양말에 피해자가 키우는 고양이의 털과 같은 색깔의 고양이 털이 묻어 있었다.

④ 옆집 남자의 목 부위 상처

피해자가 반항하는 과정에서 할퀸 범인의 목 부위와 비슷한 곳에 피고인에게도 긁힌 상처가 나 있다.

⑤ 옆집 남자의 패딩점퍼

옆집 남자는 사건 당시 범인이 입고 있던 것과 비슷한 색

> 깔의 패딩점퍼를 갖고 있다.
> ⑥ 강순경, 윤경사의 진술
> 사건 직후 옆집 남자의 집을 찾아갔으나 남자는 문을 열어주지 않았다. 옆집 남자를 추궁하니 피해자를 만나 사과하게 해달라고 했다.

증거가 제출되면 법원은 증거 조사를 하는데, 증거서류인 유전자 감식결과와 고양이 털 감정결과는 검사가 주요 부분을 낭독하거나 실물 화상기를 통해 배심원들이 열람하도록 하는 방식으로 조사하고,[6] 증거물인 패딩점퍼는 법정에 제시하는 방법으로 조사한다. 사건의 주요 증인인 옆집 여자, 윤경사, 강순경은 법정에 출석해 검사와 변호인, 재판부의 질문에 답하는 식으로 증언한다.[7]

이로써 증거 조사절차가 모두 마무리되었다. 이제 검사와 변호인의 최종 변론만을 남겨두고 있다. 변론이 끝나면 당신을 포함한 배심원들은 평의실로 이동해서 피고인에게 유죄를 인정해야 할지 아니면 무죄를 선고해야 할지 최종 평결을 내려야 한다.

앞에서 나는 법관의 일을 '많은 것을 관찰하고 판단은 조금만 내리는 일'로 정의한 바 있다. 이때 관찰은 주로 당사자가 제출한 증거를 통해 주로 이루어진다. 아니, 증거 아닌 다른 방식으로 사건을 관찰할 수 있는 방법은 존재하지 않는다고 보아도 무방하다.

소설 비유를 다시 들자면, 여러 증거들에 의해 이루어지는 관찰은 소설의 세부사항, 그러니까 우리가 흔히 '장면scene'이라고 부르는 것에 해당한다. 그 장면들은 특정 사물이나 공간, 사람에 대한 묘사일 수 있고, 어떤 상황이나 사건에 대한 서술이거나 짤막한 서사일 수도 있으며, 등장인물들이 나눈 일상적 대화나 누군가의 생각이나 심리(다만 법관이 전지적으로 아는 것이 아니라 누군가의 증언에 의해 알려지거나 외부적 단서들에 의해 추측된 것이다), 어떤 인물의 개인적 삶의 약사略史, 심지어 유전자 감식결과처럼 사건과 관련 있는 과학적 지식일 수도 있다.

증거에 의해 제시되는 장면들은, 누군가 손 가는 대로 모은 우연하고 무질서하게 흩어져 있는 장면이 아니라 사건에 대한 직업적 관심을 지닌 사람들(≒경찰, 검사, 변호사 등등)에 의해 의도적으로 선별된 장면이다. 소설가가 이야기의 전개를 위해 어떠한 장면들을 제시할지 고심하여 소설을 구성하는 것처럼, 수사관들은 검사의 공소장에 기재된 사건(앞으로 이 사건을 '중심 사건'이라 하겠다)의 실체를 파악하는 데 밀접한 관련이 있다고 생각되는 장면만을 신중하게 골라 모은다. 그러한 장면들 중에서 중심 사건과 직접적으로 관련 있는 장면을 보여주는 증거를 '직접증거'라고 한다. 만약 옆집 남자 사건에서 골목길에 설치된 CCTV가 가짜 아닌 진짜였다면 도주하는 범인의 모습이 촬영되었을 텐데, 이때 이 동영상이 직접증거가 된다. 범인이 누구인지 직접 보여주기 때문이다.

그러나 옆집 남자 사건에서 제출된 일곱 개의 증거들은 모두 직접증거가 아니다. 중심 사건과 직접 관련 있는 장면을 보여주지 않기 때문이다. 심지어 범인과 마주한 피해자의 증언조차 간밤에 있었던 일을 단서로 이웃집 남자가 범인일지 모른다는 추측을 제시하는 것에 불과하다. 유전자 감식결과, 고양이 털 감정결과, 옆집 남자의 목 부위 상처 등 그 어느 증거도 옆집 남자가 범인임을 직접적으로 보여주지 못한다. 단지 남자가 범인일 가능성을 슬며시 암시할 뿐이다. 이러한 증거를 '간접증거' 또는 '정황증거'라고 한다. 범죄혐의를 입증할 증거로 정황증거밖에 없는 사건은 아무리 유능하고 경험 많은 판사라도 쉽게 판단하기 어려운 사건에 속한다.

이러한 사건은 뚜렷한 증거 없이 오직 정황증거에 바탕한 추론에 의존해서 유무죄를 판단해야 한다는 점에서 추리소설 형식과 무척 닮아 있다. 옆집 남자 사건에서 증거에 의해 제시된 여러 장면들을 떠올려보자. 이야기의 배경이 되는 남자의 불행한 가정사, 범행 바로 전날 이웃집 남녀가 복도에서 마주치고 남자가 술자리를 제안한 일, 다음날 새벽 누군가 옆집 여자의 집에 침입해 여자의 목을 조르다가 그만두고 도주한 이후부터 경찰이 출동하기까지의 긴박한 순간, 석연치 않은 이유로 문을 열어주지 않았던 남자, 윤경사가 눈여겨보았던 남자의 목 부위 상처, 윤경사의 추궁에 범행을 자백하는 듯했던 남자의 태도, 결정적인 증거를 제공하리라 기대했지만 가짜임이 드러난 골목길 CCTV, 국과수의 유전자 감식결과를 비롯한 일련의 장면들. 솜씨 좋은 추리소설 작가라면 이 모든 장면들을 시간 순서대로 혹은 플래시백을 적절히 섞어가면서 하나의 그럴듯한 이야기로 엮어낼 수 있을 테다.

그런데 이 이야기가 긴장감을 유지하면서 끝까지 독자를 잡아두려면 마지막 장에 이르기 전까지 범인이 누구인지 직접적으로 알려주지 말아야 한다. 마지막 장에 이르면 소설 속 명탐정은 사건 관계자들이 모두 모인 자리에서 그간의 추리를 바탕으로 모인 사람들 중 누가 범인인지 명쾌하게 밝힐 테니까. 지목된 사람은 직접적 증거가 제시되지 않았음에도 너무나 논리적이고 치밀한 탐정의 추론에 설복된 나머지 자포자기의 심정이 되어 범행을 인정할 테고, 그때까지 다소 묘연했던 범행동기에 대해서도 참회하는 심정으로 스스로 털어놓게 될 것이다.

나 역시 법관으로서 그와 같은 극적인 순간을 상상해볼 때가 있다. 진범이 누구인지 미궁에 빠진 사건에서 간접증거를 통해 드러난 여러 정황들을 논리적으로 재구성해 피고인이 이 모든 것을 꾸민 범인임을 혹은 억울하게 누명을 뒤집어쓴 무고한 시민임을 설득력 있게 논증하는 순간을. 하지만 형사재판을 담당한 법관에게 이런 순간은 결코 찾아오지 않는다. 추리소설과 달리, 유죄가 선고되든 무죄가 선고되든 피고인은 자신이 간직하고 있는 절대 진실을 밝히지 않은 채 법정에서 말없이 물러가니까. 진실의 전모를 알고 있는 사람은 오직 단 한 사람, 피고인뿐이지만 정작 판결 선고를 받고도 그는 별다른 말을 하지 않는다. 사건에 대해 가장 많이 아는 사람이 그보다 적게 아는 사람의 판단과 처분에 내맡겨진다는 역설 위에, 그 위태로운 줄타기 위에 재판이 성립한다는 사실을 가끔 떠올릴 때면 발밑이 까마득하게 느껴진다.

그럼에도 불구하고 판사는 그때까지 등장한 모든 세부사항들을 끌어모아 최종적 추론을 제시해야 한다. 사소하지만 의미심장한 혹은 심상찮아 보이지만 실은 아무것도 아닌 단서들을 주의깊게 거르고 엮어 하나의 이야기로 만든다. 그렇게 파악된 사건의 실체는 피카소의 입체파 그림처럼 여러 분산된 관점의 목격들을 얼기설기 모아둔 것처럼 보일지 모르지만, 하나하나의 장면들은 서로 양립할 수 있어야 하며 하나의 중심 사건으로 자연스레 모아져서 법관으로 하여금 사건에 관한 최종 판단을 내리도록 도와주는 것이어야 한다. 그렇게 재구성한 이야기가 논리적으로 반박할 곳 없이, 무리하거나 억지스러운 비약 없이 이어져서 중심 사건이 마치 실제 일어났던 일처럼 여겨질 때 판사는 피고인에게 유죄를 선고한다.

그런 점에서 '실제 일어난 일'과 '실제 일어날 법한 일'을 경계로 한 재판과 소설의 구분은, 어쩌면 무의미하다고 볼 수 있다. 서사적 허구임이 분명한 소설 속 이야기가 정말 있었던 일처럼 느껴질 때 책 속에 빠져드는 독자처럼, 법관 역시 (검사에 의해 제시된) 피고인을 주인공으로 한 유죄 이야기가 여러 정황증거에 의해 뒷받침되어 정말 그럴듯하다고 느낄 때 유죄를 선언하니까. 따라서 '실제 일어난 일'이라는 법관의 선언은 '정말로 그럴듯한 일'이라는 말의 강조에 지나지 않는다고 해도 과언이 아니다.

이처럼 법관이 쓰는 판결문은 추리소설의 마지막 장과 같다. 애석하게도 법관이 추리소설을 사랑하는 행복한 독자와 결정적으로 다른 한 가지 점은, 판사는 누군가의 부주의나 고의로 마지막 장이 찢

겨나간 추리소설을 읽는 독자인 동시에 그 마지막 장을 스스로 완성해야 하는 작가이기도 하다는 사실이다.

합리적 의심

앞 장에서 우리는 법관의 유죄 판단이 중심 사건이 '실제 있었던 일'이라고 선언하는 형식을 띠고 있기는 해도, 실상은 '정말 그럴 법한 일'이라는 고도의 개연성 있는 추론의 한 형태라는 점을 살펴보았다. 그렇다면 우리는 언제 무엇이 정말 그럴듯하다고 느끼는 걸까. 다시 말해, '정말 그럴듯한 일'이라는 결론을 가능하게 하는 구체적 판단 기준은 무엇일까. 이 문제는 당신이 배심원 평의에 들어가기에 앞서 반드시 알아야 할 문제이므로 잠깐 옆길로 새어 이 장에서 다루고 넘어가는 것이 좋겠다.

조금 어려운 이야기지만, 철학의 여러 분과 중 인간 지식의 가능조건을 다루는 인식론은 인간이 진리에 도달할 수 있는 가능성에 대해 대체로 회의적으로 본다. 대표적으로 과학철학자 칼 포퍼는 인간이 편견이나 선입견, 불확실성을 제거해 참된 앎episteme에 도달할 수 있다는 플라톤 이래 지속된 전통적 진리관념을 거부하면서 인간이 무언가 안다(고 믿)는 것은 기껏해야 합리적 억측doxa에 불과하다고 본다.[1] 이 말을 뒤집으면, 인간의 판단에는 늘 어느 정도의 오류가 따른다는 것이다.

그런데 인간의 판단 오류는 1종 오류와 2종 오류로 구분된다. 1종 오류는 음성인 것을 양성으로 잘못 판정하는 경우, 쉽게 말해 아닌데도 그렇다고 판정하는 오류이다. 새떼를 적기로 오인해 발동한 적색경보나 불이 났다고 생각해서 잘못 울린 화재경보처럼, 허위 경보를 울리는 경우다. 형사재판에서 범인이 아닌데도 범인으로 오인하여 무고한 사람을 처벌하는 경우 역시 1종 오류이다. 반면 2종 오류는 양성인 것을 음성으로 오인하는 경우, 즉 맞는데도 아니라고 판정하는 오류이다. 적기가 출현했는데도 새떼라고 착각해서 경보를 울리지 않거나 화재가 발생했음에도 이를 놓친 경우이다. 범행을 저지른 진범을 (증거 부족이나 판단 착오 등으로) 무죄로 풀어주는 경우도 2종 오류에 해당한다.[2]

그런데 1종 오류를 생각하면 눈물 없이 들을 수 없는 친구의 에피소드가 떠오른다(친구 이야기를 빙자해 하는 내 이야기가 절대 아니다). 어느 날 친구가 회사에서 오후의 식곤증을 이겨내며 컴퓨터 자판을 타닥타닥 두드리고 있는데, 아내에게서 전화가 걸려왔더란다. 그런데 전화를 받자마자 대뜸 아내가 육두문자를 섞어가며 자신에게 고함을 지르더니 급기야는 울음을 터뜨리는 것 아니겠는가. 놀란 친구가 아파트 우편함에서 미리 가로채지 못한 지난달 카드대금 청구서를 아내가 본 게 틀림없다고 생각하며 자기 죄를 자복하려는 찰나, 아내가 분을 삭이지 못한 채 말하더란다. 최근에 받은 건강검진 결과, 황당하게도 에이즈 양성반응이 나왔다고 말이다. 친구 아내는 평생 남자라고는 남편 말고 알지 못하는 여성이기에 자신에게 에이즈를 전염시킬 사람은 남편밖에 없고, 그렇다면 평생 수혈 따윈 받아본 적 없이, 밤늦게까지 피 같은 술 한 방울까지 남김없이 마시며 노는 게 인생 신조인 건강한 남편이 어디선가 에이즈를 옮아왔다는 이야기. 이 지극히 논리적이고 타당한 추론에 따라 아내는 직장에서 한창 열심히 일하고 있을(사실은 식곤증에 시달리고 있는) 남편에게 전화해서 "너한테 속아 한평생 살아주는 것도 억울한 마당에 에이즈까지 옮아야 하겠냐"며 윽박지를 수밖에 없었던 것.

친구는 아내에게서 자초지종을 전해듣고 내가 절대 그럴 놈이 아니라고 구구절절 변명을 늘어놓으며 아내를 달래보려 했지만, 말이 통하지 않자 "너 나를 그렇게 못 믿냐"고 되레 화를 벌컥 내며 전화를 끊었단다. 그 길로 바로 반차를 내고 가까운 보건소로 에이즈 검사를 받으러 갔다는데…… 친구 말에 따르면, 검사결과 음성반응이 나온 것은 어찌 보면 당연지사이고(그런데도 왜 그리 화들짝 놀라 검사를 서둘렀는지 모르겠지만), 다행히 아내의 재검 결과도 음성이었다. 결국 애초 검사가 오류인 것으로 드러나면서 위태로울 뻔했던 이 가정의 평화가 다시금 지켜지는 해피엔딩으로 마무리되었다는데……

나중에 사정을 알고 보니 에이즈 검사용 시약은 1종 오류가 발생할 가능성을 어느 정도 감수하는 대신 2종 오류가 생길 위험, 즉 에이즈 환자가 맞는데도 아니라고 판정할 가능성을 최소화하는 방식으로 만들어진다고 한다. 그러니 혹시 건강검진결과 에이즈 양성반응이 나오더라도 화들짝 놀라지 마시고 일단 가까운 보건소부터 가보시길 권한다.

이와 같이 1종 오류와 2종 오류 사이에는 일종의 '트레이드오프trade off' 관계, 즉 한 종류의 오류를 막으려면 다른 종류의 오류 가능성이 커지는 관계가 존재한다. 예를 들어, 에이즈 유증상자를 한 명이라도 놓쳐서는 안 된다는 생각으로 시약을 만들면, 애매한 증상이 있는 사람도 양성으로 판정할 것이기에 가짜 양성반응의 빈도가 높아질 수밖에 없다. 그 대신 에이즈 유증상자가 치료의 적기를 놓칠 위험은 상대적으로 낮아진다. 반대로 가짜 양성반응을 줄이기 위해 에이즈 증상이 뚜렷한 사람에게만 반응하도록 시약을 만들면 솥뚜껑 보고 자라라고 놀랄 일은 적어지는 대신 에이즈 환자를 아무 조치 없이 방치할 위험이 늘어난다.

이처럼 인간이 내리는 판단에 일정한 수준의 오류가 따를 수밖에 없다면, 우리에게는 어떤 종류의 오류를 우선 감수할 것인지에 관한 선택의 문제만이 남는다. 인생의 여러 어려운 선택지처럼, 서로 양립하기 힘든 대안들 앞에서 어느 하나를 선택해야 하는 것이다. 그렇다면 어떤 선택이 합리적인 걸까. 사실 이건 획일적으로 답할 수 있는 문제가 아니라 그때그때의 상황에 따라 달라질 수밖에 없는 문제다.

에이즈 검사용 시약의 경우라면 1종 오류의 위험을 감수하는 편이 더 낫지만, 2종 오류의 위험을 감내하는 것이 나은 경우도 있다. 예를 들어, 에이즈 치료 목적의 신약을 개발하는 제약회사에 투자할지를 놓고 고민하는 투자자라면 2종 오류의 위험을 기꺼이 감수하는 대신, 1종 오류는 되도록 저지르지 않도록 노력하는 편이 좋다. 신약의 약효가 없음에도 있다고 잘못 판정하는 바람에 거액의 투자를 했다고 가정해보자. 나중에 약효가 없음이 밝혀진다고 해도 이미 많은 돈을 투자한 결정을 되돌릴 수 있는 방법은 없다. 이럴 바에야 차라리 신약의 효과가 있음에도 없다고 잘못 판정하여 투자 기회를 놓치는 편이 낫지 않을까.[3]

그렇다면 형사재판에서는 어떤 종류의 오류를 감수하는 편이, 다시 말해 어떤 종류의 오류를 회피하는 방향으로 제도를 설계하여 운영하는 것이 현명할까. 에이즈 검사용 시약처럼 '2종 오류 최소화'일까, 아니면 제약회사 투자시스템처럼 '1종 오류 최소화'일까.

결론부터 말하자면, 우리 형사법 체계는 1종 오류, 즉 범인 아닌 무고한 사람을 처벌하는 오류(처벌 오류)를 최소화하는 대신 2종 오류, 즉 진범을 무죄로 풀어주는 오류(무처벌 오류)를 감수하는 방향으로 설계되어 있다고 할 수 있다. 우리나라 헌법 제27조 제4항에서 선언하는 무죄추정 원칙은 형사사법시스템의 기본설계 방향을 지시한 것이라 볼 수 있는데, 이에 따르면 1종 오류인 처벌 오류, 즉 무고한 사람을 유죄로 오판하는 오류를 가급적 저지르지 않는 쪽으로

형사사법제도가 운영되어야 한다.[4]

그런데 형사재판에서 1종 오류를 최소화하고자 하는 태도는 우리 형사사법제도에만 특유한 것은 아니다. 형사재판의 대원칙인 '의심스러울 때는 피고인의 이익으로in dubio pro reo' 원칙은 로마법에 오랜 기원을 두고 있고, '합리적 의심의 여지 없는 증명proof beyond reasonable doubts' 원칙은 미국에서 형사증거법상 중요한 원칙으로 발전되어 정착되었다. 피고인의 유죄를 인정하기 위해 높은 수준의 증명을 요구하는 것은 현대 문명국가의 형사사법제도가 취하는 공통된 입장인 것이다. 심지어 무죄추정 원칙은 인간의 보편적 인권으로까지 인정받고 있다. 우리나라도 가입한 바 있는 시민적 및 정치적 권리에 관한 국제규약 제14조 제2항은 '범죄로 기소된 사람은 누구든지 법률에 따라 유죄로 입증될 때까지 무죄로 추정받을 권리를 갖는다'라고 규정하고 있는데, 유엔 산하 조약기구인 자유권규약위원회는 이에 관해 아래와 같이 설명하고 있다.[5]

> "공소사실을 입증할 책임은 검사에게 있고 의심스러울 때는 피고인의 이익으로 한다. 공소사실이 합리적 의심의 여지 없이 입증되기 전까지는 유죄로 추정하여서는 아니 된다. 나아가 무죄로 추정된다는 것은 그러한 원칙에 따라 대우받을 권리를 수반하는 것이다. 따라서 모든 국가기관은 형사재판의 결과를 미리 예단하는 것을 삼가야 할 의무가 있다."

이처럼 우리의 형사재판 구조는 처벌 오류를 되도록 방지하기 위해 설계된, 피고인 쪽으로 15도쯤 유리하게 기울어진 운동장이라고 할 수 있다. 피고인으로서는 자신이 무죄임을 입증할 필요 없이 단지 무죄일지도 모른다는 의심만을 불러일으키면 되니까. 이러한 맥락에서 영국의 저명한 법학자인 윌리엄 블랙스톤은 '한 사람의 무고한 사람을 처벌하는 것보다 열 사람의 범인을 놓치는 것이 낫다'는 말로 형사재판의 기본 이념을 제시한 바 있다(미국의 정치가 벤저민 프랭클린은 한술 더 떠서 '백 명의 범인을 놓치더라도 한 명의 무고한 죄인을 만들면 안 된다'라고 말했다). 블랙스톤의 제안을 그대로 받아들여 형사소송구조를 설계하자면, 2종 오류의 발생 빈도가 1종 오류의 발생 빈도보다 10배 이상 많아지는 것을 허용할 정도로 1종 오류를 최소화하는 수준에서 제도를 설계해야 한다.

그런데 이 글을 읽는 어떤 분들은 무고한 시민이 억울하게 처벌받는 1종 오류를 최소화하자는 형사사법제도의 취지에 공감하면서도, 그렇다고 나쁜 놈들이 법망을 빠져나가는 2종 오류를 용인할 수는 없으니 두 가지 종류의 오류를 모두 줄여나가는 방향으로 형사사법제도를 개선하면 되는 것 아니냐고 반문할지 모른다.

이러한 지적은 원론적으로 타당하다고 볼 수 있다. 1종 오류를 최소화하면서 2종 오류도 함께 줄이는 방법이 아예 없는 것은 아니니까. 우리나라의 수사체계를 미국 드라마에서 나오는 CSI처럼 이상적 수준으로 끌어올리면 된다. 이른바 철저한 '과학수사'를 하면 되는 것. 실제로 최근 들어 우리나라에서 활성화된 DNA 감정이나 디지털포렌식[6] 수사가 범인 검거나 형사사건의 진실 규명에 기여한 바가 적지 않다. 아마 모르긴 몰라도, 첨단 수사기법이 도입되기 이전과 이후를 비교하면 범인 검거율이 눈에 띄게 높아졌을 것으로 생각된다. 하지만 과학수사를 위해서는 적지 않은 예산이 소요된다. 어쩌다 한번 일어날까 말까 한 사건에 대비해 수십 억짜리 장비를 사고, 비교적 단순한 사건에도 많은 인력과 장비를 투입해 온갖 증거를 다 끌어모아야 하니까. 그에 따라 국방이나 교육, 의료나 복지에 유용하게 쓰일 국가 예산이 줄어드는 건 당연하다. 수사방식의 과학화를 통해 두 가지 종류의 오류를 동시에 줄여나갈 방법이 없지는 않아도, 우리 사회가 쓸 수 있는 한정된 자원을 감안하면 궁극적으로는 비용과 편익 관점에서의 선택 문제로 돌아가게 되는 것이다. 얼마의 예산과 인력을 투입해서 형사사법제도상의 오류를 어느 정도 수준까지 줄여갈 것인지에 관한 선택의 문제로 말이다. 더욱이 수사방식의 개선을 통해 오류를 얼마간 줄일 수 있기는 해도 인간이 하는 일이다보니 오류를 완전히 없애는 것은 불가능하다.

앞서 설명한 바와 같이 포퍼는 인간이 절대적 진리를 발견할 가능성을 회의적으로 바라보지만, 그렇다고 결코 비관적이지는 않다. 포퍼는 인간 지식의 성립 조건에 관해 엄정하게 논증하고 있을 뿐이다. 그는 인간의 지식은 하나의 가설에 불과하다고 보면서 그 가설을 어떤 증거에 의해 직접적으로 검증하는 건 불가능하다고 본다. 다만 가설에 반대하는 사람이 반박의 증거를 제시하는 것이 가능할 뿐이다. 쉬운 예로 세상에 존재하는 모든 백조들을 일일이 관찰하여 '백조가 하얗다'라는 가설을 직접 검증하는 것은 불가능하지만, 그 가설에 반대하는 사람으로서는 검은 털을 지닌 백조를 반증으로 제시해서 간단히 가설을 기각할 수 있다.

그렇지만 백조의 털이 하얗다는 가설은 그에 대한 뚜렷한 반증이 제시되기 전까지는 잠정적 진리로 통용된다. 만약 다른 동물학자가 반증을 제시한 경우라도 이를 재반박할 수 있다면(백조의 털이 산불에 그을려서 검게 된 것이다, 백조를 닮은 다른 조류다 등등) 당초의 가설은 반증을 물리친 만큼 더욱 유력한 가설로 계속 살아남게 된다.

이러한 견지에서 포퍼는 과학지식의 발전은 과학자의 직관에 바탕한 가설의 정립에 뒤이은 치열한 논박 과정을 거쳐 점진적으로 이루어지는 것이라고 말한다. 인간은 무언가를 직접적으로, 단적으로 알 수 있는 것이 아니라 (추측과 논박의 우회로를 거쳐) 간접적으로, 점진적으로 알 수 있을 뿐이다. 추측이나 가설의 형태로 출발한 인간의 지식은 반증을 견뎌내는 만큼 조금씩 견고해져서 좀더 높은 개연성을 지닌 확신으로 바뀌어간다. 하지만 이러한 확신이 결코 진리의 영역에까지 도달할 수는 없다. 아인슈타인의 상대성이론처럼 오랜 세월 동안 수많은 반증을 이겨낸 검증된 과학이론이라고 해도, 현대물리학의 눈부신 발전에 따라 반증될 여지가 있는 이상, 여전히 개연성 높은 추측의 영역에 머물기 때문이다. 인간이라면 언젠가 죽음을 맞이할 수밖에 없는 것처럼, 인간의 인식에 내포된 한계는 인간의 유한한 조건에서 비롯된 불가피한 숙명이라 할 수 있다.

그런데 법관이 피고인의 유죄 인정에 관한 확신에 이르는 과정도 이와 비슷하다고 말할 수 있다. 우리나라 형사소송법이 피고인의 범죄사실을 인정하기 위해서는 합리적 의심이 들지 않을 정도로 높은 수준의 증명을 요한다고 규정하고 있는 것은 포퍼식 진리관이 재판 과정에도 그대로 적용됨을 보여준다.[7] 한낱 인간에 불과한 법관으로서는 사안의 실체를 직접적으로 파악할 길이 없다. 법관은 검사가 제시한 증거에 의해 피고인이 죄를 지었음을 바로 알게 되는 것이 아니다. 검사가 제시한 '피고인 유죄' 가설이 여러 증거들에 의해 충분히 뒷받침되고 달리 반증의 여지가 없을 때, 즉 정말 그럴듯한 가설이라고 여겨질 때 법관은 그 가설을 당해 사안에서의 진실로 선언할 뿐이다.

물론 앞서 언급한 무죄추정 원칙에 따라 법관은 '피고인이 무죄'라는 최초의 디폴트 가정에서 출발한다. 그런데 재판 과정에서 검사의 입증에 의해 피고인이 유죄라는 잠정적 가설의 개연성이 점차 높아지고, 이에 대항해서 피고인이나 변호인은 가설의 진실성을 논박하는 반증을 제시한다. 거칠게 말하자면, 형사재판은 검사가 제시한 피고인 유죄 가설을 둘러싸고 검사와 피고인 사이에서 벌어지는 치열한 추측과 논박의 과정이라 보아도 무방하다. 이때 피고인 유죄 가설을 뒤집기 위한 반증 기준이 '합리적 의심'이다. 법학자들은 '합리적 의심'을 '요증사실과 어긋나는 사실의 개연성에 대한 의심'이라는 아주 알아듣기 어려운 말로 설명하는데,[8] 쉬운 말로 피고인이 범인이 아닐지도 모른다는 근거 있는 의심을 말한다.

피고인 유죄 가설을 둘러싼 추측과 논박의 과정을 거쳐 합리적 의심이 모두 반박되거나 해소되기에 이를 때, 법관은 피고인이 유죄라는 확신을 갖게 된다. 반면 법관의 심중에 떠오른 합리적 의심이 온전히 해소되지 못하면 '의심스러울 때에는 피고인의 이익으로'라는 디폴트 규칙(검사의 증명이 충분히 이루어지지 못하면 '무죄'라는 디폴트값이 유지된다)에 따라 무죄가 선고된다. 결국 법정에서 피고인의 유무죄가 갈리는 관건은 검사의 입증이 '합리적 의심'이라는 반증 기준을 넘어서느냐에 달려 있다.

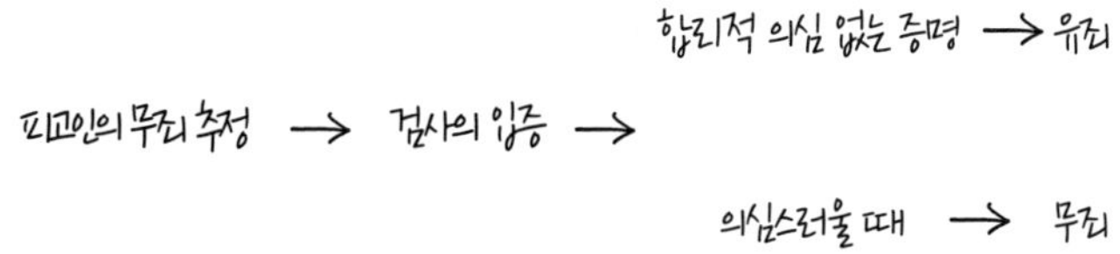

1종 오류 최소화 모드에 맞춤 설계된 형사소송의 구조를 대략 알아보았으니 이제 옆집 남자 사건으로 다시 돌아가보자. 만약 당신이 옆집 남자 사건의 배심원이라면 법정에 선 피고인에게 어떤 판단을 내리겠는가. 이제 검사와 변호인의 최종 변론을 들어볼 차례이다.

옆집 남자 사건 3

드라마 〈비밀의 숲〉에 출연한 조승우를 닮은 검사(이 드라마를 보지 못한 분은 드라마 '검사내전'의 이선균을 상상하시길)가 배심원 앞에 서서 차분하고 냉정한 목소리로 변론을 시작한다.

"지금껏 심리한 결과 피고인이 여러모로 의심쩍다는 점에 대해서 의문을 제기하실 분은 없으리라 믿습니다. 당연히 저 역시 피고인이 이 사건의 범인이라는 심증을 갖고 있습니다. 하지만 저의 심증은 단순한 추측이 아니라 여러 객관적 정황증거들에 의해 뒷받침되는 확증입니다.

먼저 유전자 감식결과에 따르면 이 사건의 진범은 피고인과 동일 부계 유전자를 공유하는 남성입니다. 피고인이 이 기본 조건을 충족시킨다는 점은 분명합니다. 이 사건에서 동일 부계 유전자검사만이 가능했던 이유는 피해자 손톱에서 채취한 시료의 양이 적었던 탓인데, 시료를 충분히 확보해 개인 식별이 가능한 유전자검사를 시행했더라면 피고인의 유전자형으로 밝혀졌을 가능성이 농후합니다.

피고인의 양말에 피해자의 고양이 털이 묻어 있던 것도 혐의사실을 입증하는 유력한 정황입니다. 물론 그 고양이 털이 옆집 여자가 키우는 고양이의 털인지는 분명치 않습니다. 하지만 그가 고양이를 키우지 않는다는 점과 피고인의 양말에 묻은 고양이 털 색깔이 피해자의 고양이 털 색깔과 일치한다는 점으로 미루어볼 때 피해자의 고양이에서 묻어 나온 털이라고 보는 것이 합리적 추론입니다.

피해자가 목격한 범인의 용모 역시 피고인의 외모와 비슷합니다. 게다가 그는 사건 당시 범인이 입었던 패딩점퍼와 유사한 점퍼를 갖고 있고, 수상쩍게도 목 부위에 긁힌 자국이 있습니다. 여자의 격렬한 저항에 의해 범인의 목 부위에 긁힌 자국이 남았을 것으로 추정되는 바로 그 부위에 말이죠. 만약 피고인이 그의 주장대로 떳떳했다면 사건 직후 출동한 경찰관의 요구에 문을 선뜻 열어주지 않았던 건 왜일까요. 헤드폰을 끼고 시끄러운 음악을 듣고 있는 통에 초인종 소리를 듣지 못했다는 그의 대답이 왠지 궁색한 변명처럼 느껴지는 게 저만의 편견 탓일까요. 혹시 피고인에게 뭔가 켕기는 게 있어 경찰관에게 문을 열어주기가 망설여졌던 건 아닐까요.

피고인은 아내와 이혼한 후 홀로 살고 있는 남자입니다. 심지어 그는 직장마저 잃고 얼마 되지 않는 실업급여로 살아가고 있는 사람입니다. 피고인처럼 외로운 처지에 있는 성적으로 결핍된 남자라면 이웃에 사는 젊은 여성에게 관심을 가질 법도 하고, 실제로 피고인은 사건 전날 밤에 피해자를 찾아가 술자리를 제안했습니다. 하지만 유감스럽게도 피해자에게는 그의 제안이 한낱 치근거림 정도로밖에 느껴지지 않았죠. 피해자에게 어렵사리 꺼낸 제안이 일언지하에 거절당하자 피고인은 커다란 모욕감을 느꼈던 것으로 보입니다. 좌절감과 수치심으로 밤을 새우다시피한 그는 더 늦기 전에, 그러니까 동이 트기 전에 무언가 하지 않고는 견딜 수 없었던 것으로 보이니까요.

제가 피고인의 범행 동기를 가정하여 섣불리 추론한다고 비난하지 마십시오. 침입 시간이나 침입 루트를 고려해보았을 때 범인은 분명 젊은 여성 혼자 사는 집임을 잘 알고 있는 사람입니다. 그런 사정을 모르는 사람이라면 이제 곧 날이 밝아오려는 시간에 몸통 하나 통과하기도 쉽지 않은 좁은 화장실 창문을 통해 누군가의 집에 침입하는 위험과 수고를 굳이 감수하려 하지 않았을 겁니다.

하지만 잘 준비된 계획에 따라 이루어진 범행이 아니었던 만큼 피해자의 격렬한 반항에 부딪쳐 피고인은 무척 당황했던 것 같습니다. 도망치는 와중에 피해자가 자신을 뒤따라오는 것을 생각하지 않고 그만 자기 집으로 되돌아갔으니까요. 집 현관문을 닫는 것도 잊고 말이죠. 범인을 뒤따라간 피해자가 옆집 현관문이 열려 있음을 확인한 것이 바로 그때입니다.

제가 이제까지 제시한 여러 정황증거들은 누군가를 손가락으로 말없이 가리킵니다. 피해자의 옆집 남자, 지금 피고인석에 앉아 있는 남자가 이 사건의 범인이라고 말이죠. 하나하나의 정황증거가 피고인이 범인임을 밝힐 결정적 증거는 되지 못한다는 건 저도 인정합니다. 하지만 이 모두가 하나로 모이면 피고인으로서는 도저히 반박하기 어려운 정교한 퍼즐 그림이 완성됩니다. 퍼즐 조각 몇 개가 빠지기는 했지만, 퍼즐 그림에 그려진 사람이 피고인임을 어렵지 않게 알아보실 수 있을 겁니다. 피고인의 주장대로 그가 정말 무고한데도, 그에게 불리하게 작용하는 여러 정황들이 공교로운 우연의 일치로 일어날 확률이 과연 얼마나 될까요. 한두 가지의 우연이 겹칠 수 있어도 이렇게 여러 우연들이 겹쳐 일어난다면 그건 우연을 가장한 필연이라고 봐도 무방하지 않을까요. 현명하고 지혜로운 배심원 여러분이라면 이 둘의 차이를 분명히 구분하시리라 믿습니다."

이제 변호인의 최후 변론 차례. 그런데 영화 '변호인'에 나온 송강호를 닮은 노련한 변호인은 검사의 주장을 무작정 반박하지 않는다. 그는 검사가 제시한 여러 증거들이 피고인에게 유죄를 선고하기에 충분한 확증을 주지 못한다는 점을 날카롭게 지적할 뿐이다.

"검사님의 변론을 잘 들었습니다. 하지만 현란한 말솜씨의 변론을 듣고도 저는 피고인이 진범이 아닐지 모른다는 합리적 의심을 여전히 지우지 못했다는 점을 고백하지 않을 수 없군요. 아마 이 자리에 앉아 계신 배심원 여러분도 마찬가지일 것이라 생각합니다.

우선 범인이 피고인과 부계 유전자정보를 공유한다는 사실을 보여주는 유전자감식 결과만으로 피고인이 범인이라고 추정하는 것은 심각한 논리적 비약 아닐까요. 이 사건이 발생한 주변 동네는 다세대주택이 늘어서 있는 인구밀집 지역입니다. 1인 가구가 차지하는 비중이 높고 주민 전출입이 자주 이루어지는 곳이죠. 피고인이 잘 알지 못하는 부계 쪽 먼 친척이 인근에 거주하고 있을 가능성이 없다고 단정할 수 없습니다. 물론 피고인과 먼 친척관계에 있는 것으로 추정되는 사람이 하필 피고인의 이웃집에 침입한 것이 보기 드문 우연이긴 합니다만, 어쨌든 검사는 피해자의 손톱에서 검출된 유전자의 주인이 피고인이라는 사실을 밝혀내는 데 실패했습니다.

한편 피고인의 양말에서 묻어나온 고양이 털이 피해자가 기르는 고양이의 것이 맞다고 해도 그가 사건 당일 옆집에 침입하였음을 보여주는 건 아닙니다. 복도를 비롯한 피해자의 집 주변에 피해자가 키우는 고양이 털이 날려 떨어져 있다가 피고인의 양말에 의도치 않게 묻을 가능성은 충분하니까요. 피고인은 담배를 피우기 위해 슬리퍼 차림으로 복도로 자주 나가곤 하고, 사건 전날 피해자와 복도에서 마주쳤을 때도 그랬습니다.

검사는 범인의 프로필이 피고인과 일치한다고 주장하지만, 피해자는 도주하는 범인을 뒤쪽에서 바라보았을 뿐입니다. 사위가 어두컴컴한 이른 새벽녘에 이루어진 부정확한 목격만을 근거로 범인의 용모를 특정하기는 아무래도 무리입니다. 게다가 '중키에 마른 체격'이라는 범인의 프로필을 만족하는 사람은 셀 수 없이 많습니다. 여기 배심원들 중에서도 눈에 띄는군요. 저는 피고인의 목 부위 상처가 아토피 증상으로 가려워 긁다 생긴 상처라는 주장을 뒷받침하기 위해 피고인이 두어 달 전에 피부과에 내원해 아토피 증상으로 진료

받은 내역을 제출한 바 있습니다. 진료기록이 존재하는 이상, 피고인의 주장을 말도 안 되는 변명이라 치부할 수만은 없습니다. 또한 검사는 범인이 입은 것과 유사하다는 피고인의 패딩점퍼를 증거로 제출했습니다만, 혹시 배심원 여러분들 중에 패딩점퍼 하나쯤 갖고 있지 않은 분 계신가요. 지난겨울 남녀노소 누구나 즐겨 입을 정도로 유행했던 패딩점퍼를 갖고 있다는 사실이 어떻게 범행 증거가 되는지 도무지 이해할 수 없습니다.

피고인은 수사 초기부터 떳떳이 수사에 임했고, 골목길 CCTV가 가짜임을 알지 못한 상태에서 진범 확인을 위해 CCTV 영상을 확인해보자고 자발적으로 제안하기도 했습니다. 사건 직후 출동한 경찰관들은 피고인이 현관문을 열어주지도 않았고 범행을 시인하는 투로 이야기했다고 증언하지만, 이는 경찰관들의 주관적 느낌에 바탕을 둔 지극히 편향된 증언에 불과합니다. 피고인으로서는 갑자기 맞닥뜨린 상황에 당황해서 적절히 처신하지 못하는 바람에 경찰관들의 괜한 의심을 산 것에 불과합니다.

저는 이 사건이 피해자의 근거 없는 억측에서 출발한, 말하자면 첫 단추부터 잘못 끼워진 사건이라고 생각합니다. 만약 피고인이 사건 전날 피해자를 찾아가지 않았다면 과연 피해자가 피고인을 범인으로 지목했을지 곰곰이 생각해보시기 바랍니다. 혹시나 피해자는 지난밤 옆집 남자가 치근덕댄 일로 기분이 상해 그를 범인으로 엉뚱하게 오인한 건 아닐까요. 피고인이 바보가 아닌 이상 간밤의 일로 범인으로 의심받을지 모를 상황에서 피해자를 덮치는 어리석은 선택을 하지 않았을 것입니다.

검사는 우연의 일치는 필연이라고 주장합니다만, 불행은 겹쳐서 일어난다는 옛말도 있듯이 피고인에게 불리한 우연들이 공교롭게 겹쳐서 일어났을 가능성을 완전히 배제하기는 어렵습니다. 검사는 이 모든 우연이 피고인에 의해 계획된 필연임을 입증하는 데 실패했고, 합리적으로 제기되는 여러 의심에 대해 납득 가능한 답변을 제시하지 못했습니다. 배심원 여러분들도 저와 마찬가지로, 검사가 이리저리 모은 퍼즐 조각으로 얼기설기 완성한 직소퍼즐에 그려진 사람이 피고인이라고 확신하실 수 없으리라 믿습니다. 따라서 본 변호인은 헌법상 보장되는 무죄추정 원칙에 따라 피고인의 무죄를 평결해주실 것을 간곡히 요청합니다."

이제 배심원들은 평의실로 이동해서 피고인에게 유죄를 인정해야 할지 아니면 무죄를 선고해야 할지 최종 평결을 내려야 한다. 당신은 검사의 최후 변론과 변호인의 최후 변론 중에서 어느 쪽으로 마음이 기울어지셨는지. 배심원들은 만장일치에 따라 평결하는 것을 원칙으로 하되, 서로 의견이 일치하지 않을 경우 다수결의 방법에 따라 평결하기 때문에 당신을 포함한 배심원 한 명 한 명의 의견이 중요하다.[1] 당신의 선택에 따라 피고인의 운명이 갈릴 수 있는 것이다.

이제껏 제출된 증거들과 최후 변론 내용까지 두루 살펴볼 때, 피고인을 주인공으로 한 유죄 이야기가 정말 그럴듯하다고 느껴지는지. 너무나 그럴듯한 일로 생각되어서 실제 그런 일이 일어났다는 생각이 드는지. 아니면 검사가 제시한 유죄 스토리가 제법 그럴듯하긴 해도 옆집 남자가 진범이라 단정하기에는 무언가 석연찮은 구석이 있다고 여겨지는지.

아마 모르긴 몰라도, 이웃집 남자가 범인일 가능성이 높다는 심증이 들긴 해도 그의 유죄를 확증하기는 어렵다는 의견이 좀더 많지 않을까 싶다. 옆집 남자 사건을 대상으로 사법연수원에서 실시된 모의재판에서도 무죄의견 쪽이 근소한 차이의 우위를 보였다(유죄: 무죄 = 3:4).

어린 시절 매주 토요일이면 〈주말의 명화〉라는 프로그램을 즐겨 보았던 기억이 난다. 극장에 가서 영화를 보는 게 쉽지 않던 시절인지라, 〈주말의 명화〉 시간만 되면 온 가족이 TV 앞에 둥그렇게 모여 앉아 영화가 시작되길 손꼽아 기다렸는데(가끔 어린이가 볼 수 없는 야한 영화나 폭력적인 영화가 방영되는 날이면 일찍 자러 가야 해서 얼마나 슬펐는지 모른다), 이때 보았던 영화 중에서 마이클 더글러스 주연의 〈이중 함정〉이라는 영화가 아직도 기억에 남는다.

주인공을 맡은 마이클 더글러스는 형사재판을 담당하는 판사로 등장하는데, 진범이라는 심증이 가도 확증이 없어 피고인을 무죄 방면하는 일에서 느껴지는 딜레마가 너무나 괴로웠던 모양. 그래서 그는 사형에 처해도 마땅한 중죄를 범했음에도 증거 부족으로 무죄 석방된 피고인을 다시금 심판하기 위해 동료 법관들과 비밀리에 원탁회의를 여는데, 원탁회의에 참여한 판사들은 '합리적 의심 없는 증명'이라는 거추장스러운 입증 기준을 내던지고 각자의 심증에 따라 자유롭게 투표한다. 투표결과 만장일치로 '피고인이 유죄'라는 결론이 내려지면, 피고인에게는 법정에서 용케 면한 사형이 언도된다. 그리고 놀랍게도, 판사들은 사형 집행을 위해 킬러를 고용해 피고인에 대한 살인을 청부하는데……

나머지는 스포일러가 될 수 있으니 더이상의 줄거리 소개는 생략하고, 이 장을 마무리하면서 언뜻 사소해 보이지만 중요한 질문을 하나 던져본다. 영화를 즐겨 보는 분은 잘 아시겠지만, 검사가 주인공으로 등장하는 영화는 제법 많아도 판사가 영화의 주인공으로 나오는 법은 좀처럼 없는 것은 왜일까.

판사를 영화의 주인공으로 내세우기 어려운 이유는, 그랬다간 자칫 영화가 망할 수 있기 때문이다. 하루종일 사무실에서 재판기록을 넘기며 법조문과 판례를 뒤적거리는 판사에게 발생할 수 있는 유일한 직업적 위험은 종이에 손가락을 베이는 일 정도다. 간단히 말해 직업에 드라마틱한 요소가 거의 없고, 무언가 듣거나 보거나 쓰는 일이 전부인 직업이다. 어쩌다 판사가 사람들의 이목을 끌 만한 흥미진진한 사건을 맡게 되더라도 그저 보고 듣고 쓸 뿐인 단조롭고 밋밋한 일상에는 변함이 없다. 선방에서 3년째 묵언 수행 중인 고승이나 대하소설을 쓰기 위해 골방에 틀어박혀 하루종일 자판만 두드리는 소설가의 처지와 별반 다를 바 없는 셈이다. 이쯤 되면 판사를 영화의 주인공으로 등장시키지 않는 당연하고도 합리적인 이유가 충분히 납득될 것이다.

때문에 나는 영화 〈이중 함정〉의 시나리오는 판사 일의 내막을 잘 아는 작가가 쓴 게 아닐까 조심스레 추측해본다. 평온하고 차분하게 보이지만 실은 엄청난 긴장과 모순이 내재하고 있는 형사재판의 역동적 딜레마를 제대로 포착했으니까. 증거가 부족한 나머지 피고인에게 무죄를 선고할 수밖에 없을 때 (따로 킬러를 고용하고 싶은 마음이 들 정도로) 판사가 느끼는 분노와 허탈감을 이해하지 못한다면, 이러한 영화의 줄거리를 구상할 수도, 판사를 영화 주인공으로 내세우는 위험한(?) 발상을 할 수도 없지 않았을까 싶다.

옆집 남자 사건처럼 심증이 가도 확증이 되기에는 2% 부족해 무죄를 선고해야 하는 사건에서 법관은 일종의 윤리적 딜레마를 느낀다. 증거 부족으로 무죄를 선고하려니 피해자의 얼굴이 아른거리고, 그렇다고 유죄를 선고하자니 피고인이 무고한 사람일지 모른다는 의심이 고개를 든다. 범죄가 일어났으니 범인을 반드시 잡아 처벌해야 함에도 정작 증거가 부족해서 무죄를 선고하는 게 무언가 앞뒤 안 맞는 일 같다. 하지만 법정에 선 피고인이 진범이라는 보장이 없는 이상, 그를 놓아줄 수밖에. 그가 한 사람의 무고한 시민이 생겨나는 걸 막기 위해 놓친 열 사람의 진범 중 하나일지 모르지만, 아무리 심증이 간다고 해도 확증이 없다면 무죄를 선고할 수밖에 없는 것이 우리 법의 기본 원칙이기 때문이다. 다시 한번 말하지만, '의심스러울 때는 피고인의 이익으로.'

그렇다고 피고인을 제거할 음모를 꾸밀 비밀 원탁회의를 결성하는 일이 가능할 리 없으니, 허전함을 달래기 위해 내가 주로 쓰는 방법이 혼자 커피 마시며 멍때리기다. 집으로 돌아가는 길목에 있는 카페에 들러 창가 자리에 홀로 앉아 있노라면, 내 안의 울컥한 무언가가 커피의 씁쓸한 뒷맛과 함께 조용히 가라앉는다. 그렇게 30분쯤 멍때리고 있으면, 어느 순간 '(퇴근하는 길에 뭇국에 넣을 대파 사가기로 했는데!) 내가 지금 뭐하는 건가' 현타가 오기는 하지만.

그나저나 심증이 2% 부족할 때의 경험을 말하다보니, 90년대 자주 방송을 탔던 어느 음료 광고(〈주말의 명화〉 이야기부터 시작해서 옛날 사람 티는 다 내고 있다)가 갑자기 떠오른다. 당대 최고의 미남배우 정우성이 중국 여배우 장쯔이와 2% 부족한 사랑을 채우기 위해 바닷가에서 고래고래 소리 지르고 서로 부둥켜안던 장면이. 그땐 사랑이 뭔지도 모르는 어린 소년이었지만, 저런다고(저렇게 힘 뺀다고) 사랑이 채워질까, 하는 데카르트적 회의가 들었더랬다(아, 그때도 마음만은 노땅이었나보다). 그래서 나로서는 그 광고를 보며 '사랑이 2% 부족할 땐 억지로 힘 빼지 말고 연인과 사이좋게 시원한 탄산음료나 나눠 마시자'라는 건설적 교훈을 얻었을 따름인데…… 이때의 교훈을 형사재판에서 심증이 2% 부족할 때도 적용할 수 있을까.

나는 있다고 믿는다. 심증이 2% 부족할 땐 괜히 무리하지 말고 먹먹한 마음 달래며 혼자 커피나 마시자고 말이다.

흡혈귀의 비상

최근에 심심찮게 만들어지고 있기는 하지만, 판사 업무의 비교적 단조로운 특성 때문인지 판사가 주인공이 되는 법정 드라마는 검사나 변호사가 주인공인 드라마에 비해 보기 드물다. 하지만 나는 관점을 조금만 달리하면 판사를 주인공으로 내세운 웰메이드 법정 드라마를 만들 수 있다고 믿어 의심치 않는다.

우선 가장 중요한 문제부터 정해보자. 남녀주인공은 누구로 해야 할까. 이건 대단히 중요한 문제다. 주인공의 캐릭터를 정하는 일에서 이미 드라마의 운명이 절반쯤 정해지니까. 우선 우리의 남자주인공을 소개하자. 올해로 5년차 법관인 곽재은 판사가 서울대학교 법대를 수석 졸업하고 사법연수원을 차석 수료한 엘리트 법관이면 멋

지겠지만, 이건 너무 꿈같은 이야기니 서울 법대를 3수 끝에 들어가 동기들에 비해 뒤늦게 사법고시에 합격하고 법관 임용도 겨우 받은 판사라고 하는 편이 현실적일 듯싶다. 곽판사가 발령받은 첫 임지도 저 머나먼 남쪽 지방에 위치한, '한국의 나폴리'라 불리는 통영시쯤으로 하자.

그는 판사라는 사실만 빼고는 주변에서 흔히 찾아볼 수 있는 사람이다. 소극적이고 게으른 편에 누군가 자신을 귀찮게 구는 걸 극도로 싫어한다. 맞벌이였던 부모의 영향으로 혼자 시간을 보내는 일에 원체 익숙한 편인데, 아버지가 가끔 달큰하게 술에 취해 집에 돌아와서는 평소의 소홀함을 보상하기라도 할 것처럼 뽀뽀하고 끌어안거나 느닷없이 훈계하는 게 싫었다. 때문에 같은 재판부의 술 좋아하는 부장판사가 간혹 회식하자고 하는 게 질색이지만, 대놓고 들이받을 용기는 없어 살살 피해 다닌다. 한마디로 부모와 애착관계가 덜 형성된 탓에 사회성이 떨어지는 데다, 대학을 삼수하고 사법고시를 간신히 패스하는 데 갖고 있는 에너지를 모두 소진한 모양인지 삶에 대한 별다른 의욕이 없는 인간이다.

그래도 장점이 있다면 고양이를 좋아한다. 고양이를 좋아하니 고양이를 두 마리쯤 키우는 것으로 하자. 무언가를 좋아하는 것이 장점이 될 수 있다니, 가수 아이유를 좋아하는 것도 그의 장점 중 하나라고 하자. 아이유 팬클럽인 '유애나' 7기 운영진으로 활동할 정도로 아이유의 팬이니까(닉네임은 '건빵진 남자'다). 또 그는 추리소설과 생크림 케이크와 바나나 우유를(그가 왜 이것들을 좋아하는지는 나중에 밝혀진다), 정확히는 따뜻하게 데운 바나나 우유 한 잔에 촌스럽게 데코레이션된 생크림 케이크를 곁들여 먹으며 추리소설을 읽는 걸 좋아한다. 아예 첫 장면을 이렇게 시작하자. 어느 주말 오후, 무릎 나온 트레이닝복을 걸쳐 입은 곽재은이 좌식 테이블에 앉아 졸고 있는 고양이 등을 한 손으로 쓰다듬으며 안경을 살짝 내려쓴 채 추리소설을 읽고 있는 장면으로. 어수선한 테이블 한편에는 빨대 꽂힌 바나나 우유와 반쯤 먹다 남긴 한 조각의 생크림 케이크가 놓여 있고, 어디선가 아이유의 음악이 흘러나온다……

그는 거창한 것들에 대해 고민하기보다 작은 일들에 마음을 쓰는 인간이다. 그러니 장래 계획이나 개인적 야망 따위가 있을 리 없다. 부장판사의 강권에 못 이겨 괜찮은 선 자리에 몇 번 끌려나가기도 했지만, 부잣집 데릴사위 노릇을 하는 게 귀찮을 것 같아 그만두었다. 판사까지 된 인간이 그렇게 무기력하고 의욕이 없을 수 있느냐고 되묻는 분도 있을 테지만, 아무튼 그렇다. 그는 어렵사리 고시에 붙은 것만으로 평생 운을 다 끌어다 썼으니 더 욕심부리면 벌받을 것이라 여기는 인간이니까.

그렇게 자신을 비운 인간이다보니 남의 이야기를 잘 들어주는 편이다. 그렇다고 딱히 뜨겁게 공감을 해주는 것도, 현실적인 조언을 해주는 것도 아니다. 그저 심드렁한 표정으로 끝까지 들어준다. 머리를 텅 비운 채 아무 생각 없이 듣다가 '아, 진짜 나도 모르겠다'는 표정을 짓는 게 전부다.

여기까지 읽은 분은 이 역할을 누가 맡으면 좋겠다고 번쩍 생각이 스쳐지나갈지 모르겠다. 내게는 딱 한 사람밖에 떠오르지 않는다. 그렇다. 배우 박정민이다.

곽재은 판사는 4년간의 통영 생활을 마무리하고 경향교류 원칙[1]에 따라 서울중앙지방법원에 전보발령을 받는다. 그는 어마무시한 형사사건을 다루는 형사 제9합의부 배석판사로 배치되는데, 함께 일하게 된 부장판사 한도영은 핸섬한 외모에 눈부신 지성미가 빛나는 엘리트 차도남이다. 언뜻 배우 남궁민을 떠올리면 될 듯하다. 법관들 사이에서 흔히 '벙커'라 불리는 이 완벽주의 미남 부장판사가 보기에 뭔가 뜨뜻미지근한 맹물 같은 곽재은 판사가 마음에 찰 리 없다.

이 재판부의 또다른 판사 윤민은 올해 판사로 첫 발령을 받은 새내기 법관이다. 윤민은 아버지가 외교관인 덕에 어려서부터 세계 각지를 돌아다녀 외국어에 능통한 데다 세련되고, 피아노도 잘 치고, 그림도 잘 그리고, 스키도 잘 타고, 포커게임도 잘 하고(아빠 친구들과 많이 쳤다), 경찰대 출신이라 특공무술까지 할 줄 안다. 한마디로, 노래 하나 빼고 다 잘하는(타고난 음치인데 이건 노력만으로 극복이 안 되더라), 똑똑하고 야무진 팔방미인 스타일이다. 노래 못하는 것 말고 또하나의 단점이 있다면, 어려서부터 경찰관을 지망할 만큼 다혈질의 정의파에 솔직하다못해 까칠한 구석이 있다는 것이다.

곽재은 판사는 근무 첫날 사무실에 들어오는 윤민 판사를 보고 찻잔을 떨어뜨릴 정도로 놀란다. 윤민 판사가 가수 아이유와 쌍둥이라 해도 좋을 만큼 닮았기 때문이다. 금테안경을 쓴 것만 빼고는 말이다. 그래서 애써 설레는 마음을 감춘 곽재은이 시선을 돌린 채 헤벌쭉대며 윤민에게 처음 건네는 대사가 "아이유 닮았다는 말 듣지 않으세요?"다. 물론 윤민은 매섭게 쏘아붙인다. "평소 바보같이 흘리고 다닌다는 말 듣지 않으세요?"

예상하셨겠지만, 윤민 판사의 역할은 배우 이지은이 제격이다. 배우 이지은만큼 가수 아이유와 닮은 배우를 보지 못했으니까(이 둘이 동일인이라는 루머가 있지만, 설마 그럴 리가).

이쯤 되면 바보 온달과 평강공주 이야기의 현대판 버전이 아닐지 추측하는 분이 있을지 모르겠다. 덜 떨어진 곽재은이 연인의 지혜로운 내조와 조언에 힘입어 진정한 사명감을 지닌 판사로 변화해가는 휴먼터치 성장 드라마. 이런 감동적인 스토리를 기대한 분들을 실망시켜드려 죄송하지만, 윤민처럼 야무진 여자가 곽재은처럼 물렁한 인간에게 끌릴 일도 없고, 설령 둘이 어찌어찌해서 잘된다고 해서 인간이 그렇게 쉽게 변할 리 없다. 오히려 윤민은 경찰관의 길을 접고 법관을 지망하는 동기가 될 정도로 평소 한도영을 지극히 존경하는 데다가, 아내와 사별하고 홀로 어린 딸을 키우는 그를 흠모하는 듯한 눈치다. 더욱이 눈치 없는 윤민에게 곽재은의 소심한 대시 따위는 먹히지도 않는다.

곽재은이 티 안 나게 윤민을 짝사랑하고(한편으로 한도영을 소리 없이 견제하고), 둘 혹은 셋이서 사건 문제로 가끔 티격태격하거나 의기투합하고, 갖은 어려움을 헤쳐나가는 평지풍파 끝에 문제적 사건을 해결하기는 해도 이 셋은 대체로 처음 만났을 때의 모습에서 별반

달라지지 않은 채 헤어진다.[2]

드라마의 주연이라 할 만한 인물은 이 정도이지만, 비중 있는 조연급의 인물도 여럿 있다. 곽재은과 윤민의 동료 법관들인데, 지면관계상 자세한 소개는 생략한다. 다만 모두 미혼인 이들이 매주 주말 저녁 모처에 모여 배달음식을 시켜먹으며 각자 고민되는 사건에 대해 털어놓고 서로 의견을 묻거나 토론하고 비밀평결을 내린다는 점만 밝혀둔다(물론 킬러를 고용해 유죄평결이 내려진 용의자를 청부살인하지는 않는다).

드라마는 하나의 굵직한 문제적 사건과 에피소드가 되는 여러 사건을 중심으로 전개된다.[3] 중심축이 되는 문제적 사건은 살인사건에 대한 형사재심사건이다. 곽재은은 부임한 지 얼마 되지 않아 증거관계가 뻔해 유죄가 명백한 살인사건의 재심사건을 맡는다. 재심사건이란 재판을 통해 확정된 판결에 명백한 잘못이나 오류가 있음을 이유로 다시 재판을 구하는 것을 말하는데, 대표적 재심사유가 '유죄 선고를 받은 자에 대하여 무죄를 인정할 명백한 증거가 새로 발견된 경우'이다.[4]

무기징역형을 언도받고 재심을 청구한 피고인(이창진 교수)은 과거에도 이미 수차례 재심청구를 했으나 기각된 전력이 있다. 명문사립의대 외과교수로 재직하던 이창진은 대학이 운영하는 복지원 소속의 아홉 살 아동을 예리한 흉기로 살해한 혐의로 기소되는데, 사고사로 위장하여 대학병원 영안실에 영치한 아동의 시신이 수사 개시를 앞두고 사라진다. 수사기관은 이창진이 증거 인멸을 위해 시신을 어딘가로 빼돌렸을 것으로 보지만, 이창진은 그 행방에 대해 말하지 않는다. 오히려 그는 재판 과정에서 결코 아동을 살해한 적 없고 복지원 측 요청에 따라 별도의 검안절차 없이 사망한 아동에 대한 사망진단서를 작성해준 잘못이 있을 뿐이라고 주장한다. 하지만 교수실에서 피해 아동의 혈흔이 검출된 외과용 수술도구가 발견됨에 따라 피고인의 유죄가 인정된 것이다……

곽재은은 주말 오후 빈둥대며 재심기록을 뒤적이다가 뭔가 이상한 점[5]을 깨닫고 다른 판사라면 간단히 기각할 재심사건을 개시하기로 결심한다.[6] 이로 인해 곽재은은 한도영 부장판사와 갈등을 빚게 되는데, 곽판사의 말대로라면 이미 수차례 재심청구를 기각한 법원 결정에 잘못이 있음을 인정하는 셈이기 때문이다. 더욱이 재심청구를 기각한 판사 중에는 대법관 후보로 물망에 오르내리는 절친한 선배가 포함되어 있어 한도영으로서는 난처한 입장에 빠지고, 끔찍한 아동 살해 범행을 저지른 피고인에 대한 재심이 개시된다는 소식이 알려지자 엄청난 비난 여론에 직면한다.

어쨌든 재심은 개시되고, 곽재은 판사는 재판 과정에서 해당 복지원에 입소하는 아이들이 특별한 기준에 따라 선정되고 아이들의 식단과 생활이 엄격히 관리되고 있음을 알게 된다. 물론 이러한 사실은 사학재단이 관심을 갖고 아동복지사업을 지원하고 있음을 보여주는 것이기에 언뜻 보기에 하등 문제될 것이 없지만…… (남들과 달리) 어딘가 이상한 곽재은은 무언가 이상하다고 느낀다. 드라마가 진행되면서 곽재은의 의혹은 확증으로 변해간다. 곽재은은 경찰대 출신인 윤민과 천주교 신부 오종택(윤민의 이종사촌오빠)의 도움을 받아 복지원 아이들이 주기적으로 헌혈을 하고 있는 사실과 그렇게 채혈된 피가 남도 어느 외딴 섬에 소재한 정체불명의 병원으로 공급되고 있는 사실을 알게 된다. 그리고 지난 수십 년간 복지원 아이들 중 일부가 행방불명되거나 사라졌다는 사실 또한.

드라마의 전개 과정을 더이상 알려주는 것은 스포일러가 될 수 있으니 드라마의 중간부를 건너뛰기로 하고, 곽재은과 윤민이 온갖 어려움을 이겨내고 사건의 진실에 다가선 드라마의 종반부 줄거리만 살짝 공개한다.

엉뚱한 소리처럼 들릴지 모르지만, 곽재은은 살인사건의 진범이 흡혈귀일지 모른다는 심증을 갖게 된다. 이창진 교수는 그의 주장대로 아이를 죽이지 않았고, 피해 아동은 흡혈귀에 물려 죽은 것이다! 아이는 당시 과다출혈로 죽은 것처럼 보였지만 사실 이틀이 지나 또다른 흡혈귀로 소생해서 아무런 침입 흔적을 남기지 않고 영안실 창문을 통해 날아간 것이다! 곽재은은 복지원이 박노식 재단 이사장에게 아이들의 건강한 혈액을 안정적으로 공급하기 위한 시스템의 일부이고, 박노식이 흡혈 충동을 억제하지 못해 아이를 물어 죽인 후 사건이 문제될 조짐이 보이자, 사학재단이 이창진 교수에게 누명을 씌워 사건을 무마한 것이라는 잠정결론에 이른다. 이 황당무계한 스토리를 합리주의자인 한도영 부장판사는 당연히 믿으려 하지 않고, 윤민 판사는 곽재은의 말을 미심쩍어하다가 결국 받아들인다.

드라마의 클라이맥스에서 복지원의 또다른 아이가 실종되고, 곽재은은 실종사건에 박노식이 관여되었다고 믿고 아이를 구하기 위해 그의 저택을 무턱대고 찾아간다. 하지만 이내 자기가 헛다리짚었음을 알게 되고…… 같은 시각 윤민은 사건의 실마리를 좇아 어느 재단 관계자의 집을 방문해 인터뷰를 하던 중에 우연히 결정적인 증거를 발견한 후(이 장면에 놀라운 반전이 숨어 있다!), 어쩌면 진짜 흡혈귀일지 모르는 진범이 자기 눈앞에 앉아 있음을 깨닫는다. 미묘하게 달라진 윤민의 태도에서 자기 정체가 탄로 났음을 알아차린 남자는 윤민을 공격하고, 윤민은 그에 맞서 지하실에 갇힌 아이를 구하기 위해 그와 육탄전을 벌이다가 뒷목을 물린다……

결국 이런저런 우여곡절 끝에 재심사건의 피고인에게 무죄가 선고된다는 것이 드라마의 외형상 결말이다. 하지만 진짜 범인은 끝내 검거되지도, 밝혀지지도 않는다. 재심사건의 여파로 사학재단에 대한 수사가 개시되어 여러 비리들이 드러나지만, 박노식 이사장의 변태 성욕과 권력 전횡에서 비롯된 개인적 범행으로 축소되고, 검찰의 기소 역시 흔한 사학재단 비리와 아동학대 범행의 범주에서 이루어진다. 언론도 이 충격적 사건을 대중이 적당히 받아들일 수 있는 자극적인 스토리로 꾸며 보도하고, 사람들은 빙산의 일각처럼 불거진 사실관계를 놓고 각자 믿고 싶은 것을 믿을 뿐이다.

그렇게 드라마는 한 가지 결정적 의문을 남긴 채 끝난다. 과연 이 모든 사건이 흡혈귀의 소행일까. 과학의 논리가 지배하는 이 시대에 그와 같은 미신적 이야기가 존재할 공간이 있을까. 사실 흡혈귀의 존재를 믿는다는 건 단순한 이야기가 아니다. 인간의 영혼을, 영혼의 불멸을, 흡혈귀에게 저주를 내린 신의 존재를 믿어야 하는 문제니까. 우리가 갖고 있는 믿음과 정합적이지 않은 사실은 체계적, 조직적으로 배타되고 기각되기 마련이다. 흔한 오해와 달리, 사실이 믿음을 낳는 것이 아니라, 믿음이 사실을 낳는다. 사실이 믿음을 근거 짓는 것이 아니라, 믿음이 사실을 구성한다. 그래서 삶은 사실의 문제이기 이전에 믿음의 문제이다.

심지어 곽재은조차 지난 사건을 돌이켜보면서 그런 일은 도저히 가능하지 않다고 고개를 저으며, 자신에게 익숙한 다른 설명방식을 찾으려 한다. 그 모든 일을 잊고 그만의 소소하고 안온한 일상으로 회귀하려는 관성이 작용한다. 처음에 이 이야기를 좀처럼 믿으려 하지 않았지만 다른 삶의 가능성을 받아들이며 이 문제에 가장 용기 있게 맞서는 사람은 윤민이다. 그는 곽재은에게 서른 명의 사라진 복지원 아이들의 행방을 찾자고 설득한다. 윤민은 자신들이 조사한 사건의 파일을 정리해서 '소망복지원 실종사건'이라 명명한 다음, 국가인권위원회에 사건의 진상규명을 요구한다.

이쯤에서 예리한 독자는 한 가지 의문을 제기할 것이다. 그렇게도 귀찮은 걸 싫어하는 곽재은 판사가 왜 이 번거로운 재심사건에 마음을 쏟고 매달린 걸까. 어쩌면 이 질문은 이 법정 드라마가 왜 엉뚱하게도 흡혈귀 문제를 다루는지와 연관되는 중요한 질문이다. 그 이유에 대해 구체적으로 밝히면 드라마가 시시해질 수 있으니 이렇게 만 말하겠다. 곽재은은 인간이 언젠가, 반드시, 느닷없이 죽는다는 사실을 뼛속 깊이 체감한 인간이며, 그에 대한 방책으로 그가 고수하고 있는 것이 바로 소소한 일상에 집중하는 태도다. 그의 평화로운 일상의 이면에는 죽음에 대한 불안이 도사리고 있는 셈이다. 마찬가지로 아내를 불의의 사고로 떠나보낸 한도영 역시 불안을 내재한 인물이지만, 좀더 강하고 굳세게 맞설 뿐이다.

인간이라면 (많든 적든) 죽음에 대한 불안을 안고 있고, 그에 어떻게 대처할지의 문제가 각자의 삶의 윤리를 결정한다. 약간의 비약을 무릅쓰고 말하면, 삶의 윤리는 언젠가 닥쳐올 죽음에 대한 저마다의 답변이라 해도 과언이 아니다. 흡혈귀 역시 이 문제에 그 나름으로 답하는 실존적 존재로되, 단지 극단적이고 도착적인 방식으로 응답하고 있을 뿐이다. 그러니 죽음의 문제와 온전히 마주하지 않은 채 일상으로 도피하거나 가닿을 수 없는 불멸을 은밀하게 꿈꾸는 우리 모두는 어느 정도 흡혈귀인 셈이다.

말이 길어졌지만, 문제적 재심사건이 곽재은 내면에 도사린 이 해결되지 못한 불안을 건드렸고, 그게 바로 그가 온갖 귀찮음을 무릅쓰고 사건 한복판으로 뛰어든 이유이다. 이 애매모호한 설명이 당신 마음에 와닿지 않고 한갓 뜬구름 잡는 이야기처럼 들린다면, 나도 어쩔 도리가 없다. 언젠가 만들어질지도 모를 이 엉뚱한 법정 드라마를 직접 보실 수밖에.

2부

타인의 삶

3인칭 관찰자 시점

사람들이 판사에게 갖기 쉬운 흔한 착각 중 하나는, 판사가 모든 것을 다 알고 있을 것이라 여기는 것이다. 법관을 마치 전지적 시점의 작가와 같다고 여긴다고 할까. 신성한 법정에서 법관의 전지적 시선 아래 모든 진실이 낱낱이 밝혀지고, 법관은 그에 합당한 법을 알아서 척척 적용할 것이라는 믿음 같은 것이랄까. 예를 들어, 소설『마담 보바리』속 화자는 샤를르가 자신의 환자였던 루오 영감의 딸인 엠마를 처음 만나고 돌아온 직후 사랑에 빠진 그의 내면 상태를 훤히 들여다보듯 묘사한다.

> 저녁에 집으로 돌아오면서 샤를르는 그녀가 했던 말을 하나하나 다시 떠올려 되새겨보고 그 의미를 완전히 깨달음으로써

> 아직 그녀를 알지 못했을 때 그녀가 살아온 생애의 부분을 이해하려고 애를 썼다. (…) 그러나 엠마의 모습이 자꾸만 눈앞에 떠오르고 팽이가 윙윙대면서 돌아가는 것 같은 단조로운 소리가 귓가에서 울리고 있었다. '그렇지만 나와 결혼한다면! 나와 결혼한다면!' 밤새 그는 잠을 이루지 못했다.[1]

가끔 법관도 도저히 진실을 알 수 없는 사건을 앞에 두고 『마담 보바리』를 집필한 플로베르처럼 전지적 작가였으면 하고 바랄 때가 있다. 사건이 벌어지기 직전의 결정적 순간으로, 이를테면 옆집 남자 사건에서 남자가 새벽녘 이웃집에 침입하려고 마음먹기 직전의 순간으로 돌아가 그의 마음속을 들여다봤으면 하고 말이다.

> 그는 어젯밤 대화를 나눈 이웃집 여자의 창백한 목선이 자꾸 떠올랐다. 벌레를 보듯 자신을 대했던 그녀의 미간 사이의 주름조차도. 그냥 놔두면 계속 커지면서 울리는 이명소리 같은 환영을 없애기 위해 뭐라도 해야만 했다. '뭐라도 하자. 귓가에 울리는 이 지긋지긋한 소리가 그치도록.' 마침내 그는 옆집에 침입하기로 결심했다.

하지만 판사는 차라리 3인칭 시점의 작가에 가깝다. 그는 사건의 모퉁이에서 조용히 지켜보며 무언가 떠오르길 기다릴 뿐이다. 결정적인 일은 당사자 사이에 이미 벌어졌고 사태에 직접 접근하는 일은 허용되지 않는다. 법관은 3인칭 시점 소설의 화자처럼 등장인물들의 드러난 행동, 누군가의 증언, 사물의 표면에 머무르는 묘사를 통해서만 사태의 진실에 조금이나마 다가설 수 있다.

이미 누군가(등장인물)를 안다고 생각하는 전지적 시점의 화자는 굳이 관찰할 필요가 없으며, 등장인물의 내면을 그대로 묘사하거나 그의 행동이나 삶을 적나라하게 비평할 것이다. 반면 3인칭 시점의 화자가 누군가를 집요하게 관찰할 필요는 등장인물의 삶에 대한 전적인 무지와 그로 인한 겸손에서 비롯된다. 마찬가지로 담당 사건에서 3인칭 시점의 화자에 불과한 법관은 법정에 선 누군가의 삶을 알지 못하기 때문에 그저 많은 것을 관찰할 수밖에 없다. 하지만 그 모든 수고에도 판사가 손안에 움켜쥐는 것은 고작 흩어지기 쉬운 한 줌의 모래 같은 진실의 파편인 경우도 적지 않다.

두 가지 유형의 인재가 있다고 가정해보자. 굉장히 똑똑하고 적당히 성실한 유형과 적당히 똑똑하고 굉장히 성실한 유형(굉장히 똑똑하고 굉장히 성실한 사람이 있다면 좋겠지만, 연비도 좋고 성능도 좋은 차가 드문 것처럼 그런 굉장한 유형의 사람은 굉장히 보기 드물다). 만약 두 가지 유형의 사람이 있다고 가정할 때, 어느 쪽이 이상적 법관에 가까울까. 만약 당신이 고등학교 진로상담 교사라면 굉장히 똑똑하고 적당히 성실한 학생과 적당히 똑똑하고 굉장히 성실한 학생 중 누구에게 법대 진학을 권해야 할까. 판사가 3인칭 시점이라는 작가와 비슷하다는 점에 착안하면 정답을 쉽게 추론할 수 있다. 적당히 똑똑하고 굉장히 성실한 사람.

물론 판사들은 꽤나 똑똑한 축에 속하는 경우가 많다. 적어도 중고등학교 시절에 공부 좀 한다는 이야기를 들으며 대학에 진학해서 우리나라에서 가장 어렵다고 하는 시험까지 통과했으니 말이다. 그러나 시험공부를 잘한다는 것과 똑똑하다는 것은 미묘하게 다르기도 하거니와, 법관이 된 후로 살인적인 업무량에 치여서 책과는 담을 쌓고 재판기록에 파묻혀 사는 경우도 다반사이기 때문에 법관이 반드시 지적으로 뛰어나거나 굉장히 똑똑한 사람이라 단정하기는 어렵다. 이에 대해 조금 실망했을 분들에게 한 가지 변명을 하자면, 판사는 굉장히 똑똑하기까지 할 필요는 없으며, 굉장히 성실하기만 하면 적당히 똑똑해도 되는 직업이라는 것이다.

법관이 적당히 똑똑해도 되는 이유는 '적게' 판단하는 사람이기 때문이다. '법'의 상자 안에 갇힌 채 그 안에서 내다보이는 시각으로 사안을 바라보고 판단해야 하는 법관에게 지나치게 똑똑하다는 점은 오히려 핸디캡으로 작용할지도 모른다. 굉장히 똑똑한 나머지 법의 모순과 불합리를 직시하지 않을 수 없는 사람은 법을 따르기를 거부한 채 자신만의 독자적 해결책을 제시하고픈 유혹에 빠질지도 모르니까. 오히려 법의 내적 논리나 한계를 온전히 파악하지는 못하더라도 법이 제시하는 관점을 충실하게 따르는 사람에게 적합한 것이 법관직이다. 간혹 법이 제시하는 관점이 무엇인지 불확실한 경우, 즉 법을 해석하는 일이 필요한 경우도 존재하기 때문에 그저 법을 따르기만 해도 좋은 우직함이 아닌 무엇이 법인지 분별하는 지혜가 요구되기도 한다. 하지만 그때에도 법관에게 요청되는 능력은 고도의 이론적 사고나 심원한 통찰이 아닌 건전한 상식과 논리에 근거한 판단에 가깝다.

반면 '많은' 관찰을 통해 사태를 파악해야 하는 법관에게는 성실함이 무엇보다 미덕이다. 거리에서 스쳐 지나치는 사람들의 얼굴을 보라. 각양각색으로 다른 데다 서로 닮은 경우라도 똑같은 경우란 없다. 마찬가지로 법관이 법정에서 마주하는 사건들은 천차만별이고, 어딘가 엇비슷해도 무언가 다르고, 대체로 유사해도 완벽히 같지 않다. 법관에게 평생 천형처럼 따라붙는 노역은 그처럼 미묘하게 다른 얼굴과도 같은 사건들을, 이런 측면에서 비슷해도 저런 측면에서 다르기도 한 사건들을 하나하나 살피고 가려내는 일이다. 각각의 사건은 누군가의 구체적이고 개별적인 삶의 모습을 두서없이 드러내는 까닭에 보편적으로 상정 가능한 일반적 논리나 도식 같은 것으로 해명되지 않는 경우가 부지기수다. 오히려 사실관계를 정확히 파악하는 데 그러한 논리나 도식이 선입견으로 작용해서 방해되기 일쑤다.

따라서 사건에 접근하기 위해 판사에게 용인되는 길은 단 한 가지뿐이다. 관찰, 관찰, 그리고 관찰. 사건을 둘러싼 무수한 관찰과 증언의 편린들은 손때 묻은 재판기록 속에, 법정에서의 격렬한 공방 속에, 과거의 자취들을 되밟아가는 지난한 우회로 가운데 혼재한다. 법관은 그 모든 사소하고 혼란스러운 갈피들 사이에서 길을 잃지 않도록 노력하고 그 하나하나의 갈피들을 정성껏 조탁하고 갈무리하다보면 어떤 지점에서 사안의 실체와 조우할 수 있다고 믿는 사람이다.

법관과 소설가의 공통점은 판사가 3인칭 시점의 작가처럼 '많이' 관찰하는 일을 본업으로 한다는 점에만 근거하지 않는다. 두 직업의 근본적인 공통점은 사건에 접근하는 태도에 있다. 이런 느낌을 뭐라 설명하기 힘들지만, 나는 재판기록을 읽는 최선의 방법은 레이먼드 카버의 소설집을 읽듯이 이리저리 뒤적이고 곰곰이 되새겨가며 읽는 것이라 믿는다.

소설가 김연수는 소설을 쓴다는 건 끊임없이 등장인물에게 "그건 네 말이 옳아"라고 말하는 것과 마찬가지라고 했는데, 그것은 등장인물의 인식에 어떠한 오류도 없으며 그의 언행에 별달리 흠잡을 구석도 없다는 말과는 조금 다른 뜻이다. 단지 그 누군가의 삶이 자기 자신으로서도 어쩌지 못하는 불가피한 무엇으로 주어져 있음을 이해한다는 말에 가깝다. 그의 삶은 왜 불가피한가. 김금희의 장편소설 『복자에게』를 보자. 소설의 주인공인 이영초롱은 어린 시절 부모의 파산을 겪고 가정 형편이 어려워진 나머지, 제주도의 어느 외딴 섬에 사는 고모에게 내맡겨져 가족과 외떨어져 살게 된다. 그 섬에서 무람없되 따뜻한 섬소녀 복자를 만나고, 두 소녀는 한여름의 정오처럼 소리 없이 빛나는 한때를 보낸다. 하지만 소녀다운 치기와 감수성에서 비롯된 사소한 잘못과 오해로 둘의 관계가 슬며시, 결정적으로 비틀어지는 바람에 가족의 해체와 이산離散으로 시작된 결핍은 온전히 메워지지 못한 채 남게 된다. 다행히도 영특한 그녀는 사법연수원을 수석 졸업할 정도로 공부를 잘해 판사가 되지만, 재판 도중 변호사에게 내던진 막말이 문제가 되어 제주도로 좌천성 인사발령을 받고 내려오게 된다.

이영초롱 판사가 내뱉은 막말이 언론에 보도되었다면, 이 판사는 개념 없는 막말 판사의 전형으로 비난받았을 법도 한데, 김금희는 그녀를 고발하지 않는다. 소설을 읽다보면 독자는 어린 시절의 상처를 극복하고 남부럽지 않게, 어엿이 성장한 듯 보이는 그녀에게조차 유년기에 겪은 일련의 사건이 현재진행형의 상처로 남아 있음을 이해하게 된다. 과거의 상처가 연약한 피부 위에 난 생채기처럼 아물지 못한 채 남겨져 있기에 고슴도치 가시처럼 거칠고 야멸찬 말들이 간혹 튀어나오는 것임을, 어떤 의미에서 그녀는 외롭고 두려운 마음으로 섬을 내디딘 열두 살 소녀에서 한 치도 자라지 못했다는 사실을 알게 된다(따라서 이 소설은 그녀가 성장을 멈춘 그때 그곳으로 되돌아가 다시 자라나는 이야기다).

김금희는 판사로서 적절치 못한 그녀의 행실을 옹호하려는 것이 아니다. 단지 우리가 스스로의 과오를 이해하듯이, 그녀의 잘못을 이해하려고 노력할 뿐이다. '내가 뭐 다 잘한다는 건 아니고요, 이러저러한 이유로, 어쩌다보니까, 어쩌지 못해 이렇게 살고 있는 거라고요. 하지만 앞으로 계속 이 모양 이 꼴로 살겠다는 건 아니에요, 지금 당장은 아니라도. 나 원래 그런 사람 아니니까 괜한 오해 말고 나의 진짜 모습을 봐주길 바라요. 내가 살면서 여태껏 겪어온 일들의 절반쯤이라도 당신이 안다면! 내가 왜 이러는지 알 텐데요.' 태생적으로 소설가는 등장인물이 호소하는 이런 종류의 항변에 약한 부류이고, 아마도 거기에 이끌린 나머지 등장인물 입장에서 그의 삶을 해명하고자 소설 쓰기를 결심한 사람인지도 모른다.

물론 지금 현재 내게 불가피하게 느껴지는 일이라고 해서 모두 정당화되거나 용납되는 것은 아니다. 어쩌면 그 차이를 인식하는 것이야말로 책임 있는 인간과 무책임한 인간을 결정적으로 가르는 기준인 동시에, 자신도 어쩌지 못하는 '불가피함'에서 벗어나 한결 자유로운 '가피함'으로 도약하는 데 필요한 디딤돌인지도 모른다. 하지만 누군가 나의 삶을 깊이 들여다보고 내가 어찌하여 이러저러한 인간이 될 수밖에 없음을 이해한 상태에서 나를 질책하는 것과, 구체적 이해를 결여한 채 추상적이고 피상적인 잣대를 나의 삶에 함부로 들이대서 비판하는 것은 분명 다르다. 그런 의미에서 좋은 소설은 화자가 등장인물의 삶 속으로 깊숙이 들어가 그 내부의 관점으로부터 드러나는 의미를 포착해서 질문을 던지는 소설이다. 다시 말해, 등장인물의 삶에 대해 최선의 이해를 제시하는 소설이다.

마찬가지로 좋은 판사는 누군가의 삶이 내포한 불가피함을 이해하는(혹은 이해하려 노력하는) 판사다. 그건 단지 법관이 성실한 태도로 많이 관찰한다고 해서 얻어질 수 있는 미덕은 아니다. 법정에 선 누군가를 하나의 관찰 대상으로 마주하고 내려다보는 차갑고 우월한 시선으로는 더욱 그러하다. 하지만 인간에 대한 온정과 신뢰가 가득 담긴 순진한 시선만으로는 빛과 어둠이 복잡하게 공존하는 인간의 내면을 포착하기 어려운 법인데…… 어찌되었건 누군가의 삶을 제3자 관점에서 중립적으로 관찰하는 일과 그의 삶이 불가피하게 흘러간 궤적을 헤아리는 일의 공존은 분명 어렵긴 해도 불가능한 것은 아니라고 믿는다. 타인의 삶 외부에 위치한 지점에서 그의 삶을 한낱 관찰할 뿐인데도 어떻게 그의 삶으로 깊숙이 들어갈 수 있는지, 내가 그가 아닌데도 어떻게 그의 삶을 그가 자신의 삶을 느끼듯 바라보고 이해할 수 있는지, 그의 불가피함을 이해하는 일과 그에게 합당한 책임을 지우는 일이 어떻게 양립 가능한지 등등을 따져 묻는다면 정확히 설명하기 어렵지만.

그럼에도 굳이 이야기하자면 그의 삶 바깥에 머물며 멀찍이 지켜보는 것이 아니라 그 자신도 모르게 최대한 가까이 그의 곁으로 다가가 숨죽이고 그를 지켜보는 느낌이라고 할까. 나는 이런 종류의 느낌을 레이먼드 카버의 단편소설을 읽을 때 곧잘 느끼곤 한다. 그게 바로 내가 그의 소설을 읽듯이 재판기록을 읽어야 한다고 믿는 이유다.

타인의 삶

언젠가 가족과 속초 여행을 다녀온 일이 기억에 남는다. 무슨 이유인지 가족과 떨어져 홀로 속초 시내를 걷게 되었는데, 마침 어스름이 깔릴 무렵이었다. 나는 대관람차처럼 하루종일 천천히 돌던 태양이 지평선에 평화롭게 가닿는 이 시간을, 날빛과 밤빛이 서로 만나 파열되고 산란되면서 모호하게, 환상적으로 뒤섞이는 이 시간을 무척 좋아한다. 정연하게 흘러가던 시공간이 서로 부둥켜안는 잠깐의 포옹 속에 헝클어지고 정지되는 듯한 느낌이 든다고 할까.

횡단보도를 건너기 위해 어느 길목 앞에 서 있으려니 건너편 낡은 건물 하나가 눈에 띄었다. 거리를 걷다보면 흔히 보게 되는 4층짜리 상가건물인데, 2층 창문의 파란색 암막 시트지에 '건축가 ○○○ 사무실'이라는 글씨가 새겨져 있었다. 그런데 눈에 들어온 그 모습이 언젠가 알고 지냈던 누군가의 잊혀진 목소리처럼 다가와서, 뭐랄까, 소도시에서 그럭저럭 살아가고 있을 건축가 ○○○씨의 삶이 손에 잡힐 듯 그려졌다.

○○○씨는 속초에서 나고 자란 마흔 살 남성인데, 대학에서 건축학을 전공하고 서울에 위치한 중견 건설회사의 설계파트에서 얼마간 일한 경력이 있다. 연봉도 제법 쏠쏠하고 하는 일도 나름 보람있었지만, 어느 순간 어릴 적부터 늘 가까이 두고 살던 무언가가 자기 삶에서 빠져 있음을 깨닫는다. 다름아닌 '바다'였다! 뚜렷이 인식하지는 못했지만 바다는 너른 품으로 그를 둘러싸 그의 삶을 둘레짓고 있었던 것이다. 아침에 일어나 졸린 눈을 비비며 거실 창을 열면 바다 저편에 떠오른 붉은 해가 희뿌연 해무 가운데 빛무리져 보였다. 학교 운동장에서 친구들과 정신없이 뛰어놀다 흙바닥에 잠시 주저앉아 숨을 고르고 있으면 어디선가 비릿한 바다 내음이 훅하고 끼쳐왔다. 한여름 소낙비가 몰아칠 때면 다리를 휘청이게 할 정도의 해풍이 함께 들이닥쳤다. 저 아래 하얗게 포말이 이는 바다를 내려다보며 설악대교를 건너는 일은 또 얼마나 멋지고 설레는 일인지!

이듬해 그는 회사를 그만두고 속초로 돌아왔다. 얼마 되지 않는 퇴직금에 새마을금고에서 얻은 대출금을 보태 작은 사무실을 열고 고등학교 친구들을 불러 조촐한 개업식도 열었다. 개업 초기에는 수지가 맞지 않아 마이너스통장으로 연명하며 생활했지만, 속초가 서울과 그리 멀지 않은 관광지로 부각되면서 이런저런 일거리가 꽤 늘어났다. 그는 주택이나 작은 상가건물, 특히 점포를 겸한 주택을 설계하는 일을 주로 맡았는데, 많은 돈을 벌지는 못했어도 성실하고 꼼꼼한 일솜씨로 점차 고객을 늘려갔다.

개업자금을 융통하기 위해 사무실 지척에 있는 새마을금고를 드나들다 그와 마찬가지로 속초가 고향인 여직원 △△△씨와 안면을 트게 되었다. 어느 주말인가 바닷가에 접한 단골 칼국숫집에 밥을 먹기 위해 들렀는데, 맞은편 테이블에 혼자 앉아 스마트폰을 만지작거리는 그녀를 발견하고 처음 이름을 불러보았다. 제복을 입고 있을 때는 몰랐는데, 하얀 민소매 티에 반바지를 입은 그녀 모습이 햇볕에 바싹 말라 반짝이는 조약돌 같다고 생각하며 함께 칼국수를 먹었다. 그렇게 알게 되어 연애를 시작한 지 두 해 만에 두 사람은 결혼했고, 슬하에 여섯 살배기 딸 하나를 두고 있다.

서른 평 아파트도 하나 사고 사무실 직원도 다섯으로 늘어난 요즈음, 그는 어느 때보다 삶에 대해 평온하고 낙관적이며 별다른 고민이랄 것도 없다. 하지만 한평생 어촌계원으로 바다를 벗하며 살아온 아버지의 삶이 자신에게 간혹 겹쳐지면서 서울을 떠나 고향에 정착한 자신의 선택이 옳았는지 되돌아보곤 한다. 그런 고민도 잠시, 태생적으로 낙천적인 그는 특별할 것 없는 일상 가운데 무료함을 달래기 위해 틈날 때마다 자전거를 타고 해안도로를 달린다. 그렇게 땀 흘리고 돌아와 샤워한 후 시원한 맥주 한잔을 들이키며 얼마 전부터 사모으기 시작한 LP판을 틀어놓고 올드 팝을 감상하는 게 거의 유일한 취미다.

나는 횡단보도에 파란불이 들어왔는데도 가만히 서서 암막 시트지 사이로 형광등 불빛이 내비치는 건축가 사무실의 창문을 올려다보았다. 내 머릿속에 스쳐간 것들(그때 떠올랐던 것이 정확히 기억나지 않아 이 글을 쓰면서 세부사항을 지어 보태긴 했지만, 이 글의 묘사만큼 구체적이었다)은 순전히 나의 공상이었겠지만, 어쩐지 그 순간만큼은 내가 상상하는 모습 그대로의 그가 사무실 안에서 그날 할 일을 마무리하며 퇴근을 서두르고 있을 것만 같았다. 그건 뭐라 설명하기 힘든 묘한 느낌이었는데…… 나의 도플갱어인 누군가가 소도시 어딘가에서 유유자적하며 살아가는 것을 우연히 목격했을 때의 느낌 같은 것이라고 할까.

그때 나는 그 이상하고 기묘한 느낌을 해명하지 못한 채 발걸음을 돌릴 수밖에 없었지만, 몇 해 흐른 지금은 그 일을 어느 정도 설명할 수 있다. 그와 동년배 남성으로 서울에서 나고 자란 나는 대학을 졸업한 후 사법시험에 합격해 10년차 법관으로 살아가고 있었다. 판사직에 적지 않은 보람을 느꼈고 생활도 나름 안정되어가던 터라 별 고민 없이 평온한 삶을 이어가고 있었지만, 무언가 권태롭고 정체 모를 불안감이 불쑥 찾아들기도 했는데 그게 뭔지 딱 꼬집어 말하기는 어려웠다.

경력을 제법 쌓은 판사로서 일이 손에 익은지라 어떤 사건이든 별반 새로울 것이 없었고, 주어진 루틴에 따라 효율적으로 일할 줄 알게 되었다. 힘차게 돛을 달고 부푼 마음으로 출발한 결혼생활은 어느 기착지 같은 곳에 도착하기는 했는데, 기착지에서의 편안한 안주에 익숙해진 나머지 다시 닻을 올리고 출발할 생각을 도통 하지 못했다. 사람들 사이에서 어떻게 처신하며 살아가야 할지 대충 알 것 같고, 적당히 책임지지 않는 선에서 상대를 알아가고 배려하는 것이 차선의 윤리는 된다고 믿었다. 내가 다루는 사건들이 그게 그거인 것만 같고, 내가 만나는 사람들도 뻔히 알 것 같았다. 그러니까 나는 시큰둥한 태도로 삶을 받아들이고 있었던 것인데, 이제 와서 돌이켜보면 법관직에 대해, 어쩌면 삶 자체에 대해 일종의 매너리즘에 빠졌던 것이다. 이제 마흔 줄에 갓 접어든 그즈음, 나는 모든 것을 알 것 같았다. 동시에 나는 아무것도 알지 못했다.

많은 사람들이 그러하듯이, 나 역시 삶의 불안과 마주하지 않기 위해 일상의 작고 확실한 행복으로 도피하곤 했다. 그가 해변에서 자전거를 타듯 나도 호수공원 둘레길을 뛰었고, 흘러간 올드 팝 LP판을 수집하는 그처럼 좋아하는 소설의 특별판을 사모았다.

한여름의 밑자락에 찾은 어느 소도시에서, 저물어가는 빛 속에 모든 것이 퇴락해가는 듯한 구시가의 길목에서 홀로 길을 걷다 횡단보도 앞에서 우연히 맞닥뜨린 풍경은 내게 무척 낯설었지만, 나는 그 풍경이 나 아닌 다른 누군가의 삶을 품고 있는 어머니의 친숙한 태 같은 것임을 깨달았다. 누군가 매일 이 길거리를 아무렇지 않게 걸어다니고, 장마철이면 쿰쿰한 냄새 나는 사무실에서 밤늦게까지 서성이며 머릿속에 떠오른 구상을 스케치하리란 것을, 지금 이 시간 누군가 사무실 책상에 앉아 암막 시트지 사이로 설핏 내비치는 거리 풍광을 무미건조하게 내다보리라는 것을.

그렇게 타인의 삶이 시작하고 발원하는 지점을 내 두 발로 디디고 서서, 나 아닌 누군가로 살아가는 일에 대한 알 수 없는 매혹과 질투를 느꼈다. 평소에는 별다른 감흥 없이, 그저 내가 살아가는 삶의 배경으로 여겨졌던 타인의 삶이 너무나 생생하고 구체적으로 다가와서 나 자신과 타인 사이를 예의바르게 구분 짓고 있던 피아의 경계가 흐려졌다. 기후에 민감한 토종 식물처럼 자신에게 한없이 친숙한 터전에 뿌리내리고 각자의 이야기를 살아낸다는 점에서 너와 나는 다를 바 없고, 우리 모두는 너인 동시에 언제나 나인 것이다!

내가 느꼈던 기묘함은 길가를 걷다 마주한 낯선 풍경이 어느 누군가의 눈에는 진부하고 애틋한 일상의 모습으로 비춰질 수 있음이 한순간에 깨달아지면서 빚어진 정서적 낙차 같은 것이 아니었을까 생각한다. 물론 타인의 실존을 그렇게까지 실감했던 그 순간조차 나의 처지에서 벗어나지 못한 채 그의 삶을 상상하려 했고, 결국 내가 그려낸 그의 삶은 내 삶의 투영에 지나지 않았지만 말이다.

여행의 후일담을 덧붙이면, 그 일을 계기로 나는 매너리즘에서 서서히 벗어났다. 내가 법정에서 마주하는 사건들이 하나같이 다르고 그렇고 그런 사건은 없음을 아는 것만큼이나 재판기록을 넘기는 속도는 더뎌졌지만, 타인의 삶의 단면들을 포착해 가려진 삶의 진실에 다가가려 애쓰는 일임을 자각한 만큼 한층 진지하고 흥미롭게 느껴졌다. 그때까지 내 삶이 좋아하는 소설을 탐독하는 새벽녘의 사적 생활과 딱딱한 재판기록을 검토하는 일과 중의 공적 생활로 마치

낮과 밤처럼 엄숙하게 나뉘어져 있었다면, 속초 여행을 통해 이 두 가지 일 사이에 존재하는 깊은 차원의 통합성을 발견했다.

하지만 너와 내가 그리 다를 것이 없음에도 나 아닌 타인의 삶을 알기란 무척 어려우며, 아무리 노력해도 늘 수수께끼 같은 무엇이 남는다는 것 또한 차츰 알게 되었다. 판사는 누군가의 삶 외측에서 내보이는 정경을 어디까지나 목측하여 헤아릴 수밖에 없다. 마치 내가 먼발치에서 건축가의 사무실을 올려다보며 그의 삶을 떠올려보았듯이. 아무리 그의 곁에 가까이 붙어서려 해도, 그의 삶의 불가피함을 아무리 이해하려 해도, 소거되지 않는 무언가가 있다. 나는 이 성가신 잔여가 나와 너 사이의 좁혀질 수 없는 거리라고 생각한다. 이 거리는 결코 이해되거나 해명될 수 없고 단지 살아짐으로써 해소될 수 있는 것인데, 내가 너를 대신해 살 수 없는 노릇이니 언제나 남게 되는 무엇이다.

어쩌면 이 해갈될 수 없는 갈증은 전지한 신이 아닌 평범한 인간이 주제도 모르고 다른 사람의 삶에 대한 심판자 역할을 자처하고 나선 데 따르는 문제이니 마땅히 짊어져야 할 것인지 모른다. 따라서 법관으로서는 이러한 한계를 인식의 근본 조건으로 겸허히 받아들이면서도 낙담치 말고 타인의 삶에 한 걸음 더 다가서기 위해 노력하는 수밖에 없다.

그런데 법관은 관찰하는 사람이기도 하거니와, 결국 판단하는 사람이다. 이 이중의 정체성에서 비롯되는 문제는 판사직에 내재한 근본적 문제라서 진정 극복하기 어려운 딜레마다. 아무리 성실하게 관찰하고 이리저리 고심한 끝에 타인의 삶의 전모를 파악한다고 할지라도, 법의 관점에 따라 판단하는 시점에 이르러서는 끌과 정을 손에 쥐고 그의 삶을 무참히 도려내고 깎아내며 다듬질할 수밖에 없다. 법의 시선 아래 주도되는 수고로운 노동 끝에, 그가 상대에게 요구할 수 있는 권리나 그가 이행해야 할 의무가 무엇인지, 그에게 허여된 몫과 그가 내주어야 할 몫이 얼마인지의 문제만이 앙상하게 드러난다. 거칠게 말해, 법의 권리관계란 무언가의 부여와 박탈, 수여와 배제가 어지럽게 교착하는 현생의 질서를 (편협하되 세련된 법의 언어로) 제도화한 것에 불과하다.

삶의 관점과 법의 관점 사이의 충돌을 중재할 길은 없다는 것, '삶'이라는 특수성과 '법'이라는 보편성 사이의 갈등은 대체로 지양되지 않은 채 남게 된다는 것, 나는 이것이야말로 법관이 평생 짊어져야 할 숙명 같은 천형이 아닐까 생각한다. 나는 왜 이런 지독한 천형을 짊어지게 되었을까. 언제쯤이나 그 노역에서 벗어날 수 있을까. 시시포스처럼 매번 산 위로 바위를 밀어올리지만 결국 아래로 굴러 떨어지게 마련인 그 노역에서, 언제나 패배가 예정되어 있지만 이번엔 조금 다르지 않을까, 일말의 희망을 품고 시작하는 그 노역에서.

어느 날 나는 법원이 주최하는 토론회에 참석한 어느 변호사의 말에서 오래 묵혀 두었던 그 의문에 대한 답을 찾을 수 있었다.

> 간단하게 말씀드리겠습니다. 성경에도 판단하지 말라고 그랬

는데, 이미 판단하는 것을 숙명적으로 일로 해야 하니까, 벌써 길을 잘못 들어선 겁니다. 그러니 잘못을 최소화하도록 최선을 다할 수밖에 없다는 생각입니다.[1]

성인지 감수성 이야기 1

2018년도는 법관으로 임관한 지 십수 년 만에 초임부장판사로 발령받은 해라서 무척 기억이 남는다. 머나먼 남쪽 땅 마산으로 내려가 스무 평짜리 낡은 관사에서 자취생활을 하는 게 녹록지는 않은 일이었지만, 아내가 해주던 따뜻한 집밥 대신 퇴근 후 주방에서 혼자 이런저런 음식을 해먹으며 남모를 해방감을 느끼기도 했다. 서툴게 밥을 지어먹고 나서는 침대에서 뒹굴뒹굴하며 책도 마음껏 읽고, TV 채널을 마구 돌려보면서 자유로운 일상을 구가하던 중…… 어느 무심한 봄날 저녁, JTBC 채널에서 앵커 손석희씨와 마주하고 앉은, 당시 충남도지사였던 안희정씨의 전직 수행비서 김지은씨의 충격적 독점 인터뷰를 보게 되었다.

그러니까 2018년은 나의 개인적인 삶의 궤적에서 기억에 남는 해이기도 하지만, 먼 훗날 역사는 '미투Me Too'운동의 해로 기억할 것이다. 그동안 사회의 여러 영역에서 억압적인 성폭력이나 성희롱 피해를 당한 여성들이 과거의 지층에 묻혀 있던 피해들을 꺼내어 줄지어 고발하고 공론화한 한 해로서 말이다. 한 사람의 용기 있는 고발에서 시작된 미투운동에 힘입어 그저 마음속에 묻고 지나가야 하는 줄 알았던 피해들이 들추어졌고, 그간 아무 일 없는 듯 잘살고 있던 가해자들이 하나둘 법정에 소환되었다.

김지은씨는 인터뷰에서 안지사의 수행비서로 일했던 7개월여의 기간 동안 자기 의사에 반해 안지사에게 강압적으로 추행과 간음을 당했음을 고통을 되삼키는 듯한 느리고 담담한 어조로 증언했고, 안지사는 다음날 지사직을 전격 사퇴하겠다는 뜻을 밝혔다. 이어진 강도 높은 검찰 수사와 1년여에 걸친 치열한 재판 끝에 안지사의 운명이 극명하게 갈렸는데, 제1심은 안지사에게 무죄를 선고한 반면, 제2심은 검찰에 의해 기소된 여덟 개의 공소사실 모두를 유죄로 인정하며 징역 3년 6개월의 실형을 선고함과 동시에 안지사를 법정구속했다. 흥미로운 지점은 제1심과 제2심 모두 대법원이 2018년도에 선언한 이른바 '성인지 감수성' 법리[1]를 인용해서 상반된 결론을 도출했다는 점인데, 이 때문에 성폭력범죄를 다루는 사건에서는 피해자의 말만을 믿고 판사의 주관적 감성에 따라 재판이 이루어지는 것이 아닌지 비판적 여론이 형성되기도 했다.

사실 합리적 판단이 무엇보다 우선시되어야 할 공적 영역에서

'감수성'이라는 용어 자체가 조금 낯설게 다가오기는 한다. 판사가 이성적으로 사고하고 판단하는 일에 과연 감수성이 필요한 것일까. 올바르고 공정한 판단을 내리기 위해서는 감정에 매몰되거나 휘둘려서는 안 되는 것 아닐까.

앞에서 본 것처럼[2] 형사재판을 담당하는 판사라면 사실관계를 정확히 판단하기 이전에 피고인에 대한 분노를 내보이거나 심지어 이를 느껴서도 안 된다. 잠시 숨을 고르고 피고인에 대한 윤리적 평가를 보류한 채 증거를 통해 사실관계를 엄밀히 따져보아야 한다. 하지만 사실관계를 확정한 이후에(피고인이 유죄라면), 괄호에 묶인 윤리적 판단을 풀고 피고인에 대해 과하지도, 모자라지도 않은 정당한 분노를 느껴야 한다. 이 과정이 생략되면, 피해자들의 개별적인 고통에 주목하지 못한 채 하나의 사건번호가 부여된 '그렇고 그런' 사건들 중 하나로 대하게 되고, 피고인에게 마땅히 물어야 하는 합당한 책임과 거리 있는 판결을 선고하게 될지도 모를 테니까. 결국 세간의 피상적 이해와 달리 누군가에 의해 악의적으로 혹은 무책임하게 야기된, 가치 있는 것의 박탈과 결여의 무게를 공정하게 가늠하기 위해 판사의 감수성은 (판단의 어느 국면에서) 반드시 필요한 판단 요소가 된다.

그렇다면 사실관계 자체를 따져보는 과정에서는 판사의 감수성을 배제하는 것이 옳은가. 대법원이 선언한 성인지 감수성 법리에 따르면 그렇지 않다는 것, 아니, 오히려 특수한 감수성이 요구된다는 것인데, 한 사건을 통해 판사에게 요청되는 성인지 감수성이란 무엇인지 살펴보자.

이 사건은 SBS의 〈그것이 알고 싶다〉의 '손편지와 데스노트(무주 캠핑장 자살사건)' 편을 통해 대중들에게 상세히 알려진 바 있는데, 사실관계를 요약하면 다음과 같다.

피고인과 형우(가명)씨는 어렸을 때부터 알고 지내던 고향친구로서 조직폭력단체에서 조직원으로 함께 활동하다가 탈퇴한 사이이기도 했다. 두 사람은 모두 이혼했다가 각자 재혼을 했는데(형우씨는 피해자와 재혼함), 같은 동네에 살면서 부부동반으로 가끔 만났고 피해자는 피고인의 아내와 친하게 지냈다. 그러다 피해자와 형우씨는 다른 곳으로 이사를 갔는데, 이사 가기 전에 피고인과 형우씨가 사업 문제로 사이가 틀어지는 바람에 그 이후에 만나거나 연락하지 않았다. 그러던 어느 날 형우씨는 5박 6일 일정으로 사업차 베트남으로 출장을 가게 되었다. 이 사정을 누군가에게 전해들은 피고인이 피해자에게 카카오톡 메시지로 급하게 할 말이 있으니 만나줄 것을 요청해서 그날 밤에 피해자를 만났다.

그날 밤 피고인은 자신의 차 안에서 피해자에게 '형우에게 사생아가 있다'고 말했다. 피해자가 황당해하자 피해자도 들을 수 있는 휴대전화 스피커폰 기능을 이용하여 후배들에게 전화해서 "형우에게 아들이 있는 것 맞지" "내가 너한테 형우 연장 놓으라고 하면 알지"라고 말하거나, 현직 경찰관에게 전화해서 "형님, 제가 지금 낫을 들고 있는데 내 앞에 있는 사람이 말을 듣지 않으면 어떻게 합니까"라고 위협하고, 자신의 처에게도 전화해서 욕설하며 횡설수설하더니, 통화를 끊자마자 피고인의 행동에 충격을 받아 당황한 피해자에게 "이게 진실이다, 정신 차려라"라고 소리치며 다짜고짜 손바닥으로 피해자의 뺨과 머리를 너덧 차례 때렸다. 다음날부터 피고인은 피해자에게 날마다 연락해 세 차례 만났는데, 그중 한 번은 폭행 다음날 피해자 친정 근처까지 따라가 분식집에서 같이 점심을 먹은 것이고, 다른 한 번은 피해자가 딸의 약을 사러 약국에 갈 때 피해자를 따라간 것이며, 나머지 한 번은 피해자의 집 부근으로 찾아가 자신의 차 안에서 잠깐 동안 이야기를 나눈 것이다.

피해자는 남편인 형우씨가 귀국하기 전날 밤 저녁 11시경에 남편에게 '졸려서 비행기 탈 때까지 못 기다릴 것 같다. 비행기에서 내리면 전화해라. 먼저 잘 테니 조심해서 오라'는 내용의 카카오톡 메시지를 보냈는데, 피고인은 이날 밤 11시 40분경 피해자를 태우고 피해자의 집에서 가까운 곳에 위치한 무인모텔 주차장으로 들어갔다……

이 모텔에 들어간 시점부터 두 사람의 주장이 엇갈리는데, 피해자의 말은 다음과 같다. '피고인은 처음 만난 날부터 스피커폰으로 다른 사람들과 통화하면서 흉기로 자신이나 남편을 해칠 수 있다고 겁을 주고 자신을 때리기까지 했다. 피고인은 그 이후에도 사흘에 걸쳐 계속 전화해서 만나자고 했고, 자신을 만나서는 다른 사람을 폭력으로 굴복시킨 이야기를 하면서 자기 말을 듣지 않으면 자신이나 남편을 해칠 것처럼 협박했다. 사건 당일에도 피고인이 집 앞으로 찾아와 모텔에 가서 잠깐 쉬자고 해서 거절했는데도, 위협적으로 말하면서 다른 짓은 하지 않고 맥주만 마시고 나오겠다고 해서 그 말만 믿고 모텔에 갔다. 그렇게 피고인을 따라가 모텔 객실의 테이블에 앉아 맥주를 마시고 있는데, 혼자 침대에 누워 있던 피고인이 갑자기 "더이상 못 참겠다"라고 하면서 자신에게 다가오기에 생리중임을 들어 거부했음에도 자신의 뺨과 머리를 때리면서 옷을 벗기고 자신을 강간했다.'

반면 피고인은 '피해자와 처음 만난 다음날부터 연인관계로 발전했고, 사건 당일 모텔에 가기를 거부하는 피해자를 설득해 모텔에 간 건 맞지만, 모텔 안에서 오히려 피해자가 자신에게 다가와 스킨십을 하면서 "생리중이지만 괜찮다"라고 말했기에 성관계를 가졌다'고 주장했다.

이 사건의 제1심과 제2심은 어긋나는 두 사람의 진술 중에서 피해자의 말을 믿기 어렵다고 보아 피고인에게 무죄를 선고했는데, 그 이유인즉슨 검사에 의해 제시된 피고인의 유죄 가설을 그대로 승인하기에는 합리적으로 의심할 만한 반증들이 여럿 존재한다는 것이었다.

먼저 제1심과 제2심이 제시한 반증적 정황은 모텔 CCTV 영상에 나오는 피해자의 모습인데, 피해자가 피고인에게 강제로 이끌려 모텔에 들어가거나 겁을 먹은 것처럼 보이지 않는다는 것이다. 또한 피해자가 모텔에 가기 전에 남편에게 '졸려서 먼저 자겠다'는 내용의 카카오톡 메시지를 보낸 점도 문제 삼았다.

다음으로, 두 사람이 성관계를 마친 후에 피해자가 착용한 '템포'

라는 상호의 생리대에 대해 이야기를 나누고 남편을 비롯한 가정과 관련한 대화를 10여 분쯤 하다가 모텔을 나온 것도 합의하에 성관계를 가졌다는 피고인의 주장에 더 들어맞는 정황이라고 보았다.

마지막으로, 피해자는 귀국한 남편이 상갓집에 가고자 옷을 갈아입기 위해 집에 잠시 들렀을 때 곧바로 강간 피해사실을 말하지 않고 그날 저녁에서야 그 사실을 털어놓았는데, 남편에게 피해사실을 바로 말했다면 과거 조직폭력배로 활동 당시 피고인보다 조직 내 위상이 높았던 남편이 피고인에게 즉각 어떤 조치를 취할 수 있을 것인데도 그렇게 하지 않은 것이 이상하다는 것이다.

하지만 대법원은 사건 당시 피해자가 놓인 상황을 고려하면 하급심이 드는 정황들은 피해자 진술에 의심을 품게 하는 합리적 반증이 되지 못한다는 이유로 피고인의 유죄를 인정하면서,[3] 하급심이 '성인지 감수성'을 결여한 나머지, 성폭행 피해자가 처한 구체적인 사정을 충분히 헤아리지 않은 채 피해자의 진술을 가볍게 물리친 것은 아닌지 의문을 표했다.

우선, 피고인의 말에 따르더라도 모텔에 가기를 거절한 피해자를 설득해 모텔에 데리고 갔다는 것이고, 모텔 CCTV 영상을 보면 두 사람이 별다른 신체접촉 없이 각자 떨어져 앞뒤로 걸어간 사실만이 인정되므로, CCTV 영상에 나타난 피해자의 모습을 근거로 피해자가 피고인과의 성관계를 염두에 두고 자발적으로 모텔에 따라갔다고 보기 어렵다는 것이다. 또한 두 사람이 모텔에 가기로 약속한 상태에서 피해자가 남편을 속이기 위해 '먼저 자겠다'는 내용의 메시지를 보냈다고 볼 수 없고, 피해자 입장에서는 늦은 밤에 피고인과 단둘이 만난다는 사실을 남편에게 일부러 알릴 수도 없는 노릇이므로 이는 오히려 자연스러운 처신이라고 보았다.

다음으로, 피해자가 피고인과 성관계를 갖고 10여 분간 피고인과 이야기를 나누다가 모텔에서 나온 것도 피해자 진술의 신뢰성을 의심할 만한 사정이 된다고 보기 어렵다고 판단했다. 피해자가 이전부터 계속된 피고인의 협박으로 겁먹은 상태에서 성폭행을 당함으로써 수치스럽고 무서웠던 데다가 피고인이 또 어떻게 할지 몰라 불안한 심정이었음을 고려하면, 피고인의 비위를 거스르지 않기 위해 피고인과 대화를 나누었을 여지도 있다는 것이다.

마지막으로, 피해자의 남편이 귀국 당일 집에 잠깐 들러 옷을 갈아입고 광주에 있는 장례식장에 가야 할 상황이었음을 감안하면, 남편이 장례식장에 다녀온 직후에야 비로소 피해자가 남편에게 피해사실을 털어놓은 것을 충분히 이해할 수 있고, 이미 조직폭력단체에서 탈퇴한 남편이 오랜 친구 사이기도 했던 피고인에게 즉시 어떠한 조치를 취할 수 있었다고 기대하기도 어려웠다는 것이다.

이 판결에서 흥미로운 지점은 대법원이 법관에게 요구되는 성인지 감수성이 무엇인지 구체적으로 밝혔다는 점인데, 판시에 따르면 '성인지 감수성'이란, 우리 사회의 남성 중심의 문화와 인식, 구조에서 벗어나, 성폭행 피해자의 대처양상이 피해자의 성격이나 가해자와의 관계, 구체적 상황에 따라 다르게 나타날 수밖에 없음을 고려해서 사실관계를 파악하는 것을 말한다.

대법원 판결에 조금 더 부연하여 사족 같은 설명을 보태자면, 판사에게 '감수성'이 필요한 이유는 사건을 조금 더 가까이, 구체적으로 이해하기 위해서다. 판사가 다루는 사건이란 결국 세상사의 한 단면에 지나지 않기에, 논리적이고 이성적 시각으로만 접근해서는 사건 실체에 도저히 다가갈 수 없기 때문이다. 인간들이 오로지 합리적으로 판단하고 행동하는 주체이며 그네들이 처한 상황이란 것이 대체로 엇비슷하면 좋으련만, 대개의 인간들은 제각기 다른 처지와 환경 속에서 온갖 인간적이고 불확실한 감정을 몸소 겪어내며 행동한다. 더욱이 모든 인간은 자신만의 독특한 성격과 특징, 가치와 취향, 실패와 경험 따위를 말 못할 상흔처럼 자기 몸 안에 새기고 있는 저마다 다른 존재이기도 하다. 때문에 어느 누군가가 다른 누군가와 같은 상황에 놓인다고 해도 똑같이 대응하거나 행동하리라는 법은 없는 것이다. 따라서 판사가 문제된 사건을 깊이 있게 이해하기 위해서는 상황의 맥락을 섬세하게 분별하고 당시 행위자들이 느꼈을 법한 감정에 어느 정도 이입할 수밖에 없는 것이다.

그런데 판사의 이러한 태도는 소설을 읽는 독자의 태도와 무척이나 닮아 있다. 소설을 읽는 일은 등장인물들의 삶에 관심을 갖고 그네들이 놓인 처지와 상황이 어떤 것일지 상상하며, 그네들이 느낄 욕구와 감정에 공감하는 것에서 시작된다. 하지만 분별 있는 독자라면 마치 자신이 등장인물이 된 것처럼 그네들의 운명에 직접적 이해관계나 편향된 감정을 가져서는 안 되며, 관찰자로서 어느 정도 거리를 두고 균형 있는 시각을 유지해야 한다. 풍부한 상상력으로 등장인물의 삶을 구체적으로 떠올려보고 그들의 감정과 정서에 주목하고 공감해야 하지만, 아울러 등장인물이 각자의 삶을 올바르게 이해하고 현명하게 처신하는지 객관적 관점에서 평가할 수 있어야 한다(가능한 일은 아니지만, 등장인물이 내게 조언을 구한다면 속 깊은 친구처럼 건설적 조언을 들려줄 수 있어야 한다). 이처럼 이야기의 구체적 맥락과 등장인물의 살아 있는 듯한 개성이 느껴질 만큼 소설 속 세계에 한 걸음 더 가까이 다가서되, 어디까지나 관찰자로 머물러야 한다는 점에 소설 읽기의 묘미가 있다.

미국의 정치철학자 마사 누스바움은 소설을 읽는 경험과 법적 추론 활동의 유사점에 착안하여 재판관에게 요구되는 이와 같은 자질을 '문학적 상상력literary imagination'이라고 표현한 바 있다. 누스바움에 따르면, 법관은 당사자들이 겪은 일과 그들의 경험에 보다 가까이 다가가기 위해 그들의 삶이 어떤 것일지 생생하게 상상하고 그들의 감정에 공감하는 방식으로 사건에 참여하면서도 사건을 균형 있게 파악하기 위해 '분별 있는 관찰자judicious spectator'로서의 자세를 잃지 않아야 한다.[4]

성폭력범죄 사건을 심리하는 판사에게 '감수성 있게' 재판할 것을 요구하는 것이 피해자의 눈물에 현혹되거나 판사의 주관적 감성에 치우쳐서 재판하라는 뜻은 결코 아니다. 이성을 감성으로 대체하자는 것이 아니라 감성으로 이성을 보완하자는 것이다. 검사의 기소 내용이 사실인지 냉정하고 이성적으로 따져보되, 감수성의 도움을 받아 사건 현실과 당사자를 깊이 있게 이해한 바탕에서 그리해야 한다는 것, 사건을 공정하게 파악하는 일은 판사의 균형 잡힌 '센스 앤 센서빌러티'를 통해 가능하다는 게 바로 대법원이 선언한 '성인지 감수성' 법리가 내포한 의미이다.

그러고 보니 내가 각별히 애정하는 소설 속 인물 중 하나가 제인 오스틴의 『이성과 감성』에 등장하는 맏딸 엘리너인데, 내가 그녀에게 끌리는 이유를 이제야 알겠다. 아래 구절을 읽어보면 이성과 감성을 두루 갖춘 그녀야말로 (나 자신이 그렇게 되기 바라마지 않는) 따뜻한 가슴과 냉철한 머리를 지닌 법관이 되기에 적격임을 알 수 있는 것이다.

> 엘리너는 깊은 이해력과 냉철한 판단력을 겸비하고 있어서 불과 열아홉인데도 어머니의 조언자가 될 자격이 충분했다. 그녀는 그냥 두면 대개 경솔한 짓을 저지를 것이 뻔한 대시우드 부인의 안달복달에 자주 맞서서 그들 모두의 이익을 지켜냈다. 그녀는 뛰어난 마음을 가졌다. 성향은 다정했고 감정은 강렬했다. 그러나 그런 감정을 다스리는 법을 알았다. 그것은 어머니도 배워야 할 지혜였고, 동생 중 하나는 한사코 배우지 않으려 한 지혜였다.[5]

성인지 감수성 이야기 2

안희정 지사 사건에서 제1심과 제2심의 판단이 달라진 것은 사건 당시 상황에서 피해자의 구체적 처지와 입장을 어떻게 이해하는지와 관련이 있다. 이를테면 제1심은 김지은씨가 해외출장지에서 안지사에게 처음으로 성폭행 당했다고 주장하는 다음날 안지사의 아침 식사 메뉴를 적극적으로 알아보는 등 정상적 업무를 수행한 것으로 미루어보아 피해자의 말을 그대로 믿기 어렵다고 본 반면, 제2심은 당시 상황을 고려해보면 피해자가 수행비서로서 맡은 바 책임을 다하기 위해 심적 혼란과 고통 속에서도 불가피하게 처신한 것으로 이해할 수 있다고 보았다. 제1심과 제2심의 판결문이 모두 100여 장이 넘어 그 세세한 내용을 이 글에서 설명할 수는 없지만, 제1심이 무죄로 판단한 근거는 피해자의 말을 그대로 믿기에는 성관계를 전후해 피해자가 취한 행동이나 태도에서 무언가 미심쩍은 부분이 존재한다는 것인 반면, 제2심이 유죄를 인정한 이유는 피해자의 처지를 가만히 헤아려보면 제1심이 미심쩍다고 지적한 부분은 사실과 다르거나 (사실이라 해도) 피해자의 입장에서 대체로 해명 가능한 일이라는 것이다. 나중에 대법원은 제2심 결론이 옳다고 손을 들어주긴 했지만, 같은 사건을 두고 내려진 제1심과 제2심의 상이한 결론은 당사자가 처한 세세한 상황과 처지를 헤아려 사실관계를 정확하게 파악하는 일이 판단하는 사람에 따라 얼마나 복잡하고 미묘하게 달라질 수 있는지 보여준다.

이 사건을 계기로 남녀 간의 첨예한 젠더 갈등 양상으로 번진 사회적 논쟁이 촉발되었는데, 사실 이 논란의 기원은 안지사 사건이 아닌 이른바 '곰탕집' 사건으로 거슬러올라간다. 다들 아실 테지만, 곰탕집 사건을 간단히 소개하면 다음과 같다.

대전에 위치한 곰탕집에서 한 남성이 어느 여성 옆을 지나가면서 엉덩이를 움켜잡았다는 혐의로 강제추행죄가 적용되어 기소되었는데, 남자는 피해 여성의 엉덩이를 움켜쥔 사실이 없다며 범행 일체를 부인했다. 식당 안에 설치된 CCTV 영상에는 피해 여성이 피고인에게 항의하는 장면이 촬영되어 있을 뿐 촬영 각도상 피고인이 피해 여성의 엉덩이를 움켜쥐는 장면은 담겨있지 않았다. 하지만 담당 판사는 심리 끝에 피해자의 말이 믿을 만하고 당시 피해자의 즉각적 반응으로 미루어보면 피고인이 피해 여성의 엉덩이를 움켜쥔 것으로 판단된다는 이유로 피고인에게 유죄를 선고하면서 그가 잘못을 반성치 않고 피해자에게 용서를 구할 마음조차 없다는 점을 양형참작사유로 삼아 검사가 구형한 벌금형보다 더 무거운 6개월의 징역형을 선고했다. 그러자 그의 부인은 남편이 구속된 다음날, 청와대 국민청원 게시판과 어느 인터넷 커뮤니티에 재판부가 별다른 물증도 없이 오로지 추행당했다고 주장하는 여성의 증언에 따라 남편에게 가혹하게도 실형을 선고했다는 비판성 글을 올리고, 그 이후에 피고인 아내의 글이 여러 인터넷 커뮤니티에 공유되면서 논란이 일파만파 확산되었다. 논란의 핵심인즉슨 문제의 사건을 둘러싸고 남녀의 말이 서로 엇갈리는 상황에서 피해자의 말만 믿고 피고인에게 유죄를 인정하는 것이 가당키나 한 일이냐는 것.

가끔 친구들과 어울리는 편한 술자리에서도 이 주제는 단골 안줏거리다. 대한민국 평균 남성의 정서를 대변하는 내 친구들은 술기운이 오르면 내게 법원이 피해자의 눈물에 현혹되어 재판하는 것이 아닌지 따져묻는다. 그러면서 하는 말이 일곱 살짜리 딸도 자기를 상대로 제법 그럴듯하게 거짓말을 지어내는데, 다 큰 여자가 맘먹고 '메소드 연기'를 하면 멀쩡한 남자 하나 골로 보내는 건 일도 아니겠다는 것이다. 그럴 때마다 나는 법원이 피해자가 하는 말만 믿고 재판하는 것은 아니며, 피해자의 말이 과연 믿을 만한 진술인지 철저히 따져본다고 해명한다. 하지만 이미 성토의 장이 되어버린 술자리에서 한 떼의 흥분한 군중을 진정시키기란 불가능한 일이니, 오호통재라!

그러나 다시 한번 해명하자면, 피해자의 진술을 주된 증거로 삼아 유죄를 인정하는 것이 그 자체로 문제 있는 건 아니다. 개인들 간의 사적 공간에서 벌어지는 성범죄의 성격상 두 사람의 진술 말고는 쓸 만한 증거가 없는 경우가 많기도 하거니와, 둘 중 하나는 분명 거짓말을 하고 있음을 감안하면, 재판의 승패가 두 사람 중 어느 쪽의 말이 진실에 가까운지의 문제로 모아지는 것은 어쩌면 당연하니까. 법원이 어느 한편에 치우침 없이 둘 중 누구 말이 맞는지 시시비비를 명백하게 가려 공정하게 판단한다면 특별히 문제될 건 없다.

그럼에도 법원이 피해자를 자처하는 여성 쪽으로 기울어진 채 피해자의 말만을 귀담아듣는 건 아닌지 의문을 표하는 남성들이 적지 않을 뿐 아니라, 변호사들도 성인지 감수성 법리가 재판 과정에서 피해자에게 편파적으로 유리하게 작용한다는 비판을 곧잘 제기하곤 한다. 과연 그들의 비판대로, 성인지 감수성 법리는 아무도 진실을 알 수 없는 비밀스러운 공간에서 벌어진 일을 놓고 남녀의 주장이 팽팽하게 맞서고 있는 상황에서 판단의 천칭저울을 한쪽으로 부당하게 기울이는 무게추 같은 것일까.

성범죄 사건을 심리하는 법원은 피해자의 진술이 핵심 내용에서 일관되고 구체적이며 불합리하거나 모순되지 않으면 나름의 증거가치가 있다고 본다. 거기에 더해 법원은 사건 당시의 여러 정황증거들을 두루 살피는데, 이는 두 사람의 진술 중에서 누구의 말이 당시 상황에 더 잘 들어맞는지 가늠하기 위해서다. 이때 피고인은 피해자가 자발적으로 성관계를 가졌음을 암시하는 정황증거들을 제출하고, 검사는 피해자가 피고인에게서 폭행이나 위협을 당해 마지못해 성관계에 응했음을 보여주는 정황들을 제시한다. 마지막으로, 법원은 피해자가 혹여 거짓으로 진술할 동기나 이유가 있는지 신중하게 따져보는데, 피해자가 특별한 원한이나 허위진술의 동기를 갖고 있지 않다면 있지도 않은 사실을 지어내 상대방을 무고할 까닭은 없다고 보기 때문이다.

이와 같은 일련의 판단 과정에서 성인지 감수성은 두번째 국면, 즉 정황증거의 가치를 판단하는 과정에서 주로 작용한다.[1] 피고인 측에서 피해자의 말을 믿을 수 없다고 공격하면서 드는 반증은 사건 당시 피해자가 했던 말이나 행동, 태도 같은 정황인데, 예를 들면 앞장의 사건에서 피해자가 피고인을 따라 모텔에 갔다는 사정이다. 그런데 사회통념으로 보면 어떤 여성이 '모텔 가서 이야기하자'는 남자 말을 믿고 모텔에 따라나선 일은 여자가 남자와의 성관계를 염두에 두고 자발적으로 따라간 건 아닐까 한번쯤 되돌아보게 하는 사정이다. 같은 맥락에서 이 사건의 하급심은 이러한 정황을 피해자의 진술에 합리적 의심이 제기되는 정황으로 평가해 그녀의 말을 믿을 수 없다고 본 반면, 대법원은 남편의 해외출타 중에 피고인에게 위협당하며 피고인의 비위를 맞춰주어야 했던 피해자의 처지를 감안하면 '늦은 밤 주변의 이목을 피해 이야기할 장소가 마땅치 않아 그런 것이니 믿고 따라오라는 피고인의 반강제적 설득을 이기지 못해 모텔에 따라갔다'는 피해자의 설명을 수긍할 수 있다고 보았다.

이처럼 성인지 감수성 법리는 피해자가 사건 당시 공소사실과 배치되는 듯한 언행이나 태도를 보였다고 해도 피해자의 구체적 상황과 처지를 고려해서 이해할 여지가 있으면, '피해자라면 절대 그럴 수 없는 법'이라고 경솔히 단정하지 말라는 법리다. 조선시대 같으면 여자가 성폭행 직전이나 직후에 은장도로 자결하지 않았다는 것이 성관계에 대한 여성의 동의를 추론케 하는 정황이 되었겠지만, 이제는 그렇게 구태의연한 통념을 근거로 피해 여성의 의사를 함부로 판단하는 일은 없다. 마찬가지로 단지 피해자가 모텔에 따라갔다는 이유만으로, 피고인에게 필사적으로 저항하지 않았다는 이유만으로, 성폭행을 당한 직후 즉시 신고하지 않았다는 이유만으로, 어떻게든 마음을 추스르고 정상적인 생활을 하려 애썼다는 이유만으로 피해자가 성폭행을 당했을 리 없다고 넘겨짚지 말라는 것이다.

그런데 성인지 감수성 법리가 법관의 판단 과정에서 수행하는 기능에 관해 곰곰이 생각해보면 내 친구들이나 일부 변호사들의 우려가 아무 근거 없는 것이라고 치부할 수만은 없다. 앞서 살펴보았듯이 성인지 감수성은 검사가 제시한 유죄 스토리에 물음표를 던지는 여러 정황적 의심들이 피해자의 처지와 눈높이에서 해소될 수 없는지 신중히 재고할 것을 요구하는 법리이기 때문이다. 만약 피해자 입장에서 그럭저럭 설명될 수 있다면, 공소사실과 모순되는 듯 보이는 피해자의 언행과 태도는 '피해자라면 도저히 그럴 수 없는 일'이 아닌 '피해자라도 충분히 그럴 수 있는 일'로 해명될 테고, 그에 따라 피고인 측이 제기하는 반증은 무력화될 것이다.

조금 고상하게 표현하자면, 성인지 감수성 법리는 형사재판의 기본원칙인 무죄추정 원칙과 긴장관계에 놓여 있다고 볼 수 있다. 무죄추정 원칙이란, '의심스러울 때는 피고인의 이익으로' 판단하는 원칙을 말하는데, 피고인 측에서 제기한 피해자의 언행에 관련된 여러 정황적 의문들이 '피해자라도 그럴 법한 일'로 가지런히 이해되고 정리된다면 유죄 인정에 장애가 되는 합리적 의심이 제거되는 셈이니까. 다시 말해, 성인지 감수성 법리는 피고인 측에서 제시할 수 있는 반증 범위를 좁히는 결과를 가져옴으로써 무죄추정 원칙과 충돌할 여지가 생기는 것이다. 이런 점을 생각해보면 성인지 감수성 법리가 선언된 후 성범죄 사건에서 무죄판결을 받기가 한층 어려워졌다는 변호인들의 불만이 엄살인 것만은 아니다.

지난 수십 년간 활발하게 전개되어온 페미니즘 운동은 그간 우리 사회에 성차별적 의식과 관행이 만연해 있었음을 직시하고 그에 대한 처방과 대안을 제시하는 것을 목표로 한다. 가부장제는 농경사회에 유래를 두고 있다고 하는데,[2] 우리나라는 유사 이래 오랜 기간 농경사회였던 데다가 남녀유별을 강조하는 특유의 유교문화까지 더해졌으니 성차별의 역사가 실로 뿌리깊고 장구할 수밖에 없다. 때문에 여성 운동가들은 제도적 측면부터 의식적 측면에 이르기까지 전선을 넓힐 수밖에 없었는데, 사회적 차원에서는 양성평등을 목표한 적극적 정책과 제도를 시행할 것을 국가에 촉구하는 한편, 개인적 차원에서는 성차별적 요소를 민감하게 감지하고 양성평등을 실천하는 윤리를 내면화할 것을 각 개인에 요구하기에 이른다.

형사재판에서 성인지 감수성의 도입을 요구하는 목소리 또한 이와 같은 전방위적 차별시정조치 중 하나라고 이해하면 된다. 그 목소리는 묻는다, 사실상 평등하지 않은 남녀관계에서 남성의 일방적 폭력에 가까운 성행위들이 버젓이 자행되어왔음에도 법원조차 남성 위주의 사고에 익숙해진 나머지 피해 여성의 호소를 가볍게 외면해온 건 아닌지, 혹은 여성에 대한 깊이 있는 이해를 결여한 진부하고 안이한 사회통념에 기대어 판결해온 건 아닌지, '판결'이라는 이름으로 또다른 사회적 편견과 차별을 재생산하는 데 일조해온 건 아닌지.

하지만 어떤 분은 페미니즘 운동의 기본 인식에 충분히 공감하면서도 성인지 감수성이 남녀 사이의 사회적 불평등을 시정하기 위한 국가정책적 견지에서 등장한 개념이라는 점을 근거로, 개인들 사이에서 벌어진 구체적 사건을 다루는 형사재판에서 함부로 동원되어서는 안 되는 논리임을 지적하기도 한다.[3] 행정부라면 우리 사회에 만연해 있는 성차별 관행과 제도를 거시적 관점에서 파악해서 정책을 수립한 다음 일반적 정책 효과를 목표로 여러 가지 차별금지조치를 시행할 수 있겠지만, 법원은 피해자가 '여성'에 속한다는 집단적 특성에서 출발해서 사실관계를 확정할 수는 없는 노릇이고, 피해자를 어디까지나 (통계집단 일원이 아닌) 한 사람의 인간으로서 개별적으로 파악하는 전제에서 당시 두 사람 사이에 무슨 일이 일어났는지 구체적으로 심리해야 하기에 형사소송사건은 성인지 감수성이 개입하기에 적절한 분야가 아니라는 것이다.

이러한 비판은 일리 있는 지적이기는 하지만, 여성 문제가 정치사회적 차원의 문제인 동시에 개인윤리적 차원의 문제이기도 하다는 점을 생각해보면 그리 간단치는 않다. 사회적 불평등과 차별을 유지해온 제도의 이면에는 사람들의 의식과 편견이 감자 줄기처럼 복잡하게 엉켜 있기에, 거꾸로 말하자면 사람들의 의식과 편견을 자양분 삼아 그러한 제도가 오랜 기간 온존할 수 있었던 것이기에 성차별의 문제가 거시적으로 관찰될 수 있을 뿐, 미시적으로 고려될 수 없는 요소라고 보기는 어렵다. 지극히 사회적인 문제는 지극히 개인적인 문제이기도 한 것이다. 적어도 나 자신으로 한정해서 보자면, '이제 세상이 많이 변한 데다 적어도 난 그런 남자가 아니잖아'라는 어쭙잖은 항변이 가끔 머리를 쳐들긴 해도, 성역할에 관한 남성 위주로 편향된 고정관념이 나의 무의식 중 어딘가에 잔존하고 있음을 느끼니까.

형사재판에서 성인지 감수성을 도입하는 것을 둘러싼 이런저런 찬반양론이 존재하기는 하지만, 나의 이해에 따르면 판사에게 성인지 감수성을 지닐 것을 요구하는 것이 무죄추정 원칙을 소홀히 해도 좋다는 뜻은 결코 아니다. 피해자의 말을 무작정 믿으라는 것이 아니라 피해자에게 억울한 일이 없도록 '합리적 의심'이라는 반증 메커니즘을 섬세하고 치밀하게 작동시킬 것을 요청하는 것이니까. 물론 그 과정에서 예전 같으면 '피해자라면 그럴 수 없는 일'로 여겨졌을 법한 정황이 '피해자라도 그럴 수 있는 일'로 받아들여짐에 따라 결과적으로 피고인에게 불리한 판단이 내려질 가능성이 생겨나기도 한다. 하지만 '피해자라면 그럴 수 없는 법'이라 가볍게 치부했던 기존의 통념들이 우리 사회의 오랜 가부장제 관념과 성차별의식에 뿌리내리고 있는 것이라면, 그러한 잘못된 관념들이야말로 뒤늦게나마 마땅히 교정되어야 할 것은 아닐는지.

남은 문제는 형사재판절차의 대원칙인 무죄추정 원칙에 대한 관계에서 성인지 감수성 법리를 어떻게 발전시키고 다듬어나갈지의 문제다. 결과적으로 성인지 감수성 법리가 판단의 천칭저울을 피해자 쪽으로 10도쯤 기울이는 요소로 작용한다는 지적에도 일리 있는 측면이 있는 이상, 이에 대한 보완책이 필요하다. 피해자의 처지에 대한 이해의 폭을 넓힌 것만큼이나 피고인의 입장 또한 세심하게 헤아려서 혹여나 그에게 억울한 점은 없는지 돌아봐야 한다. 언뜻 보기에 말이 안 되는 것 같은 피고인의 변명조차 가볍게 넘기지 말고 혹시 그가 억울하게 누명을 덮어썼을 가능성은 없는지 면밀히 따져봐야 한다.

무엇보다 중요한 건 성인지 감수성이 가부장제 이념의 반대 형태일 뿐인 또다른 '이즘ism'이나 이데올로기 같은 것이 되어서는 안 되고, 법관으로선 그가 마주하는 사건의 구체성과 개별성에 대한 감각을 잃어서는 안 된다는 것이다.

대한민국의 평범한 남성 중 하나이기도 한 판사 입장에서 보자면, 성인지 감수성은 운전할 때 잊을 만하면 깜박이는 사각지대 경고등과 같다. 사안의 결론에 대해 힘들게 고심한 끝에 방향을 정하고 액셀러레이터를 힘차게 밟으려 하면, 어디선가 깜박깜박 불이 들어온다. 보이지 않는 사각지대가 있을 수 있다고. 그러면 내가 혹시 남성 중심의 편견에 은연중에 익숙해진 나머지, 보지 못하고 놓치고만 부분은 없는지 찬찬히 생각해본다. 기어를 감속 모드에 놓고 이리저리 곁눈질해가며 사각지대가 없는지 살펴본다. 현재 합의부에서 함께 일하고 있는 다른 두 분의 판사들 또한 모두 남성인지라 심리 중인 성범죄 사건에 대해 논의할 때면 사각지대를 보지 못한 채 감수성 없이 판단이 내려지는 건 아닌지 항상 조심스럽기만 하다.[4]

한편 법관이기도 한 대한민국의 평균 남성의 입장에서 보자면, 성인지 감수성을 갖출 것을 요청하는 목소리가 간혹 부담스럽고 불편하게 다가오기도 한다. 뭐랄까, 당신 개념 없으니 좀 탑재하고 살라는 말처럼 들린다고 할까. 하지만 세상에서 가장 알기 어려운 것이 자기가 알지 못한다는 사실을 아는 것이라 누가 말했던가. 개념 없는 사람은 대체로 자신의 무개념을 알아채지 못한다(반대로 말하면, 자신이 개념 없는 사람인지 고민되는 사람은 그리 무개념은 아니라고 할 수 있다). 그러니 내가 그런 무개념 중 하나가 아닌지 염려된다면 태생적으로 결여했을지 모를, 어딘가 두고 왔을지 모를 나의 개념들의 소재에 대해 열심히 성찰하는 수밖에.

해석의 문제

다들 중고등학교 시절 우리나라의 국가제도가 삼권분립제도에 바탕한다는 사실을 배웠을 것이다. 이 제도는 국가기관 간의 권력 분립과 균형을 통해 국민의 자유와 권리를 보장하기 위한 수단이라는 사실과 함께 말이다. 로크나 몽테스키외를 비롯한 근대 정치철학자들이 구상한 삼권분립제도는 이처럼 거창한 목표를 지향하기는 해도, 어찌 보면 다음과 같이 굉장히 심플한 아이디어에 근거한다. '입법부는 법을 제정하고 행정부는 법을 집행하며 사법부는 법을 적용한다.' 국가 권력을 균등하게 삼등분하여 각자 맡은 역할을 수행하되 상호 견제하도록 한다는 고전적 아이디어는 근대 국가의 제도 설계의 밑바탕이 되는 그림이다. 공동체의 일반의지를 선언하고 실행하는 국가 권력이 기능적으로 분산된 삼각관계 내에서 조화롭고 체계적으로 구현되도록 하자는 것이다. 이와 같이 정교하게 맞물려 돌아가는 삼각 톱니바퀴에서 한 축을 담당한 판사의 소임은 법으로 정한 약속을 공정하게 적용하는 일이다.[1]

그런데 법을 공정하게 적용한다는 것은 무슨 뜻일까. 아마 법을 있는 그대로 적용하는 일이라고 생각할 것이다. 법은 태양을 중심으로 도는 행성의 궤도처럼 정확하고 규칙적인 것이기에[2] 사실관계가 가려지면 법관에게 남겨진 일은 사실관계에 법을 있는 그대로 적용해서 정확한 결론을 도출하는 일뿐이라고 여길지도 모른다. 사람들의 통념에 따르면, 법은 객관적으로 존재하는 무엇이므로 소송에서 다투어지는 사실관계와 달리 누군가에 의해 주장되거나 입증될 필요가 없는 것이다. 판사는 다년간 교육과 훈련을 거쳐 이 무엇을 배우고 익혀 아는 사람이다. 만약 법관이 마땅히 알아야 할 법을 알지 못한다면 무능한 법관일 테고, 알고 있는 법을 있는 그대로 적용하지 않는다면 부패한 법관일 것이다.

하지만 법관으로서 십수 년을 일해본 경험에 따르면, 법을 적용하는 일이 그리 간단치만은 않다. '나에게 사실을 주어라, 그리하면 너에게 법을 주리라da mihi factum, dabo tibi ius.' 이 야심만만한 라틴 법언은, 법관이 사실의 영역에서는 당사자에게 무슨 일이 벌어졌는지 꿰뚫어보기 어려운 3인칭 시점의 관찰자에 불과하지만, 적어도 법의 영역에서만은 무엇이 법인지 완벽히 파악하고 있는 전지적 시점의 관찰자임을 상정한다. 그런데 정말 그런 걸까. 법관은 사실에는 무지해도 법에는 전지한 존재일까. 대중의 통념처럼 법이란 전지한 법관의 머릿속에 아무런 의문 없이 자연스럽게 떠오르는 걸까. 만약 법이 그러한 것이라면, 양심적 병역거부 사건이나 강제징용 사건을 비롯해 최근 사회적으로 주목받은 여러 사건에서 법에 관한 최고의 권위자라 할 수 있는 대법관들조차 문제된 법을 어떻게 해석할지를 두고 치열한 논쟁을 벌인 건 왜일까.

앞서 나는 법을 약속에 비유했지만, 4차 산업혁명에 접어드는 이 시대에 조금 더 와닿는 비유를 찾아보면 어떨까. 비유컨대 법은 컴퓨터 프로그램 같은 것이다. 사회라는 거대한 시스템은 법-프로그램이 계획한 바에 따라 운영되는 법이니까. 나는 컴퓨터 전문가는 아니지만, 컴퓨터 프로그램의 명령어는 조건문(if ~, then ~) 형식으로 만들어진다고 들었다. 모든 정보는 이진법의 형태로 입력되고, 그렇게 입력된 정보가 조건문 형식의 명령어에 의해 처리되면 연산결과가 나온다고 한다. 그런데 이러한 명령문 형식은 법과 상당히 유사하다. 뒤에서 자세히 설명하겠지만,[3] 법 역시 조건(법률요건) 결과(법률효과)로 이루어진 법명제 형태로 만들어지는 것이 원칙이니까.

만약 당신이 뛰어난 프로그래머라면 시스템에서 발생할 수 있는 모든 상황을 예상해서 프로그램을 만들 것이다. 프로그램이 목표하는 효과를 얻기 위해서 모든 발생 가능한 변수를 상정한 다음, 여러 변수들과 논리기호를 조합해 논리정연하게 명령어를 구성하고, 수많은 명령어가 서로 모순되거나 충돌되지 않도록 정교하게 조율할 것이다. 법-프로그래머(입법자) 역시 컴퓨터 프로그래머와 비슷한 방식으로 법률을 만든다. 입법자는 바람직한 사회 질서를 이 세계에 구현하기 위해 현실에서 일어날 수 있는 숱한 상황을 상정한 명령문을 만들고, 그 명령문들이 상호 충돌하지 않도록 조정해서 하나의 법률 형태로 코딩한다. 하지만 컴퓨터 프로그램과 달리, 법-프로그램은 완벽한 프로그램이 되기에 어려운 측면이 많다. 완벽한 프로그램이 되기 위해서는 상정 가능한 모든 변수들에 대응한 명령문을 미리 짜두어야 하는데, 복잡다기한 사건들로 가득찬 현실 세계에서 발생 가능한 모든 변수를 예측하기란 사실상 불가능하기 때문이다.

예를 들어, 국회에서 '공원 내에 차량 진입을 금지하는' 법을 만들었다고 가정해보자.[4] 이 법이 승용차나 모터사이클, 트럭 따위의 공원 출입을 금지한다는 점은 삼척동자라도 알 수 있다. 만약 누군가 공원에 모터사이클을 몰고 온다면, 공원관리인은 그의 공원 출입을 가로막을 것이다. 그런데 어느 날 벙거지 모자를 쓰고 금목걸이를 치렁치렁 두른 청년이 최신형 전동 킥보드를 타고 공원에 나타났다고 생각해보자. 공원관리인은 '차량 공원 출입금지' 법을 내세워 가뜩이나 맘에 들지 않는 차림새를 한 청년을 멈춰세울 수 있을까.

전동 킥보드는 국회에서 '차량 공원 출입금지' 법을 제정할 때 미처 고려하지 못한 변수라고 할 수 있다. 전동 킥보드가 신종 교통수단으로 길거리에 등장하는 날이 올 것이라고 미처 예상할 수 없었기 때문이다. 만약 공원 출입이 가로막힌 청년이 법을 발의한 국회의원에게 전동 킥보드도 공원 출입이 금지되는 차량에 해당하느냐고 따져묻는다면, 국회의원은 그 문제에 대해선 특별히 생각해보지 않고 법안을 만들었다고 답하며 말을 얼버무릴 가능성이 높다. '전동 킥보드'라는 변수에 대응한 명령문을 별도로 코딩해두지 않은 것이다.

이런 상황에서 혹여 누군가는 법을 만든 국회의원의 의도와는 상관없이, '차량'이라는 단어의 뜻을 분석하면 합당한 결론을 내릴 수 있다고 생각할지도 모른다. 말하자면, 법의 의미는 법조항에 쓰인 단어의 뜻에 의해 자연스레 정해진다고 말이다. 그런데 전동 킥보드의 경우처럼 뭔가 애매한 사안에서는 단어의 뜻을 분석해 법의 의미를 도출하는 것이 쉽지 않다. '차량'의 사전적 정의는 무엇인가. 차량이란, '도로나 선로 위를 달리는 모든 차'를 일컫는데, '차'는 '바퀴가 굴러서 나아가게 되어 있는, 사람과 짐을 실어 옮기는 기관'을 말한다. 단어의 뜻에 따를 때 전동 킥보드가 '차량'에 해당한다고 볼 수도 있지만, 이러한 해석이 '차량'의 의미를 지나치게 넓혀 해석하는 것이라고 반론할 여지도 충분하다. 일상적 언어관념에 따를 때, 전동 킥보드는 '차량'이라기보다 '놀이기구'에 가깝기 때문이다. 결론이야 어찌되었건, 단순하게 보이는 이 가상의 사안에서조차 법 문언만으로 법의 의미를 확정하기는 난망해 보인다.

이처럼 법을 컴퓨터 프로그램 같은 것이라 관념할 때, 컴퓨터 프로그램과 마찬가지로 법-프로그램에도 일종의 버그가 내재하고 있음을 간과할 수 없다. 대표적인 버그가 이름하여 '불확실성-버그'인데(나의 작명이다), 이 버그는 삼권분립의 아이디어를 제시한 위대한 지성들조차 미처 예견하지 못한 문제다. 앞서 이야기했듯이 삼권분립의 고전적 아이디어는 입법부가 국민의 총의를 모아 법을 제정하면, 행정부와 사법부는 제정된 법을 '있는 그대로' 집행하고 적용하면 된다는 것이다. '입법-행정-사법'이라는 세 축의 톱니바퀴는 한 치의 오차 없는 효율성 높은 기계처럼 빈틈없이 맞아 돌아가면서 한 축이 생산한 동력을 아무 낭비와 소모 없이 다른 축에 그대로 전달하고, 그 과정에서 무언가 애매하고 불확실한 요소가 개입되어 헛바퀴가 돌 염려는 없다. 그러나 지난 수백 년간 법제도를 운영한 서구 국가들의 경험에 따르면, 근대 사상가들의 애초 기대와는 다르게, 법을 집행하고 적용하는 과정에서 일종의 불확실성이 생겨날 수밖에 없음이 드러났다. 전동 킥보드의 경우처럼 입법자가 아무리 야심찬 계획을 갖고 법을 만들어도 법의 시행과 적용 과정에서 불확실하고 애매모호한 경우가 생겨나는 것이다. 고로 불확실성은 법의 불가피한 숙명이라 할 수 있다.

영국의 법학자 하트는 입법자가 법을 아무리 정교하게 만들어도 인간의 언어가 지닌 본질적 결함을 피해갈 수 없다고 본다.[5] 하트에 따르면, 인간이 구사하는 언어는 핵심부와 경계부로 나뉜 이중 구조를 갖는다. 이때 언어의 핵심부는 아메바의 핵처럼 의미가 고정되어 있지만, 언어의 경계부는 아메바의 외측 세포질처럼 유동적이고 가변적인 특성을 갖는다. 외측 세포질을 통해 아메바의 생명 유지에 필요한 온갖 영양분과 미생물이 자유롭게 드나들듯이, 인간의 언어 역시 경계부의 의미가 고정되지 않은 채 다양한 언어외적인 요소를 받아들이면서 상황과 맥락에 따라 변하는 것이다. 하트는 언어의 이러한 특성을 일컬어 '열린 구조open texture'라고 했다. 이와 같은 견지에서 보면, 전동 킥보드 사안에서 법적 판단이 쉽지 않은 까닭을 이해할 수 있다. '차량'이라는 단어의 핵심부에 놓인 승용차나 모터사이클 등과 달리, 전동 킥보드는 언어의 경계부에 위치한 사안이기 때문이다. 그런데 언어의 경계부에서는 그 의미가 유동적이기에 전동 킥보드가 '차량'에 해당한다거나 해당하지 않는다고 단정하기 애매한 것이다.

그렇다면 불확실성-버그는 어떻게 해소되는 것일까. 하트는 법의 의미가 문제되는 사건이 소송으로 비화해 법원의 판단을 받게 될 때 비로소 불확실성이 해소된다고 말한다. 하트는 법의 점진적 형성 과정을 다음과 같이 설명한다.

법-프로그래머는 법을 완벽하게 코딩해서 만들지 않는다(아니, 이중 구조를 지닌 언어의 한계로 인해 그럴 수도 없다). ① 법은 전형적 대상이 되는 사안을 상정한 채 '차량' 같은 일반 용어를 사용해 만들어진다. ② 대다수 사안(즉 승용차나 트럭, 모터사이클 따위가 공원에 진입하는 사안)에서 법은 아무 문제 없이 작동한다. ③ 그러던 어느 날, 공원 관리인이 전동 킥보드를 탄 청년의 출입을 가로막는다. ④ 대다수의 사람들은 그런가보다 하며 발길을 돌릴 테지만, 전동 킥보드를 타고 공원에 출입할 권리가 있다고 생각하는 청년은 법원에 소송을 제기한다(알고 보니 로스쿨에 재학중인 학생이었다). ⑤ 법관은 심리 과정에서 사안에 관련되는 사실관계를 파악하고 공원 출입을 둘러싸고 상충되는 이익을 저울질한다. ⑥ 심리가 끝나면, 판사는 공원 출입을 원하는 킥보드 이용자의 권리와 평온하고 안전한 환경에서 공원을 이용하기 바라는 일반 시민의 권리 중에서 어느 쪽의 권리를 우선할 것인지 심사숙고해서 판결한다. ⑦ 이로써 법의 경계부인 흐릿한 영역에 놓여 있던 법의 의미가 확정되고, 그 한도에서 법의 핵심부로 편입된다. ⑧ 그러던 어느 따스한 봄날, 한 지체장애인이 봄기운을 만끽하기 위해 전동 휠체어를 타고 공원을 들어가던 중, 여전히 깐깐한 원칙주의를 일관하는 공원관리인에 의해 출입이 제지된다. ⑨ 전동 휠체어를 타고 공원에 출입할 권리가 있다고 생각하는 분노한 지체장애인은……

하트에 따르면, 여기서 ⑥ 과정은 법을 적용하는 것이 아니라 법을 만드는 일에 가깝다. 물론 법을 만들게 된 계기는 어느 청년이 킥보드를 타고 공원에 출입할 권리가 있다고 주장하며 소송을 제기했기 때문이지만 말이다. 소송이 제기된 사건에 대해 적용할 법이 없다는 이유를 들어 재판을 거부할 권리가 판사에게 없는 이상, 법관은 입법자가 미처 예상치 못한 나머지, 결정하지 못한 문제에 관해 그를 대신해 결정을 내려야 한다.

이상에서 살펴본 것처럼 하트 같은 학자들은 어떤 법이든 허점과 빈틈이 있다고 믿는다. 사람이 만든 여타의 제도들처럼 법제도 역시 불완전할 수밖에 없다. 어차피 입법자로서는 현실의 모든 변수를 예측하기 어렵고, 바로 그렇기 때문에 예기치 못한 사건에 대해 어떻게 규율할지 미리 코딩해둘 수 없다. 무엇보다 언어의 내재적 한계로 인해 어느 정도의 불확실성이 생기는 건 필연적이다. 게다가 현실의 입법 과정은 또 어떠한가. 법은 각자의 생각과 이해가 첨예하게 엇갈리는 인간들이 치열한 정치적 협상 과정을 거쳐 이루어내는 타협과 절충의 소산이기에 여러 결함과 모순을 드러낼 수밖에 없다.

물론 하트에 의하더라도 법이 모든 영역에서 불확실한 건 아니다. 대다수 사안에서 법은 정상적으로, 별다른 의문 없이 작동한다. 하지만 법의 경계적 의미가 문제되는 전동 킥보드 같은 사안에서 법은 의문과 허점을 드러낸다. 하트에 따르면, 이렇게 빈틈이 생긴 사안에서 법관은 주어진 법을 적용하는 역할을 하는 데 그치는 것이 아니라 법을 만드는 역할을 한다. 주어진 약속을 따르는 일이 아니라 아직 정해지지 않은 약속의 틈새를 메우는 일을 하는 것이다.

그런데 법에 관한 하트의 현실주의적 비전에 반대하는 학자들도 있다. 미국의 법학자 드워킨은 의회가 어떻게 규율할지 미리 정해두지 못한 사안에서도 법관이 법원칙을 비롯한 여러 해석 기준에 따라 법을 조화롭게 해석하면 옳은 결론을 얻을 수 있다고 생각한다. 전동 킥보드 사안에서 판사는 입법자가 전동 킥보드의 출현을 예상치 못해 그 규율 방법에 대해서도 명시적으로 정해둔 바 없으므로 자기 재량껏 어느 쪽으로도 판단할 수 있다고 생각해선 안 된다. 문제된 법의 취지와 목적을 주의깊게 살펴 '만약 입법자가 법을 만들 당시 전동킥보드의 등장을 예상했다면 어떻게 규율했을 것인지' 탐구해서 그에 부합하는 판단을 내려야 한다. 만약 '공원 내 차량 출입 금지' 법이 공원 내에서 평온을 유지하기 위한 목적뿐 아니라 공원을 이용하는 시민의 안전까지 보호하기 위한 의도까지 담고 있다고 판단되면, 시민의 안전을 저해할 수 있는 전동 킥보드 역시 차량에 해당한다고 보는 것이 법의 취지에 부합하는 해석일 것이다. 이처럼 드워킨은 현실의 법이 불완전할 수 있음을 인정하면서도, 판사가 법에 대한 총체적 비전 아래 문제된 법을 해석하면 법이 예정한 올바른 답을 찾아갈 수 있다고 믿는다. 따라서 문제적 사안에서도 판사는 (자기 재량껏) 새로운 법을 만드는 일이 아닌, (복잡한 추론 과정을 거쳐) 주어진 법을 발견하는 일에 종사한다.

결국 드워킨에 따르면, 법에는 빈틈이나 허점이 존재하지 않는 셈이다. 명시적 규율이 없거나 입법자의 의도가 분명히 드러나지 않는 영역에서도 법관은 법 전체에 걸친 해석적 과업을 통해 법의 잠재적 약속을 발견할 수 있는 것이다.

이제 법을 적용하는 일에 관한 판사의 직업적 고충이 조금 이해되셨는지. 법을 있는 그대로 적용하면 되는 일이겠지만, 정작 문제는 있는 그대로의 법이 무엇인지 이해하고 해석하는 일이다. 그러니 법관은 법의 관점에 따라 판단해야 할 의무가 있다는 단순하고 명쾌한 문장의 이면에는 많은 것이 함축되고 생략되어 있는 셈이다. 법의 관점에 따라 판단해야 한다는 점에 동의하지 않을 판사는 아마 없을 테지만, 문제적 사안에서 무엇이 법의 관점에 따른 판단인지를 두고 법관들 사이에 논쟁이 벌어지는 건 오히려 흔한 일이다.

그러니 많은 사람들의 오해대로, 법이 유능한 법관의 의식에 그저 자연스럽게 주어지거나 떠오르는 건 아니다(라고 그리 유능하지 않은 나는 주장하고 싶다). 판단하기 어려운 사건에서 법을 해석해서 적용하는 일의 어려움은 알츠하이머병을 앓다 돌아가신 부모님이 남긴 알쏭달쏭한 유언의 참뜻을 헤아리는 일의 어려움에 필적한다. 확립된 법리가 존재하는 경우처럼 논리적이고 기계적인 추론으로 사고가 매끄럽게 진행되는 부분도 있지만 어떤 지점에 이르러서는 사고의 늪 같은 것이 존재한다. 이 지점을 통과하기 위해서는 앞으로든 뒤로든 어느 한 방향으로 갈 길을 정한 다음, 사고의 지렛대를 이용해서 늪에 빠진 바퀴를 밀어올려야 한다. 해석의 문제에 직면한 법관은 자욱한 안개에 둘러싸인 늪지대에서 길을 잃은 사람처럼 갈피를 못 잡기 일쑤다. 그럼에도 맡은 사건에서 무엇이 법인지 선언해야 할 책임을 지는 법관은 오로지 법을 북극성으로 삼아 숱한 회의와 의심을 이겨내며 끝끝내 목적지에 도착해야만 한다.

하지만 이 험난한 여정을 마무리짓는 것만으로 모든 일이 끝나는 건 아니다. 아메리카 대륙에 가닿고도 인도로 가는 최단경로를 발견했다고 믿은 콜럼버스처럼, 내가 도착한 곳이 내가 도달했다고 믿는 그곳이 아닐 비극적 (혹은 희극적) 가능성은 언제나 열려 있기 때문이다. 법의 관점에 따른 판단이라고 믿었던 판단이 사실 법의 관점과 합치하지 않거나 엇나간 판단일 가능성, 간단히 말해 내 판단이 잘못되었을 가능성은 늘 존재하는 법이니까.

그러고 보면, 법의 문제는 우리가 살아가면서 마주하는 삶의 문제와 그리 다르지 않은 듯싶다. 누구나 동의할 만한 원칙을 자기 삶의 원칙으로 삼거나 그에 따라 살겠다고 다짐하는 일은 그리 어렵지 않다. 하지만 인생의 진짜 어려운 문제는 현 상황에서 어떻게 살아가는 것이 내가 정립한 원칙에 따라 사는 일인지 판단하는 문제일 것이다. 법관의 골머리를 썩이는 문제처럼 삶의 난제 역시 늘 무언가의 해석이 문제시된다. 그래서 어렵다.

플랫폼 노동자 이야기

나는 지극히 아날로그적인 인간이다. 세상의 모든 정보를 0과 1의 이진법 코드로 표현해 처리한다는 디지털 기술이 내겐 어쩐지 허황된 약속처럼 들린다. 돌이켜보면 나는 변화와 혁신에 늘 소극적이거나 어쩌면 반동적이기까지 한 인간이었다. 고등학교 시절 수학여행 가는 버스 안에서 거의 모든 아이들이 열광하는 서태지의 음악을 처음 듣고 '그게 음악이냐'라고 심각하게 되물었을 정도니 말이다.

그런 내가 변했다. 코로나 때문이다. 요즘엔 심심찮게 '배달의 민족'이나 '쿠팡이츠' 따위의 앱을 이용해 음식을 시켜먹고 극장에 가는 대신 '넷플릭스'에 접속해 영화를 본다. 예전에는 책을 주문하는 것 외에 온라인으로 무언가 주문해본 경험이 전무했지만, 이제는 생필품은 물론, 꼭 입어보고 사야 하는 법이라 여겼던 옷가지까지 이것저것 주문하곤 한다. 아, 새벽배송의 편리함이란. 자기 전에 주문하고 일어나면 다음날 아침 주문한 물품이 문 앞에 턱하니 놓여 있으니, 이쯤 되면 거의 램프의 요정 '지니' 수준이다.

하지만 스마트한 터치만으로 모든 것이 가능해 보이는 놀라운 마법의 이면에는 우리가 알지도 못하는 많은 이들의 수고가 숨어 있다. 남들 다 자는 새벽에 물품을 배송한 후에 '오늘도 행복한 하루 보내시기 바란다'는 아침인사까지 곁들여 배송사진을 전송하는 마켓컬리 배송기사들의 노고가, 수줍은 우렁각시마냥 주문한 음식을 문가에 슬며시 놔둔 채 초인종을 누르고 떠나는 배민라이더스 라이더 같은 분의 노동이. 다시 말해, 당신과 나의 우아한 랜선 생활은 플랫폼 노동자 덕분에 가능하다는 말이다.

플랫폼 노동의 정의는 다양하지만, '온라인 플랫폼을 이용해 서비스를 제공하고 보수를 얻는 일자리' 정도로 정의할 수 있다. 그렇다면 온라인 플랫폼이란 무엇인가. 플랫폼이란 말 그대로 정거장이다. 정거장이라면 승객이 타고 내리거나 화물을 싣고 내리는 장소가 떠오를 것이다. 플랫폼은 누군가 상주하는 장소가 아니다. 열차 정거장은 승객과 열차가 만나는 지점이고, 그러한 만남을 효율적으로 매개하고 중개하는 공간이다. 또한 승객들은 플랫폼에서 열차에 탑승하는 것뿐 아니라 다양한 부대 서비스도 편리하게 제공받는다. 그러한 연장선에서 이해하자면, 온라인 플랫폼은 다양한 필요에 의해 플랫폼에 접속한 사람들의 거래를 중개하는 것을 목표로 온라인상에 구축된 가상의 장터라 하겠다.

어느 화창한 주말 오후, 간만에 외식을 하고 싶은 마음이 든다고 해보자. 가로수길에 들러 산책도 할 겸 이런저런 맛집을 둘러보고 점심 메뉴를 결정해도 좋겠지만, 주말 오후를 한가로이 보내고 싶은 마음 또한 한구석에 있다면 굳이 번거롭게 외출하지 않아도 된다. 소파에 누워 음식 주문 앱에 접속하기만 하면 가로수길을 방문한 것처럼 다양한 맛집이 온라인 플랫폼에 즐비하게 늘어서 있을 테니 말이다. 게다가 음식 메뉴에 관한 정보는 물론, 음식을 배달주문해 맛본 사람들의 리뷰, 배달 예상시간까지 친절히 제공되는 덕분에 선택이 어렵지 않다. 이제 주문 버튼을 클릭하면 30분도 채 지나지 않아 따끈따끈한 음식이 들어 있는 런치박스를 받아볼 수 있는 시대다.

사실 배달음식 문화는 우리에게 낯설지 않다. 대한민국 배달음식 문화는 집집마다 전화가 놓이던 1980년대로 거슬러올라간다. 거창하게 말해, 배달음식 산업은 새롭게 등장한 통신기술(≒유선전화)과 결합해 배달서비스를 제공함으로써 중국집 사업장을 동네 전역으로 확장한 경영혁신이라고 할 수 있겠다. 하지만 배달을 통해 매출이 신장되는 만큼 중국집 사장님 또한 치러야 할 비용이 있었다. 배달원을 고용해야 했기 때문이다.

그런데 국민 대다수가 스마트폰을 보유하게 되자 배달음식 산업에 전례 없는 변화가 들이닥쳤다. 예전에는 동네 중국집, 치킨집, 피자집마다 배달원을 따로 둘 수밖에 없었는데, 음식 주문 플랫폼의 등장과 맞물려 온라인 주문을 받는 식당들이 늘게 되면서 배달량이 폭발적으로 증가했고, 이 늘어난 배달 수요를 해결하기 위해 전문 배달대행 업체가 생겨났다. 규모의 경제가 실현되어 배달용역을 특화한 산업이 형성된 것이다. 그리고 이 배달대행 산업도 디지털 기술의 발달 덕분에 플랫폼화되면서 '부릉' '바로고' '배민라이더스' 같은 전국적 규모의 배달대행 플랫폼 회사가 나타났다.[1]

이제 중국집 사장님은 배달원을 채용하기보다 배달대행 플랫폼 회사와 용역계약을 맺는 편을 선호하게 된다. 배달원을 고용하려면 근로자의 4대 보험비용[2]을 부담해야 하고 최저임금 제한을 받는 데다가 근로기준법에 따른 각종 법정수당[3]까지 지급해야 함에 반해, 배달대행 플랫폼 회사에 배달서비스를 맡기면 이와 같은 비용을 부담할 필요가 없을 뿐만 아니라 배달중에 사고가 발생해도 아무런 책임을 지지 않기 때문이다. 중국집 사장님은 플랫폼 회사와 체결한 용역계약에 따라 배달 건마다 일정 수수료를 지불하면 된다. 건마다 책정된 수수료가 조금 높긴 해도, 근로자로 채용할 경우의 고정비용을 상쇄하고 남을 뿐 아니라 배달 건마다 용역을 의뢰하고 수수료를 지급하기 때문에 주문이 몰리거나 한가한 때를 굳이 가리지 않고 사업을 운영할 수 있는 장점이 있다. 주방 인력이 감당할 수 있는 한, 밀려드는 주문을 모두 접수해 배달할 수 있는 것이다. 경제학 용어로 바꿔 말하면, 플랫폼을 이용하는 음식점 사장에게는 배달량 증가에 따른 한계비용 체증 법칙이 작용하지 않는다. 반면 주문 없는 시간대에는 플랫폼을 이용하지 않으면 그만이다. 사업주 입장에서 경영상 필요에 따라 노동력을 극단적으로 유연하게 활용할 수 있는 여건이 갖춰지는 것이다.

그런데 배달대행 플랫폼 회사는 라이더를 직접 고용해 음식을 배달하는 것이 아니라 로컬 배달대행 업체[4]와 용역계약을 맺어 음식을 배달한다. 회사가 음식점 주인에게서 의뢰받은 배달대행 서비스를 하청업체에 외주하는 셈이다. 하지만 로컬 배달대행 업체도 라이더와 근로계약 아닌 위탁계약을 맺고 음식을 배달시킨다. 배달원을 근로자로 정식 고용하기보다 1인 자영업자로 취급해서 배달용역을 재하청 주는 형식을 취하는 것이다. 결국 우리가 어느 주말 오후 배달음식 한 끼를 주문해 먹는 과정에서도 원도급이 하청과 재하청으로 이어지는 한국 사회 특유의 피라미드 구조가 그대로 작용한다. 이것이 배달음식 산업 규모가 연간 20조에 달할 정도로 성장했음에도 대다수 산업종사자들이 비임금근로자[5]로 남게 되는 '고용 없는 성장'이라는 역설이 성립하는 이유다.

4차 산업혁명을 계기로 인류가 새로운 번영의 시대를 맞이할 것이라는 긍정적 전망이 지배적이지만, 그 이면에 드리우는 그늘도 무시할 수 없다. 영국의 경제학자 로널드 코스는 기업의 본질을 거래비용을 내부화한 조직으로 이해했는데, 이는 조직을 만드는 비용이 거래비용보다 저렴할 경우 기업이 성립한다는 뜻이다.[6] 기업가는 생산활동 중 어느 부분을 내부에서 생산하고 어느 부분을 외부에서 구매할 것인지 영민하게 판단해야 하고, 그에 따라 기업 조직의 경계가 정해진다. 그런데 온라인 플랫폼을 통해 거래비용이 낮아지면서 노동자를 고용하기보다 외부에 아웃소싱하는 편이 유리해진다. 기업가는 예전 같으면 근로자를 고용해 처리했을 법한 일을 플랫폼을 통해 해결하고, 노동자는 전과 동일한 업무를 하면서도 근로자 아닌 자영업자 지위에서 사업주와 위탁계약을 맺고 일하게 된다.

하지만 플랫폼 노동은 기업과 근로자 사이의 신뢰에 바탕을 둔 지속적 관계가 아니라 온라인 플랫폼을 통해 시시각각 변하는 거래 조건에 따라 매개되는 일시적 관계의 성격을 갖기 때문에 결국 노동자들의 삶이 불안정해질 수밖에 없다. 더욱이 AI 기술의 확산과 자동화생산의 고도화와 맞물려 노동자들의 일자리는 계속 줄어들 것으로 예상된다. 이로 인해 4차 산업혁명시대에는 고용 불안정과 소득 불평등이 대표적 사회 문제로 떠오를 것이며, 그에 대한 적절한 해법이 제시되지 않는 한, 심각한 사회 불안과 갈등이 야기될 것이라는 예측이 적지 않다.

결국 문제는 표준적 근로관계에서 벗어나 일하는 플랫폼 노동자들이 늘어가면서 노동법적 규율의 사각지대가 생겨난다는 점이다. 종래 노동법의 특별한 보호를 받으며 일하던 노동자들이 온라인 플랫폼에서 일감을 얻어 일하는 1인 자영업자의 처지로 밀려난 것이다. 과거 동네 중국집에서 배달원으로 어엿한 일자리를 갖고 일하던 이성희씨가 이제는 배달대행 플랫폼의 라이더로 그때그때 일거리를 구하며 일하는 처지로 전락한 잔혹사에서 드러나듯이 말이다.[7]

고로 플랫폼 노동을 둘러싼 근본 문제는 사각지대로 밀려난 플랫폼 노동자를 근로자로 인정할 것인가의 문제, 즉 플랫폼 노동자를 근로자의 지위로 복권해서 노동법적 배려를 해줄 것인지의 문제로 요약된다.

대법원은 근로자 여부를 판단하는 주요한 기준으로 종속성을 든다.[8] 근로 제공자가 사업주에 대한 종속적인 관계에서 임금을 대가로 근로를 제공하였는지 여부에 따라 판단해야 한다는 것이다. 이를 판단하기 위한 세부적 기준으로서 ① 사업주가 근로 제공자에게 지휘, 감독권을 행사하는지 ② 사업주가 근무 시간과 근무 장소를 지정하고 이에 근로 제공자가 구속을 받는지 ③ 근로 제공자가 스스로 비품이나 원자재, 작업 도구를 소유하거나 자기 비용으로 일을 하는지 등을 제시한다.

그런데 이와 같은 기준에 따라 플랫폼 노동자가 근로자인지 판정하면, 아무래도 플랫폼 노동자에게 불리한 판단이 내려질 가능성이 높다. 왜냐하면 플랫폼 노동자들은 딱히 근무 시간이나 장소랄 것 없이, 자기 마음대로 플랫폼에 접속할 수 있는 데다가, 라이더처럼 작업 도구(모터사이클)를 스스로 구입하는 경우도 대다수이며, 사업주가 일일이 작업 과정에 간섭하거나 개입하는 일 역시 드물기 때문이다.

그럼에도 무언가 의문이 남는다. 이들이 과연 자유로운가. GPS에 의해 실시간으로 위치가 추적되고 이동 경로가 근무이력으로 기록되는 라이더들이 자유로이 일한다고 볼 수 있는가. 한 시간에 서너

개의 콜을 따내 교통신호도 무시한 채 위태롭게 일해야만 최저시급 남짓한 돈을 겨우 버는 이들에게 콜을 수락하거나 거절할 자유가 있다고 할 수 있을까. 울며 겨자 먹기로 운송 수단의 자비 구매를 강요당하고 기름 값과 고액 보험료까지 부담하는 이들이, 일을 마치면 고객에게 가차 없는 평점을 부여받고, 그 결과에 따라 일터에서 아무 설명 없이 퇴출될지도 모를 이들이 말이다.

아마도 대법원이 제시하는 기준은 3차 산업혁명시대의 표준근로관계를 상정한 것이라고 이해함이 옳을 것이다. 하지만 산업의 디지털화는 생산 공간의 의미를 '장소place'에서 '플랫폼platform'으로 변화시켰다. 4차 산업혁명시대의 기업가는 상품 제조나 판매를 위해 공장이나 상점 따위의 물리적 공간을 점유할 필요가 없어졌다. 지난 세기 산업혁명이 한곳에 모인 노동자들이 벨트컨베이어 조립라인을 따라 효율적으로 분업해서 소품종 상품을 대량으로 만드는 포디즘 모델에 기반하고 있다면, 4차 산업혁명은 근로자들을 한곳에 모을 필요도, 아니, 근로자로 고용할 필요조차 없게 만드는 '온디멘드on demand' 혹은 '클라우드cloud' 모델[9]을 상정하고 있으니까.

어쩌면 이러한 변화에 따라 플랫폼 노동자들이 출근할 필요가 없어진 것 아닐까. 출퇴근이 로그인과 로그아웃으로 대체되었으니 말이다. 또한 어딘가 빈틈 있던 사업주의 아날로그적 지시와 감독이 훨씬 교묘하고 철저한 실시간 디지털 감시로 업그레이드된 것이라면, 사업주의 현실적인 지시와 감독이 없다는 이유만으로 사용관계를 부정하는 건 무언가 부당해 보인다. 게다가 기존에 회사가 직접

하던 근무평정을 고객에게 외주한 것이라 볼 수 있는 고객 평점 제도는 어쩌면 더 가혹한 근태관리 아닐는지.

이러한 관점에서 플랫폼 노동자를 근로자로 볼 여지가 생긴다. 근로를 제공한 사람이 근로자에 해당하는지는 사업주와 체결한 계약 형식에 구애될 것 없이 근로제공 관계의 실질에 따라 판단해야 한다는 것, 다시 말해 사업주가 위탁이나 도급계약을 맺고 누군가에게 일을 맡겼더라도 그가 사업주에 대한 관계에서 종속적 입장에서 임금을 대가로 일한 것이라면 근로자로 보아야 한다는 것이 대법원의 입장이기 때문이다. 이에 따라 최근 대법원은 스마트폰에 배달대행 어플을 설치하고 배달 업무를 하던 중에 교통사고를 당한 어느 배달대행 업체 소속 라이더가 근로자에 해당한다고 보기는 어렵지만, 근로자와 유사한 지위가 인정되는 '특수형태근로종사자'[10]에 해당한다고 보아 산재급여를 받을 수 있는 길을 터주었다.[11] 이러한 판결에 따라 현재 배달대행 플랫폼 소속 기사들은 법으로 보호되는 특수형태근로종사자 중 하나인 '택배원'으로 취급받아 산업재해보상보험법상의 각종 수급권을 인정받고 있다.[12] 하지만 판례의 이러한 전향적 입장조차 플랫폼 노동자의 권리 보호를 위한 충분한 해결책이 되지 못한다는 지적이 많다. 플랫폼 노동자가 근로자로 인정받지 못하는 이상, 근로기준법에 보장된 제도적 보호를 받을 수 없고 산재보험을 제외한 나머지 사회보험의 적용대상에서도 제외되기 때문이다. 따라서 근본적인 문제 해결을 위해서는 사업주가 자기 편의대로 사실상 고용관계가 인정되는 플랫폼 노동자를 자영업자로 취급해서 일을 시키는 '오분류misclassification'[13] 문제를 바로잡아야 한다는 의견이 적지 않다.[14] 근로기준법상 각종 규제를 빠져나가려는 사업주의 탈법적 움직임에 국가가 나서서 단호히 대처해야 한다는 것이다. 특히 오분류 문제는 해당 근로자에게만 피해를 입히는 것이 아니라, 정당하게 근로자를 고용하는 경쟁기업과의 관계에서 차별적인 경쟁 조건을 용인하는 셈이 되고, 고용주에게서 징수한 사회보험료 등 재원을 바탕으로 사회보험 제도를 운영해야 하는 국가에게도 부담이 된다.[15]

그렇다고 산업의 변화와 혁신 과정을 무시하고 플랫폼 노동자들을 무작정 보호하자는 논리는 더이상 가능하지도, 바람직하지도 않다. 지난 세기의 노동법적 규제를 그대로 들이대서 기업의 혁신을 옥죈다면, 우리 사회를 풍요롭게 만들 혁신의 물꼬가 가로막힐 테니까.

그러나 자율이 곧 혁신이라는 생각 역시 위험하긴 마찬가지다. 문제는 규제인가 혹은 자율인가에 있지 않다. 플랫폼 노동 문제처럼 앞으로 우리 사회의 미래를 결정할 중요한 사회 현안을 이분법 논리로 몰고 가는 건 지나치게 경직되고 섬세하지 못한 접근이라고 생각한다. 진정한 문제는 디지털 기술혁명으로 말미암아 파괴와 혁신이 동시다발적으로 생겨나는 산업의 격변기에 우리 사회가 어떻게 하면 지속가능한 발전을 위한 올바른 균형점을 찾아낼 것인가에 있다. 다시 말해 혁신의 물꼬를 틀어막지 않으면서도, 터져나온 물길이 파괴적인 방향으로 흐르지 않도록 적절히 규제하는 방법을 찾아내는지의 문제다.

이제 진부한 이분법 논리를 대신해 실질적이고 구체적인 물음을 던져보자. 플랫폼이 추구하는 혁신의 본질이 무엇인지, 혹시 '혁신'의 이름으로 자행되는 사업주의 책임 전가와 위험 회피에 지나지 않는 건지 꼼꼼히 따져봐야 하고, 그 결과 사실상의 근로관계를 '플랫폼 노동'이라는 명목으로 포장한 것이라고 판단되면, 플랫폼 노동자에게는 부당하게 박탈당한 노동자의 지위를 되찾아주고 사업주에게는 타인을 고용해 자기 사업을 영위하는 데 따르는 책임을 부담시켜야 한다. 혁신은 좋지만, 정당한 비용은 지불해야 하는 것이다.

동시에 지난 세기의 노동법적 규제 중에서 새로운 세기의 경제 모델에 들어맞지 않는 부분이 있다면, 과감하게 고쳐나가야 한다. 이를 위해 근로기준법상의 근로자 개념을 4차 산업혁명시대에 걸맞도록 유연한 관점에서 입법적으로 재정의하거나[16] 현재 근로자들만 의무가입 대상이 되는 각종 사회보험이 특수형태근로종사자나 자영업자에 이르기까지 폭넓게 적용되도록 제도적으로 보완하는 방안을 검토해야 한다.

플랫폼 노동자, 그러니까 우리 사회 언저리에 위태롭게 서 있는 사람들의 권리를 다시금 돌아봐야 하는 이유는, 이 사회가 그들을 얼마나 공정하게 대우하는지의 문제가 4차 산업혁명시대를 살아갈 평범한 노동자들의 삶이 어떻게 흘러갈지 가늠할 수 있는 지표가 되기 때문이다. 말하자면, 플랫폼 노동자는 이 사회에 인간의 숨쉴 공기가 남아 있는지 경고하는 잠수함 속 토끼 같은 존재이다. 때문에 토끼가 질식되지 않도록 보호할 책임은 우리 자신을 위한 배려이기도 하다.

타다 이야기 1

최근에 사회적으로 문제된 타다 사건은 앞장에서 논의한 혁신과 파괴의 딜레마를 잘 보여준다. '타다'는 정보통신기술의 발달과 함께 전 세계적으로 빠르게 성장하고 있는 모빌리티 서비스 중 하나로 2018년에 등장했다가 2020년 법 개정과 맞물려 서비스가 축소되었다.[1] 다들 기억하시겠지만, 한국형 모빌리티 서비스인 타다는 등장하자마자 사람들의 이목을 끌었다. 흰색 카니발 승합차량에 '타다'라고 심플하게 새겨진 검은 도안은 "저건 도대체 뭣에 쓰는 물건인고?"라는 호기심을 유발하기에 충분했고, 언제나 그렇듯 이 시대의 얼리 어댑터들은 타다 시승기를 재빠르게 각종 SNS에 올리며 이제 택시의 시대는 저물었노라고 장엄하게 선언했다.

그러던 어느 날 검찰은 타다 서비스를 운영하는 주식회사 쏘카와

브이씨엔씨 주식회사[2]가 국가로부터 면허를 받지 않은 채 유사 택시운송업을 영위했다는 혐의로 이 회사들과 회사 대표이사들을 기소했다. 하지만 검찰의 기소사실이 알려지자, 타다가 이뤄낸 혁신을 과거의 구태의연한 잣대로 의율하려고 한다는 비판 여론 역시 만만치 않았다.

타다 사건을 이해하기 위해서는 현행 여객자동차 운수사업법[3]의 구조를 간략하게 살펴볼 필요가 있다.

법에 따르면 여객자동차운송사업, 즉 '다른 사람의 수요에 응하여 자동차를 사용하여 유상으로 여객을 운송하는 사업'[4]을 영위하려는 사람은 국토교통부장관의 면허를 받아야 하는데, 국가의 규제는 사업을 개시하는 과정에 국한된 것이 아니라 운송요금, 운송약관, 사고 시 조치, 사업의 휴폐업이나 양수도 등에 이르기까지 사업 전 과정에 전면적으로 작용한다. 이러한 국가 주도의 강한 규제 방식을 흔히 '포지티브' 방식이라 하는데, 법에서 허용하는 행위 이외에 모두 금지하는 규제 방식을 말한다. 이중에서 가장 중요한 규제는 여객자동차운송사업을 영위하기에 적합한 시설과 자격을 갖춘 사업자에게만 사업권을 내주는 면허 규제다.[5] 그런데 면허 규제는 신규 사업자의 시장 진출입을 규제하는 역할도 한다. 운송수요에 대한 예측을 바탕으로 운송서비스 총량을 조절하는 차원에서 면허 발급이 이루어지는 것이다. 이에 따라 정부는 택시운송사업에 대해 이른바 '택시총량제'를 운영하는데, 이는 사업구역별로 적정한 택시면허 총량을 조사해서 총량을 넘지 않는 범위에서 신규 면허를 발급하는 제도다.

이러한 규제적 배경에서 타다 서비스가 개시된 것이다. 여객운수사업법은 면허 제도의 실효성을 보장하기 위해 국가로부터 면허를 받지 않고 택시영업을 하는 사람에 대해 처벌하는 조항을 두고 있는데,[6] 검찰은 타다가 면허 없이 사실상 택시운송업과 다를 바 없는 사업을 영위한 이상, 법에 따른 형사처벌이 불가피하다고 주장했다. 타다가 위반했다고 하는 여객운수사업법 제34조 제3항('이 사건 조항'으로 약칭)은 다음과 같다.

> 자동차대여사업자는 다른 사람의 수요에 응하여 사업용 자동차를 사용하여 유상으로 여객을 운송하여서는 아니 된다.

검찰의 논리는 자동차대여사업, 즉 렌터카사업을 영위하는 쏘카가 렌터카를 빌려주는 일에 그치지 않고, 승객의 요청에 따라 드라이버를 배정해서 목적지까지 승객을 운송함으로써 택시운송사업을 영위했다는 것. 이에 대해 타다 측은 자신들의 영업이 택시업과 유사한 사업이 아니라, 승합차 렌트계약과 운전자 알선계약을 온라인 플랫폼으로 결합한 신종 모빌리티 사업이라고 주장하면서, 법적으로 허용되는 영업이라고 강변했다. 하지만 타다를 이용해본 사람들은 알 테지만, 소비자 입장에서 타다 서비스는 혁신적이기는 하지만 좀더 편리하고 쾌적한 형태의 택시 서비스와 다를 바 없다. 그런데도 타다는 왜 자신들의 영업이 유사택시운송업이 아니라고 주장한 걸까. 타다의 원조 격인 세계적 모빌리티 플랫폼 업체인 우버 역시 우리나라에서 서비스를 개시한 지 얼마 되지 않아 '렌터카를 이용해 택시업을 영위했다'는 혐의로 처벌되는 바람에 결국 우리나라 시장에서 철수하는 운명을 맞지 않았던가.

타다 측의 주장은, 현행법상 렌터카사업자의 운전자 알선이 예외적으로 가능하다는 점에 근거한다. 여객운수사업법은 제34조 제2항 본문에서 "자동차대여사업자의 사업용자동차를 임차한 자에게 운전자를 알선하여서는 안 된다"고 규정하고 있는데, 이는 렌터카사업자가 차량 임차인에게 운전자까지 알선해주면 택시운송 서비스를 제공하는 것과 다를 바 없기 때문이다. 그런데 여객운수사업법은 같은 항 단서에서 '외국인이나 장애인 등 대통령령으로 정하는 경우에는 운전자를 알선할 수 있다'고 규정함으로써 일정한 경우에 렌터카사업자의 운전자 알선을 허용하는 예외를 인정하고 있다. 대통령령이 정한 예외사유로는 외국인, 장애인 또는 65세 이상의 사람에게 차량을 빌려주는 경우 등이다.[7]

그런데 대통령령은 렌터카사업자가 '승차정원 11인승 이상 15인승 이하인 승합자동차를 임차하는 사람'에게 차를 빌려주는 경우에도 운전자 알선을 허용하는 예외조항(이하 '이 사건 예외조항'으로 약칭)을 두고 있는데,[8] 이 조항은 관광 목적이나 골프장 왕복용으로 승합차를 빌려줄 경우 운전자까지 함께 제공하는 것이 이용자에게 편리한 반면, 그 경우에 운전자 알선을 허용해도 기존의 택시사업 영역을 침범할 우려가 적다는 관련 업계의 의견을 수용해서 만들어진 조항이라고 한다. 타다는 자신들의 영업 방식이 이 조항에 정한 예외사유, 즉 '승차정원 11인승 이상 15인승 이하인 승합자동차를 임차하는 사람'에게 운전자를 알선하는 경우에 해당하기 때문에 법적으로 허용된다고 주장한 것이다. '승용차'를 사용해 모빌리티 사업을 운영했기 때문에 빠져나갈 구멍이 없던 우버와 달리, 타다는 현행법상 운전자 알선이 예외적으로 인정되는 '승합차'를 이용해서 사업을 함으로써 타다 서비스가 법적으로 허용되는 영업이라고 볼 수 있는 근거를 갖게 된 것이다. 타다가 카니발 승합차를 제공한 것은 승객의 승차감을 고려해 서비스를 개선한 것으로 볼 측면도 있겠지만, 렌터카사업자의 운전자 알선이 가능한 이 사건 예외조항을 이용하기 위해서는 승용차 아닌 '승합차'를 빌려줄 수밖에 없었던 측면이 더욱 크다.

배경설명이 길었지만 이제 본론으로 돌아와서, 검찰 주장대로 타다 서비스가 유사택시운송업에 불과한 건지 아니면 타다의 항변대로 택시와 전혀 다른 형태의 신종 모빌리티 서비스인지 생각해보자. 타다 사건은 현재 2심 재판이 진행중인 사건이라서 언급하기 조심스럽지만(아래에서 밝히는 견해는 필자의 사견임을 일러둔다), 법적 사고과정을 이해하기 위해서는 문제된 법 해석에 관련한 복잡한 고차방정식의 전개 과정이 어떻게 흘러갈지 대략적으로나마 살펴볼 필요가 있다.[9]

에스허르, 〈파충류〉(1943)

엉뚱한 비유처럼 들리겠지만, 사건 해결의 열쇠를 쥐고 있는 특정한 법조항(타다 사건에서는 이 사건 조항과 이 사건 예외조항)이 '도마뱀'이라고 가정해보자. 법관이 문제적 사건을 만나 낯선 사건 속으로 이끌려 들어갈 때, 주변 사물들 속에서 어슬렁거리며 돌아다니는 도마뱀과 만나게 된다. 그런데 이 작고 날쌘 도마뱀은 위의 그림에서 보는 것처럼 그때그때 놓인 상황과 맥락에 따라 조금씩 달라 보인다.

어떤 경우에는 2차원적으로만 존재하는 생명체(스케치북 안의 도마뱀)로 보이고, 다른 때에는 2차원과 3차원에 걸쳐 있는 생명체(스케치북과 책 사이에 몸을 늘어뜨린 채 걸쳐 있는 도마뱀)처럼 보이기도 하며, 또 어떤 경우에는 완벽한 3차원적 존재(책 위를 기어가는 도마뱀)로 보인다. 관찰자의 시선, 주변 사물들과 도마뱀 사이의 상대적 위치관계에 따라 도마뱀이 달라 보이는 것이다. 따라서 관찰자는 어디까지나 도마뱀이 놓인 구체적 상황과 맥락을 고려하면서 그 모습을 관찰하고 이해해야 한다.[10]

법을 해석하는 일도 이와 마찬가지다. 어떤 사안에서 포착되는 법의 모습은 '스케치북 안의 도마뱀'처럼 단순하고 평면적이다. 예를 들어, 혈중알코올농도 0.1%에 달할 정도로 만취한 상태에서 승용차를 운전한 피고인의 행위가 도로교통법상 음주운전죄에 해당한다는 점은 이론의 여지가 없다. 이러한 사안에서 법 해석은 도로교통법 제44조 제1항의 법문[11]만을 보고도 손쉽고 빠르게 형태를 잡아 그릴 수 있는 간단한 스케치와 같다.

그런데 타다 사건에서 법률 문언만을 놓고 따질 때, 검찰 측과 타다 측 주장 모두 일리 있어 보인다. 우선, 검찰 측 주장대로 타다의 행위가 유상으로 여객을 운송하는 행위에 해당한다고 보이기도 한다. 국립국어원 표준국어대사전에 따르면, '운송'이란 사람을 태워보내거나 물건 따위를 실어보내는 일을 의미하는데, 타다 서비스가 대가를 받고 타다 이용자를 목적지로 태워보내는 행위임은 분명하기 때문이다. 반면 타다 측 주장대로, 타다 서비스가 현행법상 허용되는 승합차 렌트계약과 운전자 알선계약을 결합한 형태를 취했기 때문에 적법하다는 주장 역시 성립 가능한 논리다. 여객운수사업법에 의해 원칙적으로 금지되는 렌터카사업자의 유상여객운송업이 같은 법의 예외에 따라 허용되는 것이므로, 결국 금지된 행위가 아니라고 보는 것이 법을 체계적으로 이해하는 방법일 테니까 말이다.[12]

문제는 타다 사건 같은 문제적 사건에서는 법조항을 법 문언(1차원)이나 법체계(2차원) 차원에서 관찰하는 것만으로 법의 의미를 도출하기에 충분치 못하다는 점이다. 이와 같은 사건에서는 도마뱀이 자리한 맥락이 복잡하고 미묘하기 때문에 이를 정확히 묘사하기 위해 한층 더 복잡하고 입체적인 소묘, 즉 다차원적 법적 논증이 요구된다.

그렇다면 타다 사건에서 도마뱀을 정확히 그려내기 위해 어떤 차원의 조망이 더해져야 할까. 바로 '입법 목적'이라는 차원이다. 법 문언과 체계라는 1차원적 내지 2차원적 평면 위에 법을 만든 목적이나 입법자의 의도와 같은 3차원적 조망이 더해지면, 법관은 문제된 법규범을 입체적으로 조망할 수 있는 상위의 관점을 얻게 된다. 소설을 읽을 때 세부적 표현이나 문구에도 주의를 기울여야 하지만, 소설가의 숨겨진 의도와 주제 의식까지 고려할 때 소설 텍스트가 지닌 깊고 풍부한 의미가 드러나듯이, 법률 텍스트 역시 법 문언이나 법체계뿐 아니라 법을 만든 목적이나 의도까지 두루 살필 때 법이 지닌 진정한 의미가 드러난다.

이제 입법 목적을 포함한 3차원적 시각에서 타다 사건을 바라보자. 여객운수사업법이 렌터카를 이용한 여객운송업을 금하는 이유는, 특히나 렌터카사업자가 렌터카를 빌린 사람에게 운전자를 알선하는 우회적인 방식으로 여객운송업을 영위하는 것까지 금지하는 이유는 무엇일까. 택시운송업을 영위하고자 하는 사람은 여러 까다로운 조건을 갖춰 국가로부터 면허를 받아야 함은 물론 사업 수행

과정에서 엄격한 감독과 규제를 받아야 하는데, 렌터카사업자가 렌터카를 이용해서 여객운송업을 하는 것을 방치할 경우 이러한 규제 목적이 사실상 무력화될 가능성이 크기 때문이다. 만약 법이 렌터카사업자의 여객운송업을 금지하지 않는다면, 택시운송업을 하려는 사람은 굳이 어렵게 택시사업면허를 받을 필요 없이 렌터카업체를 설립한 다음[13] 렌터카를 이용해서 승객운송사업을 하면 할 테니까. 이렇게 택시운송업에 은근슬쩍 진입할 수 있는 우회로가 마련되면, 사업구역별로 적정량의 택시가 운행되도록 하는 택시총량제의 취지가 무색해질 것이다.

이러한 여객운수사업법의 입법 목적을 고려하면, 이 사건 예외조항이 렌터카사업자의 운전자 알선을 예외적으로 허용한 것은 타다 서비스 같은 일반적인 운전자 알선 형태를 염두에 둔 것은 아님을 알 수 있다. 다시 말해 여객운수사업법에 의해 허용되는 예외는, 렌터카 임차인이 외국인, 장애인, 노령자인 경우나 관광 목적으로 승합차를 빌려주는 경우처럼 운전자를 알선할 특별한 필요가 인정되는 반면, 일반 택시운송업으로 변질될 가능성은 없는 경우를 상정한 조항이라고 보는 것이 입법자의 의사에 부합한다. 이 사건 예외조항이 불명확하게 규정되는 바람에 논란의 여지가 생기긴 했지만, 타다 서비스처럼 렌터카사업자가 일반 대중에게 운전자를 알선하는 경우까지 허용하는 조항이라고 이해하는 건 아무래도 불합리하다. 입법자가 이러한 경우까지 예정해서 이 사건 예외조항을 만든 것이라면, 렌터카사업자의 여객운송금지의무를 우회적으로 벗어날 수 있는 '백도어'를 같은 법률 안에 마련해둔 셈이 되는데, 정직하고 합리적인 입법자라면 그와 같이 하지는 않았을 것이기 때문이다.

하지만 애석하게도 타다 사건은 3차원적 조망으로도 판단하기 쉽지 않다. 무엇보다 형사법의 기본 원칙이라고 할 수 있는 죄형법정주의에 따르면, 입법부는 시민들이 법조항을 읽고 무엇이 금지되고 허용되는 행위인지 바로 알 수 있도록 형벌법규를 명확히 제정해야 하고, 사법부는 그렇게 제정된 형벌법규를 엄격히 해석해야 한다. 이때 법규를 엄격하게 해석한다는 것은 가급적 형벌법규의 문언대로 해석하고, 함부로 법을 확장 해석하지 말라는 뜻이다. 만약 법원이 처벌 필요성이 인정된다는 이유로 그때그때 사정에 따라 법의 적용 범위를 고무줄처럼 넓히면, 합법과 불법의 경계에 대해 시민들이 갖는 신뢰는 허물어질 테고, 그 결과 시민들이 누리는 자유는 위축될 수밖에 없을 것이다.

이러한 원칙에 입각해서 보자면, '승차정원 11인승 이상 15인승 이하인 승합자동차를 임차하는 사람'이라고 규정되어 있는 이 사건 예외조항을 입법자의 진정한 의도에 따라 제한적으로 해석하는 것이 가능한지 의문이다. 승합차를 빌리는 사람에 대한 운전자 알선을 '별다른 제한 없이' 허용하는 내용의 법조항이 만들어진 이상 그러한 규정 내용을 존중함이 마땅하고, 피고인에게 불리하게 축소 해석해서는 안 되기 때문이다.[14] 정직하고 합리적인 입법자라도 경솔하게 생각한 나머지 어딘가 들어맞지 않는 모순되는 법률을 만들 수 있는데, 그러한 실수를 일반 시민의 책임으로 돌리는 건 부당한 일 아닐까.[15] 결론적으로, 타다 서비스는 여객운수사업법에 의해 금지되는 영업에 해당한다고 볼 여지가 있긴 해도, 죄형법정주의 원칙상 피고인들을 처벌하는 일에는 신중을 기할 필요가 있다는 것이 나의 개인적 소견이다.

이상에서 살펴본 법 해석 과정에서 알 수 있듯이, 법을 해석하는 일은 법의 의미를 논리적으로 도출하는 일이라기보다 문제적 사안을 계기로 얼핏 드러낸 법의 모습을 솜씨 있게 포착해 소묘하는 일에 가깝다. 그렇기에 판사가 그리는 법의 회화에는 어느 유한한 인간의 시선이, 젊은 시절 배운 법을 밑천 삼아 한평생 살아가면서 법에 대해 여전히 고민하고 숙고하는 누군가의 시선이 드리울 수밖에 없다. '법은 법원이 알리라iura novit curia'라는 법언이 법관에게 마땅히 기대하는 전지적 관점을 대신해서 말이다.

이 인간다운 시선이 가없이 사라지는 저 먼 곳에 소실점이 자리하고, 소실점을 중심으로 인물과 정경 그리고 도마뱀이 원근에 따라 입체적으로 그려진다. 눈에 보이지 않지만 회화의 중심을 이루는 이 가상의 소실점이 법관의 법 해석을 주도하는 잠재적 이념이다. 법률가들은 이를 '입법 목적'과 '법 원칙'이라 부른다. 원근법이 작동하는 해석의 지평에서 법관은 이 보이지 않는 중심을 겨냥해 한쪽 눈을 찡그린 채 그 지점에서 바라보이는 법의 모습을 끈기 있게 관찰하고 정성껏 소묘하며, 어쩌면 그게 판사로서 할 수 있는 최선일지 모른다.

타다 이야기 2

많은 사회적 관심 아래 진행된 타다 사건에서 1심 법원인 서울중앙지방법원은 2020년 2월, 타다가 유사택시영업을 한 것이 아니라 초단기 승합차 렌터카 서비스를 제공함과 동시에, 타다 이용자의 편리를 위해 운전자를 알선해주었을 뿐이라고 판단하여 피고인들에게 무죄를 선고했다.[1]

이 사건에 관한 대법원의 최종 결론이 어떻게 내려질지 알 수 없지만, 타다 서비스를 규제하는 것이 타당한가를 둘러싼 사회적 논란은 여전히 계속되고 있다. 일각에서는 '플랫폼 서비스의 출현'과 '공유경제의 확산'이라는 세계적 추세에 역행해서 규제라는 명목하에 혁신의 발목을 잡는 것은 바람직하지 않다는 우려를 제기하는 반면, 다른 쪽에서는 유사택시운송업에 불과한 타다 서비스에 대한 규제가 불가피함을 지적한다. 하지만 '플랫폼 노동자 이야기'에서 강조했듯이, 문제는 규제인가 혹은 자율인가에 있지 않다. 디지털 기술 혁명으로 대변되는 거대한 산업 혁신의 물길을 수용하면서도 그 물길이 파괴적인 방향으로 흐르지 않도록 물꼬를 잘 내는 일이 중요하다. 혁신의 본질은 잘 살려주면서도 부작용은 줄여주는 유연하고 합리적인 규제가 필요한 것이다.

여기서 우리는 모빌리티 플랫폼 서비스가 추구하는 혁신의 본질이 무엇인지 그리고 여객운수사업법의 규제, 특히 면허 제도가 규제하고자 하는 부작용이 무엇인지 되짚어볼 필요가 있다.

법은 타다가 일궈낸 소중한 혁신의 가치를 알아보지 못한 채 그저 과거의 잣대를 적용해 혁신적 시도를 억누르려고 하는 건 아닌가. 이 문제를 따져보기 위해서는 타다와 같은 모빌리티 플랫폼 서비스가 이룬 혁신의 본질이 무엇인지 우선 살펴볼 필요가 있다.

모빌리티 플랫폼 서비스란 온라인 플랫폼을 통해 사람들의 이동을 돕는 서비스를 말하는데, 최신 정보통신기술을 활용해 이동의 효율성과 편의성을 높여주는 것을 목표로 한다. 예를 들어 똑같은 택시 서비스를 이용하더라도 온라인으로 택시를 배정받고, 운행 시간과 경로, 요금 정보까지 제공되며, 번거롭게 요금을 주고받을 필요 없이 자동 결제되니 얼마나 편리한가. 모빌리티 플랫폼을 통해 제공되는 이러한 편의는 승객 입장에서 보면 거래비용 절감의 의미를 갖는다. 플랫폼을 이용하는 승객은 길거리에서 택시를 잡으려 애쓸 필요도, 택시기사에게 가는 길을 가르쳐줄 필요도 없고, 잠깐 조는 사이에 길을 둘러간 기사와 요금을 놓고 시비할 일도 없으니까. 플랫폼을 통해 최소화된 거래비용 덕분에 우리는 쾌적한 택시 뒷좌석에 비스듬히 기대어 앉아 '이동' 서비스의 편익을 누리기만 하면 된다.

타다 서비스도 이와 같은 혁신의 연장선에서 이해할 수 있다. 비록 나는 타다를 이용해본 적은 없지만, 주변 지인들의 경험담을 통해 무엇이 사람들을 타다에 열광하게 만드는지 짐작할 수 있었다. 먼저, 히치하이크하듯이 길거리에서 배회하며 힘들게 택시를 잡는 수고를 덜어준다는 점이다. 이 과정에서 짧은 거리를 이동하는 승객은 '승차 거부'라는 불쾌한 경험과 마주하게 되는데, 타다를 이용하면 그럴 필요가 없다. 또한 타다 드라이버는 대체로 젊은 편에 운전 매너가 좋은 데다 말을 걸지 않는다는 점도 소비자에 어필하는 요소로 작용했다. 산뜻한 기분으로 나선 아침 출근길 내내 좁은 택시 안에 갇힌 채로 거친 입담의 택시기사가 쏟아내는 온갖 사회 만평에 시달린 경험이 있는 분은 공감하실 수 있으리라. 타다는 기존 택시 서비스가 안고 있던 문제점, 즉 승차거부, 난폭운전, 말 걸기가 없는 3무無 서비스를 표방하며 사람들의 호응을 얻었고, 빠른 속도로 이용자와 운행대수를 늘려갔다.[2]

하지만 모빌리티 플랫폼 서비스가 이룬 혁신은 거래비용 절감이나 서비스 편의 개선과 같은 지엽적인 사항을 넘어선다. 온라인 플랫폼 서비스가 이룬 진정한 혁신은 '공유경제'라는 새로운 장을 열었다는 데 있다. 최근의 급속한 디지털 혁명에 힘입은 플랫폼 경제를 '공유경제'라고도 하는데, 이는 디지털 플랫폼을 통해 낮아진 거래비용과 진입장벽 덕에 개인이 놀리고 있는 자산을 갖고 경제활동에 참여하면서 해당 자산을 다른 사람과 공유하는 경제현상을 의미한다. 기존의 상업경제 모델이 특정 상품을 시장을 통해 소유권의 형태로 배분하는 시스템에 기반하고 있었다면, 공유경제 모델은 사회적 관계를 기초로 해당 재화를 협력적으로 이용하고 소비하는 시스템을 상정한다.[3] 개인이 여행객에게 자기 집을 숙소로 빌려주는 에어비앤비 서비스나 승객에게 자가용을 운송수단으로 제공하는 우버 서비스에서 볼 수 있듯이, 자산 소유자는 해당 자산을 타인과 공유하며 수익을 얻고 이용자는 해당 상품을 구매함 없이 기능적 서비스를 누리는 방식으로 거래가 유연하게 재편되는 것이다. 이로 인해 미시적으로는 경제활동에 참여하는 개인에게 수익이 발생하고, 거시적으로는 자원의 효율적 배분과 활용이 가능해진다.[4]

그런데 곰곰이 생각해보면 타다 서비스는 공유경제의 특징, 즉 온라인 플랫폼을 통해 개인이 소유한 유휴자산의 활용을 중개하여 자원 활용을 극대화하는 특징과는 다소 거리가 있음을 알 수 있다. 공유경제는 다수의 사람들이 참여하는 온라인 플랫폼을 매개로, 개인의 유휴자산을 타인에게 사용하도록 하는 대가로 수익을 얻는 P2PPeer-to-Peer 거래를 상정하는 반면,[5] 타다 서비스는 렌터카사업자인 쏘카가 사업용 차량을 승객에게 빌려주는 B2Cbusiness to customer 거래 방식을 취하기 때문이다. 타다 서비스가 진정한 공유경제적 혁신을 겨냥하기 위해서는 우버 서비스처럼 개인이 자기 소유의 자동차를 이용하여 승객에게 운송서비스를 제공하는 형태를 취해야 하지만,[6] 뒤에서 살펴보듯이 현행법상 제약으로 인해 타다 서비스는 공유경제의 본래적 형태가 아닌 택시운송업에 가까운 신종 렌터카 사업의 형태로 운영된 것이다.

하지만 타다 서비스가 공유경제적 혁신 모델과는 다소 거리가 있다고 해도, 앞서 본 바와 같이 타다가 이룬 혁신, 즉 '거래비용 절감'과 '소비자 편익 제고'라는 혁신은 결코 무시할 수 없을 것이다. 소비자 관점에서 느껴지는 여러 불편사항을 해소하여 종래의 택시 서비스에 비해 한층 업그레이드된 승차 경험을 제공한 것만으로도 사회적으로 충분히 가치 있는 혁신일 테니 말이다. '사소한 개선이라도 소비자가 원한다면 의미가 있고, 그 작은 변화에 대해 소비자에 의한 선택압이 제대로 작용한다면 그 압력은 어느 새 거대한 혁신으로 이어질 것이기에.'[7]

그렇다면 국가가 면허 제도를 통해 굳이 타다 같은 신규 사업자의 시장 진입을 규제하려고 드는 이유는 무엇인가. 우리가 배운 경제학 상식에 따르면, 수요와 공급이 일치하는 지점에서 가격(택시요금)과 거래량(택시공급대수)이 결정되도록 하는 것이 효율적 자원 배분과 소비자의 후생 증진에 부합하는 길이 아닌가. 게다가 새로운 사업자가 기존 사업자가 외면한 소비자의 필요에 부합하는 더 좋은 서비스를 제공하기까지 한다면 말이다.

우리는 그 답을 택시 서비스가 공공 서비스의 성격을 갖는다는 점에서 찾을 수 있다. 택시는 많은 시민들이 이용하는 공공의 교통

수단이기에 누구나 빠르고 편하게, 무엇보다 가급적 저렴하게 이용할 수 있어야 한다. 그 점을 감안해서 정부는 오래 전부터 택시요금을 강하게 규제했고,[8] 그 덕분인지 우리나라의 택시요금은 우리와 비슷한 경제 수준의 나라에 비해 저렴한 편이다.[9] 택시운송사업에 관한 여러 규제를 완화할 경우, 신규 사업자의 시장 진입에 따른 가격 경쟁을 통해 가격이 인하될 것이라는 주장도 있지만, 세계 각국의 택시 규제 완화 경험을 되돌아보면, 택시 규제 완화 이후 공급자가 늘어나긴 해도 택시요금은 오히려 인상되었다는 보고가 많다.[10] 이와 같은 점을 고려하면, 정부가 택시요금을 적절하게 규제할 필요가 있음을 부인하기는 어렵다.

이처럼 택시요금 규제의 정당성을 받아들이는 이상,[11] '가격' 시그널에 따라 택시운송사업 공급량을 자연스레 조정할 수 있는 기제는 작동할 수 없다. 그럼에도 정부가 택시 공급량을 규제하지 않으면 어떻게 될까.

택시 서비스의 특징은 '대기시간', 즉 택시기사가 승객을 태우기 위해 소요되는 시간이 존재한다는 점이다. 대기시간은 사업자 입장에서 택시 운행에 따르는 일종의 거래비용인데, 소비자 입장에서 자신이 이용하지 않은 빈 택시의 운행비용을 굳이 지불하려고 하지 않을 것이다.[12] 택시 서비스가 원활히 이루어지기 위해서 길거리를 배회하는 빈 택시의 존재가 어느 정도 필요함에도, 그에 따른 비용은 결국 사업자의 몫이 되는 것이다.

이러한 점을 염두에 두고 정부가 택시면허 총량을 규제하지 않을 경우 어떻게 될지 생각해보자. 신규 택시면허 발급이 아무런 제한 없이 이루어지면 길거리를 돌아다니는 영업용 택시의 숫자가 늘게 되고, 그에 따라 대기시간이 증가하게 된다. 다시 말해, 예전에 한 시간에 5명의 고객을 태워 50분간 택시영업을 했던 택시기사 A가 이제는 같은 시간에 3명의 승객을 태워 30분밖에 택시영업을 할 수 없게 된다는 뜻이다. 이는 단위시간당 매출 감소와 거래비용 증가라는 두 가지 측면에 영향을 미쳐 택시영업의 수익성을 악화시키는 요인으로 작용한다. 그런데 택시사업의 수익성이 악화되면 택시 서비스의 질은 자연스레 저하될 수밖에 없다.[13]

수익성이 악화되면 택시 서비스가 왜 나빠질까. 손님이 줄어든 기사는 운행시간을 단축해 한 명의 승객이라도 더 태우기 위해 과속이나 신호위반을 일삼거나 빈 택시로 배회하는 시간을 줄이기 위해 단거리 이동 승객을 꺼리게 되기 때문이다. 많은 시민들이 택시 서비스의 주된 불만사항으로 지적하는 승차거부나 난폭운전 문제가 사실 택시 공급 과다에 따른 수익성 악화라는 원인으로 거슬러 올라가는 셈이다. 반대로 신규 택시면허 발급이 전혀 이루어지지 않아 영업용 택시 숫자가 점차 줄어든다고 가정해보자. 택시기사 입장에서는 빈 택시로 배회하는 시간이 줄어들고 승객은 늘어 사업성이 개선될 테지만, 승객 입장에서는 택시를 잡기 위해 기다리는 시간이 늘어나 불편을 겪게 될 것이다.

따라서 문제 해결의 관건은 택시영업의 사업성을 보장하면서 소비자의 편익도 해치지 않을 정도의 적정 규모의 택시가 길거리를 돌아다니도록 하는 것이다. 영업용 택시의 적정 공급량에 관한 '골디락스 존'[14]을 파악하기 위해 국가는 5년마다 사업구역별로 택시의 적정 공급 규모에 관한 실태조사를 실시해서 이 결과를 바탕으로 택시면허 총량을 결정하는데,[15] 가장 최근 실시된 2015년 조사를 기준으로 국토교통부는 현재 25만 대 규모의 전국 택시면허 총량이 (적정 규모 대비) 20%가량 공급과잉 상태인 것으로 파악하고 연도별 감차계획을 시행하는 중이다. 이 계획에 따르면 특정 사업구역 내에서 감차 분만큼 신규 택시면허를 내주게 된다.

이러한 관점에서 보면 정부 당국이 타다에 대해 규제의 칼을 빼든 이유를 알 수 있다. 타다가 택시면허 제도를 우회해서 택시운송사업에 진입할 경우 적정 택시 총량에 관한 골디락스 존이 파괴될 수밖에 없기 때문이다.

그런데 만약 타다의 혁신이 공유경제적 혁신이라는 측면에 있는 것이 아니라 기존의 택시운송 서비스에 비해 한층 업그레이드된 서비스를 제공한 측면에 있는 것이라면, 적정 규모의 택시 공급을 유지하는 골디락스 존이 훼손되는 부작용을 감내할 만큼 사회적으로 가치 있는 혁신인지 의문이 들기도 한다. 달리 말하면 타다가 이룬 서비스 혁신은 적지 않은 사회적 부작용이 따를 것으로 예상되는 신종 렌터카사업의 형태가 아닌, 국가의 승인 아래 택시운송사업에 참여하는 형태로 이룰 수 있는 혁신이 아니냐는 반론을 충분히 예상해볼 수 있는 것이다.

하지만 이러한 반론에 선뜻 동의하기 어렵다면, 정부가 시행하고 있는 택시운송면허에 기반한 택시총량제가 적정 택시공급량의 유지를 통한 양질의 택시 서비스의 제공이라는 정책 목표에 과연 기여하고 있는지에 관한 심각한 의문 때문이 아닐까 한다. 택시총량제가 신규 택시운송사업자의 시장 진입을 가로막는 장벽처럼 작용하면서 기존 택시운송사업자들이 국가의 특권적 보호 아래 안주하게 된 건 아닐까. 그로 인해 고객의 진정한 니즈에 부응하지 못하는 방만하고 안이한 영업을 하게 된 건 아닐까. 더욱이 승객과 택시를 실시간으로 매칭할 수 있는 현재 정보통신기술의 수준을 감안했을 때, 배회영업의 형태로 이루어지던 과거의 택시운송업을 상정한 택시총량제 규제는 근본적으로 재고할 시점이 되기도 했다.

이런 측면에서 다수의 학자들은 타다와 같은 모빌리티 플랫폼을 기존의 규제의 틀에 가두어 전면 금지하기보다는 제도권 내로 수용함으로써 기존의 택시운송사업자들과 경쟁하게 하는 구도가 바람직하다고 본다. 택시운송면허 제도에 의하여 독점적 지위가 인정되는 기존 택시운송사업자들에게 일종의 도덕적 해이가 발생하여 서비스의 질이 떨어지고 소비자의 불만도가 증가하고 있으므로, 모빌리티 플랫폼 사업의 허용을 통해 기존 사업자와 신규 사업자 간에 사업권을 적절히 안분해서 경쟁 시스템을 구축하는 방안을 고려해볼 필요가 있다는 것이다.[16] 타다 서비스와 같은 모빌리티 플랫폼이 추구하는 무시할 수 없는 혁신의 가치와 그로 인해 파생되는 비용과 부작용을 견주어보았을 때, 모빌리티 플랫폼 사업을 제도권 내로 편입

시켜 택시운송사업에 새로운 활력을 불어넣음과 동시에, 모빌리티 플랫폼 사업 특성에 적합한 내용의 규제를 하는 것이 합리적인 방안이다.

이에 따라 정부는 기존의 택시업계, 모빌리티 플랫폼 업체와 소비자의 참여 아래 사회적 논의를 거쳐 택시운송사업 제도 개편 방안을 마련한 끝에 여객운수사업법을 개정하여 2020년 4월부터 시행중이다. 개정법은 타다 같은 모빌리티 플랫폼 사업을 '여객자동차 플랫폼운송사업'의 형태로 제도화하되, 택시운송사업과 마찬가지로 정부의 허가하에 사업에 참여하도록 함으로써 택시 총량제의 기본 취지를 유지하고, 신규 사업자에게 기여금을 납부하도록 하여 감차에 필요한 예산에 충당하는 방안을 마련했다.[17]

그러나 이러한 개정법에 대해 비판하는 목소리가 적지 않다. 기존 택시업계의 이해관계를 지키기 위한 정치적 논리에서 이미 시작된 타다 서비스를 사실상 금지하는 '타다 금지법'이라는 것이다. 실제로 개정법의 시행과 함께 소비자들이 애용하던 타다 베이직 서비스 사업은 시장에서 철수했고, 다른 프리미엄 서비스만이 명맥을 유지하고 있다. 정부가 개정법과 같은 내용으로 법을 개정하였더라도, 시행 경과 규정을 두어 타다 측에서 당시 운행중이던 차량대수에 대해서만큼은 사업권을 인정하는 것이 좋지 않았을까, 하는 아쉬움이 남는다.

어쩌면 이제는 타다 서비스와 같은 B2C 형태가 아닌 우버 엑스 서비스와 같은 P2P 형태로 이루어지는 모빌리티 플랫폼 서비스의 도입을 고민해볼 시점이 아닐까 한다. 현행 여객운수사업법 제81조에 따르면 개인이 대가를 받고 자가용자동차를 운송용으로 제공하는 행위가 금지되기 때문에[18] 우버 엑스 같은 형태의 P2P 차량공유 서비스가 국내에서는 원천적으로 불가능한 상황이다.

하지만 이러한 형태의 차량공유 서비스가 허용된다면, 사회 전체의 자원을 효율적으로 활용하고 환경오염을 줄이는 데에 큰 도움이 되지 않을까. 예를 들어 아이 엄마가 학원으로 아이를 데리러 가는 길에 동네 주민인 직장 여성의 콜을 받아 같은 학원에 다니는 그 집 아이까지 함께 태우고 온다면, 아이 엄마 입장에서는 용돈 벌이가 되어 좋고, 맞벌이 엄마 입장에서도 안심되고 고마운 일 아닐까. 게다가 개인 간 차량공유 서비스가 활성화되면, 도로를 운행하는 차량들이 줄어들 테니 교통 흐름은 개선되고 차량 운행에 따른 탄소 발자국을 줄이는 데도 도움이 될 것이다.

이처럼 공유경제의 취지에 부합하는 개인 간 차량공유 서비스가 가져올 긍정적 효과가 택시총량제에 미치는 부작용과 견주어 보아도 결코 작지 않다면, 특히 개인 간 차량 공유에 따른 안전 문제를 해결할 수 있는 좋은 방안을 강구할 수 있다면 모빌리티 플랫폼 서비스를 지금보다 폭넓게 도입하는 방안을 미래지향적인 관점에서 한번쯤 진지하게 논의해볼 필요가 있다.

법의 미학

누구나 한번쯤 두번째 직업을 생각해보았을 것이다. 두번째 직업이란, 지금 당신이 하고 있는 이 일을 직업으로 삼지 않았다면, 택해봄 직한 다른 일을 말한다.[1]

물론 내게도 두번째 직업이 있다. 나는 법률가가 되지 않았다면 소설가가 되었을 것이다. 아마 책이 그리 많이 팔리지 못하는 인기 없는 소설가가 되어 (지금 내 곁에 있는 아내와 두 아이 대신) 나른한 눈빛의 시니컬한 고양이를 두 마리쯤 키우고 있겠지만. 그럼에도 나는 소설가가 굉장히 멋진 직업이라고 생각한다. 소설은 이 세계를 살아가는 누군가의 삶을 다룬다. 이 이야기들은 작고 사소해 보이지만, 하나같이 다르고 특별하다. 소설가 파묵의 말처럼, '모든 인간의 삶에는 저마다의 눈송이가 있다'. 소설의 놀라운 점은 누군가의 이야기를 통해 삶의 보편적인 진실에 접근한다는 점이다. 아니, 소설을 읽고 있노라면 이 진실에 접근하기 위해 거창한 이론이나 지식 따위는 쓸모없음을 깨닫게 된다.

그런데 엉뚱하게도, 세계적으로 저명한 프랑스의 철학자 들뢰즈에게는 법률가가 두번째 직업이었던 모양이다. 들뢰즈는 생전의 인터뷰에서 "만약 내가 철학을 하지 않았더라면, 법학을 했을 것이다. 그러나 정확하게는…… 법리학을 했을 것이다. 법리학은 삶이기 때문이다. 법리학은 인간의 권리가 있는 것이 아니라 삶이 있고, 삶에 대한 권리가 있다고 말한다"라고 밝힌 적이 있다.[2] 들뢰즈의 말인즉슨, (두번째 직업을 택한다면) 법학 개념이나 이론을 다루는 법학자가 아닌 법리학, 즉 개별 사건에 적용되는 구체적인 법리를 따지는 법률가가 되기를 희망한다는 것이다.

이쯤에서 자연스러운 의문이 생긴다. 들뢰즈처럼 천재적 사상가가 도대체 무엇이 부족해서 고루하고 실용적인 직업의 표상이라 할 수 있는 법률가에 이끌린 걸까.[3] 그러나 들뢰즈의 인터뷰를 들어보면, 그가 법리학에 매력을 느낀 이유를 수긍할 수 있다.

> 택시 안에서 흡연을 금지하는 택시회사에 불만을 느낀 어떤 남자가 있었다. 그는 택시회사를 상대로 소송을 제기했다. 그 소송에서 택시회사는 패소했다. 어떤 근거로 그랬을까? 택시를 이용하는 승객은 일종의 '세입자'의 지위를 갖는다는 것이 법원의 논리였다. 잘 알다시피 세입

> 자는 집에서 담배를 피울 권리를 갖는다. 그것은 그의 권리이다. 그런데 택시에 탑승하는 것은 어떤 장소를 빌리는 것과 같다. 따라서 택시 안에서의 흡연을 금지하는 것은 마치 내 집주인이 세입자인 나에게 '너는 집에서 흡연할 수 없다'고 말하는 것과 같다. 하지만 내가 세입자라면 나는 나의 권리에 따라 집에서 담배를 피울 수 있다. 그 판결에서 택시는 바퀴 달린 아파트와 같은 법적 취급을 받았고, 그 아파트를 사용하는 사람(승객)은 세입자로 취급받았다. 하지만 현재는 우리가 흡연할 수 있는 공간이 없다는 것이 보편적인 관념이다. 택시에 탑승하는 일은 더이상 아파트를 빌리는 것과 같은 취급을 받지 못한다. 단지 공공서비스를 이용하는 일로 이해될 뿐이다. 그러한 변화와 함께 우리는 누군가에게 택시 안에서 금연을 요구할 권리를 갖게 되었다.[4]

인터뷰 내용에서 알 수 있듯이 들뢰즈가 법리학에 매료된 건 아이러니하게도, 법적 사고 과정에 불확실성이 상존하기 때문이다. 현실의 법이란, 이 세계에서 발생 가능한 모든 경우의 수를 상정해 빈틈없이 코딩한 완벽한 법-프로그램 같은 것이 아니다. 그러한 불완전함 덕분인지 몰라도, 인간의 삶의 모습이 변화해 택시를 타는 일이 (공간을 빌리는 일이 아닌) 공공서비스를 이용하는 일로 여겨지면 흡연할 권리는 금연을 요구할 권리로 바뀐다. 그것이 들뢰즈가 법적 권리란 인간의 권리 아닌 삶에 대한 권리라고 말하는 이유다. '인간'이란 불가침의 주체를 상정한 보편적 권리는 존재하지 않는다. 권리는 언제나 이 세계를 살아가는 어느 누군가의 삶 속에서 주어지고 확증될 뿐이므로.

그러나 들뢰즈와 달리, 많은 이들이 법률가를 딱딱하고 재미없는 직업으로 여기는 것은 법적 판단을 논리학에 가까운 일이라 여기기 때문 아닐까 싶다.

전형적인 법적 판단은 다음과 같은 삼단논법의 논리 전개 과정을 거쳐 이루어진다. 우선 대전제에서 법의 의미가 선언된다. 무엇이 법인지 선언하는 명제를 '법명제'라고 하는데, 특기할 만한 점은 법명제는 가언명제, 즉 '비가 오면 땅이 젖는다'는 명제처럼 조건부[S(x)]와 결과부[P(x)]로 기술되는 명제로 서술된다는 점이다. 법적 조건이 되는 사건을 '법률요건', 그에 따른 법적 결과를 '법률효과'라고 하는데, 이 둘이 조건과 결과로 연결되면 가언명제 형식의 법명제(법명제를 '법리'라고도 한다)가 만들어진다[S(x)]→[P(x)]. 타다 사건을 예로 들어보자. '렌터카사업자가 유상여객운송업을 영위하면'이라는 조건부가 법률요건이고, '2년 이하의 징역 또는 2000만원 이하의 벌금에 처한다'라는 결과부가 법률효과인데, 이 둘이 결합되어 '렌터카사업자가 유상여객운송업을 영위하면 2년 이하의 징역 또는 2000만원 이하의 벌금에 처한다'라는 가언명제가 생겨난다.

이어 소전제에 오는 사실명제는 소송당사자 사이에 벌어진 사건(Sa)에 관해 서술하는 명제이고, 결론부에 오는 결론명제는 사실

명제(Sa)를 가언명제 형식의 법명제[S(x) → P(x)]에 투입하여 논리적으로 연역한 결론(Pa)이다. 조금 복잡해 보이지만, 이상의 설명을 요약해서 법관의 판단 과정을 논리기호학 용어로 표시하면 다음과 같다.

> (1) (x) [S(x) → P(x)]
>
> (2) Sa
>
> (3) Pa ∵ (1), (2)

이 도식만 보면, 법관의 사고 과정은 지극히 간단명료한 논리적 과정으로 보인다. ① 법전을 뒤져서 사안에 적용할 법명제('렌터카사업자가 유상여객운송업을 영위하면 2년 이하의 징역 또는 2000만원 이하의 벌금에 처한다')를 적어둔다. ② 증거 조사를 통해 피고인이 렌터카를 이용해 돈을 받고 여객을 운송하는 영업을 했는지 여부를 가린다. ③ (만약 그렇다면) 피고인에게 2년 이하의 징역 또는 2000만원 이하의 벌금을 선고한다.

이러한 논리적 흐름은 벨트컨베이어의 흐름에 따라 진행되는 순조로운 작업 공정을 생각나게 한다. 이 공정은 자명한 법리를 대전제에 옮겨 적는 '법리 공정', 당사자들의 주장과 입증을 거쳐 사실관계를 가리는 '사실 공정', 앞의 두 명제에 따른 논리필연적인 결론을 도출하는 '결론 공정'으로 이루어진다. 머릿속 공장에서 하얀 작업모를 쓴 난쟁이가 벨트컨베이어 옆에서 라텍스 장갑을 낀 능숙한 손길로 사실과 개념을 부지런히 조합해 정교하고 논리적인 판단의 결과물을 산출한다고 상상해보자. 법관의 판단 과정이 이처럼 우아하고 정직한 노동으로(만) 이루어진다면 얼마나 멋질까.

하지만 불행하게도 법적 판단 과정은 무언가 삐거덕거리며 진행되기 일쑤다. 작업이 순조롭게 이루어지지 못하는 근본 이유는 머릿속 난쟁이가 여러 공정을 거쳐 조립해야 하는 '사실'과 '법'이라는 두 가지 소재가 너무나 이질적이기 때문이다. '사실'이 수많은 인간들의 제각기 다른 삶에서 취하는 구체적이고 개별적인 질료라면, '법'은 그렇게나 천태만상인 사실에 입혀지는 일반적이고 추상적인 개념이다. 곧잘 하는 비유로, '사실'이 각기 다른 체격과 굴곡에 따라 빚어진 몸이라면 '법'은 그 낱낱의 몸들에 차별 없이 입혀지는 기성복 같다고나 할까.

문제는 정성껏 공들여 몸의 치수를 재고 눈썰미를 발휘해 옷을 입혀봐도 무언가 엉성하고 맞지 않는다는 느낌이 들 때가 있다는 것이다. 몸에 비해 옷이 짧고 모자라거나 크고 풍덩한 품새가 되어 기장을 늘리거나 줄이고 밑단을 손봐야 하는 일이 다반사다. 몸의 치수에 맞게 옷을 골라 입히는 일이 좀체 쉽지 않고, 오히려 몸의 크기와 모양에 맞춰 옷을 재단하고 수선할 필요가 자주 생기는 것이 문제인 것이다.[5] 법관의 사고 과정에서 사실(몸)을 확정한 다음, 그에 딱 맞는 법(옷)을 골라 입히는 방식의 산뜻하고 논리적인 해결이 사실상 기대하기 어려운 때도 많다. 추상적 법리만 놓고 따지면 하등 어려울 것이 없지만, 해당 법리가 특정한 사실에 적용되는지 판단하는 일이 원체 헷갈리기 때문이다. 앞장에서 살펴보았듯이, 법적 판단 과정에서 직면하는 진짜 어려운 문제는 렌터카사업자가 유상여객운송업을 영위하면 형사처벌을 받는지의 문제가 아니라(이건 아주 쉽다), 검찰이 기소한 타다 서비스의 영업 형태가 렌터카사업자의 유상여객운송업에 해당하는지의 문제이다(이건 답하기 아주 곤란하다).

그러니 이제 법적 판단 과정을 논리적 절차에 따라 기계적으로 진행되는 도식적 사고 과정으로 여기지 마시길 바란다. 논리적 사고는 법적 사고에서 여전히 중요한 측면을 차지하지만, 단지 그것만으로 법적 판단 과정을 전부 설명하기는 어렵다. 타다 사건처럼 문제적 사건에서 법은 일련의 연역논리적 추론을 거쳐 자명하게 주어지지 않는다. 또 하늘에서 내려오는 신의 계시처럼 보편타당하게 주어지는 것도 아니다. 때문에 같은 법조항을 두고 각자의 입장이나 관점, 가치관에 따라 해석이 갈릴 여지가 생기는 것이다. 심지어 법에 관한 한 최고 경지에 오른 대법관들조차 법을 어떻게 해석할지를 둘러싸고 견해가 첨예하게 엇갈려 대법관 전원으로 구성된 합의체에서 다수결 방식으로 의견을 정하는 경우도 적지 않다.

물론 모든 법적 판단이 이렇게 복잡한 방식으로 이루어지는 건 아니다. 오히려 많은 사건에서 법적 판단은 특정한 법리가 어떤 사안에 적용된다고 간단하게 선언하는 방식으로 이루어진다. 조금 어렵게 말하면, 이런 방식의 판단 과정이 칸트가 말하는 '규정적 판단력'이 작용하는 국면인데, 특정 개념에 비추어 대상을 식별하는 방식이라 할 수 있다(당신이 어딘가에서 의자를 보면 그것이 '의자'임을 바로 알아볼 텐데, 당신의 머릿속에 든 '의자' 개념에 비추어 '저건 의자구나'라는 규정적 판단이 은연중에 이루어지기 때문이다). 예를 들어 도라에몽이 어느 날 방망이로 노진구를 때려 상처를 입힌다면, 도라에몽의 행위가 위험한 물건을 휴대하여 타인을 다치게 한 '특수상해죄(형법 제258조의2)'에 해당한다고 어렵지 않게 판단할 수 있다.

하지만 법관에게 한층 더 복잡하고 입체적인 사고를 요구하는 문제적 사건도 있다. 만약 앞의 예에서 도라에몽이 방망이로 노진구를 때린 것이 아니라, 자동차를 운전하던 중 상대편 차량 운전자인 노진구와 시비가 붙은 끝에 위협운전을 해서 그를 다치게 했다고 가정해보자. 이러한 행위에 대해서도 특수상해죄가 적용된다고 할 수 있을까. 만약 당신이 도라에몽 위협운전 사건을 배당받은 판사라면, 적지 않은 고민에 빠질 것이다. 우선 자동차를 '위험한 물건'으로 볼 수 있을지 의문이 든다. 살상용으로 곧잘 쓰이는 칼이나 방망이 따위의 흉기와는 달리, 자동차는 이동 수단으로서의 성격이 두드러지기 때문이다. 또한 '손에 들거나 몸에 지니고 다닌다'는 '휴대'의 사전적 뜻에 비추어 볼 때, 자동차를 운전한 행위를 두고 자동차를 '휴대'했다고 말하기도 왠지 주저된다.

하지만 특수상해죄를 가중처벌하는 법조항을 만든 이유를 생각해보면 이러한 경우를 처벌 대상에서 제외하는 것도 어쩐지 부당해 보인다. 특수상해죄를 상해죄보다 무겁게 벌하는 것은 위험한 물건을 갖고 사람을 다치게 할 경우 그 위험성이 크다는 점에 근거하는데, 위협운전으로 사람을 다치게 한 행위가 흉기를 들고 가해한 행위에 견주어 위험성이 크면 컸지 적지 않기 때문이다. 그럼에도 도라에몽의 행위가 특수상해죄에 해당하지 않는다고 판단하는 것은 입법 취지에 들어맞지 않는 해석으로 보인다.[6]

나는 이와 같이 복잡다단한 판단을 요구하는 국면에 칸트가 말하는 '반성적 판단력'이 작용할 여지가 있다고 생각한다. 규정적 판단력과는 달리 반성적 판단력이 뭔지 설명하기는 참 어려운데, 이게 얼마나 설명하기 곤란한 일인가 하면 재작년 나는 이 내용을 설명하기 위해 제목부터 난해하기 그지없는 한 편의 논문을 썼다.[7] 그러니 이하의 설명이 선뜻 이해되지 않더라도 좌절하지 말고, 우아하게 다음 장으로 넘어가시면 된다.

규정적 판단이 어떤 개념에 특정한 대상이 규정적으로 포섭되는 판단이라면('도라에몽은 일종의 고양이다'), 반성적 판단은 특정한 대상이 어떤 개념의 증례로 환시됨으로서 그 개념이 무엇인지 반성적으로 일깨우는 판단이다('〈도라에몽〉은 걸작 애니메이션이다!'). 이 알아듣기 힘든, 도저히 설명이라 할 수 없는 설명을 좀더 쉽게 풀어보겠다. "〈도라에몽〉은 걸작 애니메이션"이라는 판단이 왜 반성적 판단작용에 해당하느냐면, '걸작 애니메이션'이 무엇인지 판정하는 개념이나 기준 따위가 있어서 도라에몽을 보고 '아, 이건 걸작 애니'라고 판정하는 건 아닐 것이기 때문이다. 차라리 소파에 누워 감자 칩이나 먹으며 〈도라에몽〉을 아무 생각 없이 보다가, 갑자기 무릎을 탁 치며

'야, 이거 걸작 애니인걸'이라고 생각하게 되지 않겠는가. 또다른 예를 들어보자. 수많은 선 자리에 나가서도 마음에 드는 사람을 못 만나다가, 먼발치에서 걸어오는 한 여성을 처음 보는 순간 '이 사람이 나와 결혼할 사람'임이 단번에 깨달아졌다는 분을 여럿 보았는데, 현학적으로 표현하자면, 반성적 판단에 의해 결혼을 결심한 분들이라 하겠다(이렇게 반성적으로 결혼한 분들 중에 결혼을 반성하는 분도 꽤 보았다).

하지만 지나가는 여성에게 반성적으로 꽂힐 기회가 없었던 나머지, 평생 독신남으로 사는 데 만족했던 칸트는 반성적 판단의 철학적 근거를 탐색하는 일로 만년을 보냈다. 그런데 칸트가 보기에 미적 판단이야말로 반성적 판단의 전형이다. 우리가 아름다움을 느끼는 과정을 떠올려보자. 우리는 병아리 감별사처럼 아름다움을 느끼지 않는다. 특정한 미적 기준에 따라 대상에 식별한 다음, '아름답다'고 판정하지 않는다는 뜻이다. 그저 무심코 길을 걷다가 예기치 않게, 우연히 눈길을 끄는 무언가와 마주하고는 아름다움을 느끼며, 그 이후에 그것이 왜 아름다운지 설명하려 든다. '미美'라는 개념에 어울리는 것이 존재한다면, 눈앞의 이것이 아름답다고 불릴 자격이 있음을 깨닫는 것이다. 칸트는 인간에겐 상호주관적으로 공유하는 공통감각이 있는데, 이 공통감각이 아름다운 대상에 의해 일깨워질 때 인간은 미를 느낀다고 보았다. 고로 미 개념이 미적 대상을 규정하는 것이 아니라, 거꾸로 미적 대상이 (공통감각에 근거해) 미의 개념을 환기시킨다.

법관 역시 아름다움을 느끼는 것과 비슷하게, 법을 발견한다. 판사는 길을 걷다 우연치 않게, 무언가와 마주한 사람처럼 자신에게 운명같이 찾아든 문제적 사건을 만난다. 그렇게 외부로부터 촉발된 반성의 계기를 통해 문제되는 법의 의미를 반추하는 가운데, 사안에 합당한 법 개념을 되찾아준다. 미의 개념에 비추어 아름다운 대상을 인식하는 것이 아니라, 눈앞의 무언가가 거꾸로 그에게 아름답다는 것이 무엇인지 일깨워주는 방식으로 말이다. 그런 의미에서 문제적 사건에서 법을 해석하는 일은 법관의 반성적 직관에 속하고, 판사가 쓰는 길고 긴 판결문은, 미를 상찬하는 뒤늦은 비평처럼, 최초의 직관을 상세히 부연하는 주석에 불과한지도 모른다.

들뢰즈가 법리학에 매료된 건 이러한 법의 미학 때문 아니었을까 짐작해본다. 법의 모호한 의미가 개별 사건과의 우연한 조우를 통해 깨어난다는 것, 법의 의미가 개념적, 규정적, 사전적으로 선취되는 것이 아니라 (사람들이 살아가는 삶의 상황과 맞물려) 구체적, 반성적으로, 어쩌면 동시적으로 구성되고 태어난다는 것 때문에. 그러고 보면 보편 개념을 다루는 제1의 학문인 철학에 종사한 들뢰즈가 그리워했던 것은 특수하고 개별적인 존재가 아니었을까 싶다. 우리 주변에서 흔히 접하는 풍경, 담벼락에 올라앉아 졸고 있는 고양이, 누군가 들려주는 기묘한 이야기, 일상에서 벌어지는 이런저런 작은 사건과 소동 같은 것들. 저마다의 눈송이 같은 이야기를 들려주는 일을 통해 삶의 진실에 다가서는 소설가에게 매혹된 나와 마찬가지로, 들뢰즈 역시 개별자의 삶 속에서 보편자의 의미를 모색하는 법률가의 일에 매력을 느낀 것이라 믿고 싶다.

3부

더 나은 삶을 위하여

나쁜 사람들을 위한 변명

법관은 직업적으로 나쁜 인간들을 대하는 사람이다. 매주 형사부 법정에는 나쁜 사람들이 온다. 의사인 형과 매번 비교당하는 게 싫어 자기 부모를 칼로 찔러 죽인 명문대 고시생, 시장바닥에서 장사하며 평생 모은 남의 돈을 사기 쳐서 빼앗은 사람, 부모가 집을 비운 틈을 타 열두 살짜리 이웃집 아이를 성추행한 아저씨까지. 재판기록을 통해 생각하기도 끔찍한 악행을 자주 접하다보면 인간이란 원래 이렇게 악한 존재인지 회의가 든다.

나쁜 사람을 만나는 건 형사재판뿐만이 아니다. 예전에 가사재판을 잠시 담당한 적이 있었는데, 이곳도 만만치 않았다. 이혼법정에선 가정은 사랑해서 결혼한 남녀가 지독히 서로 미워하고 모멸하며 배반하는 현장이었다. 그들은 상대의 부정과 잘못으로 혼인생활이

파경에 이르렀다고 주장하며 사생결단 각오로 진흙탕에서 뒹굴며 싸웠지만, 누구 말인지 옳은지 가리기 어려울 정도로 진창 같았다.

그런데 놀라운 건 그네들이 자기 자신을 생각하는 방식이었다. 너무나 자명해 보이는 악행을 저지른 누군가조차 자기 잘못을 그대로 인정하는 일은 드물었다. 피고인들 중에 자기 죄를 자백하는 경우도 적지 않지만, 늘 변명거리가 따라붙었다. 그날 마신 술 때문에 제정신이 아니었노라고, 피해자의 돈을 좋은 곳에 투자했다가 금방 돌려줄 생각이었다고, 상대의 눈빛을 보고 자길 좋아하는 줄 알았다고, 냉담한 부부관계에서 벗어나 자신을 위로해줄 사람이 필요했다고 말이다. 하기야 시카고의 전설적인 갱단 두목 알 카포네조차 사회를 위해 한평생을 바쳤음에도 범죄자라는 낙인을 얻었을 뿐이라며 억울함을 호소했다고 하니 더이상 무슨 말을 하겠는가.[1]

남의 집에 들어가 물건을 훔친 사람에 대한 구속영장 실질심사를 한 적이 있었다. 피의자는 훤칠한 키에 이목구비가 뚜렷한 미남형의 이십대 청년이었다. 청년에게 피의사실을 인정하는지 묻자 그는 담담한 어조로 영장에 기재된 범죄혐의를 모두 인정한다고 말했다. 범죄전력을 살펴보니, 젊은 나이임에도 절도나 폭행 등 잡다한 전과가 여럿이었고, 이번에 영장이 청구된 범죄는 징역형을 살고 나와 얼마 되지 않아 저지른 재범이었다.

"왜 또 그랬어요?"

"할 줄 아는 게 없었습니다."

피의자신문조서에 기재된 피의자 신상을 보니 고등학교 중퇴였다. 고등학교 중퇴의 학력으로 괜찮은 직장을 얻는 것은 쉽지 않았을 테지만, 그렇다고 사지 멀쩡한 청년이 도둑질 말고 할 줄 아는 게 없다고 말하니 기가 막혔다. 그의 대답은 최저임금에 가까운 돈을 받고 고된 일을 하면서 사느니 도둑질이 편하다는 말처럼 들렸다.

그런데 전과기록을 보니 고등학교 2학년 때부터 소년원에 들락거린 전력이 눈에 띄었다. 아마 피의자는 그 무렵부터 엇나가기 시작한 듯싶었고, 그 와중에 저지른 비행이 문제되어 학교에서 자퇴한 것으로 보였다.

"고등학교 2학년 때 무슨 일이 있었어요?"

"뺑소니 트럭에 치여 어머니가 돌아가셨어요."

"그럼 아버지 밑에서 자랐어요?"

"외할머니랑 살았어요. 아버지는 어릴 때 돌아가셔서."

어느 날 그의 발밑에 시커먼 구멍이 생겨났다. 하지만 그는 구멍을 어떻게 메울지 몰랐다. 어머니의 부재는 어머니를 가진 아이에 대한 증오를 정당화했다. 힘없는 급우를 괴롭히고 용돈을 뺏었다. 불량한 친구들과 몰려다니며 값싼 위안을 찾았고, 으슥한 곳에 주차된 차 문을 따고 동전 따위를 훔쳤다. 그렇게 그는 도둑질 말고 잘하는 게 없는 인간이 되어갔다.

나는 잠시 할 말을 잃었다. 그의 변명거리는 어머니의 부재였다. 마치 그는 어머니를 앗아간 세상에, 어느 날 갑자기 사라진 어머니에게 자신이 이렇게 엉망으로 살아도 할 말 없지 않느냐고 거칠게 항의하는 것 같았다.

"○○○씨."

"네?"

피의자라는 익숙한 호칭 대신 그의 이름이 불리자 놀라는 듯했다.

"어머니 가끔 생각나요?"

그는 아무 말 없이, 여전히 어딘가 냉담하고 차가운 표정이었다.

"내가 기독교인이라 하는 말일 수도 있는데요. 착하게 사시다 불의의 사고로 돌아가신 어머니는 하늘나라에서 ○○○씨를 지켜보고 계실 겁니다."

"……"

"그런데…… 지금 모습을 어머니가 보시면 슬프지 않을까요."

그는 나를 노려보듯 바라보다 아무 말 없이 고개를 숙였다. 잠시 후 그가 어깨를 들썩이며 흐느끼더니 갑자기 둑이 무너지듯 큰 울음이 터져나왔다. 나는 재판을 중단하고 그가 마음껏 울게 내버려뒀다.

심문을 마친 후 그에 대한 구속영장을 발부했다. 범죄혐의가 소명되는 데다 상습범으로 중형이 예상되는 만큼 도망할 염려 또한 있었다. 그럼에도 하루종일 무언가 가슴에 얹힌 듯 그가 마음에 걸렸다.

퇴근길에 근처 서점에 들러 좋아하는 책을 한 권 샀다. 책 앞머리에 그를 위한 권면의 말을 몇 자 적어 다음날 구치소로 보냈다.

독일의 철학자 칸트는 온갖 일들이 뒤죽박죽 엉켜서 일어나는 이 세계에서 인간에게 윤리적 책임을 묻는 것이 가능한지를 두고 치열하게 고민했다. 인간은 인과법칙이 지배하는 세계 속에서 살아가는 한낱 개인에 불과하기에 자기 자신의 존재와 행위에 선행하는 여러 원인과 조건들에 영향을 받지 않을 수 없다. 크게는 그가 살아가는 사회의 정치경제적 조건에서부터 작게는 그의 삶을 테두리짓는 개인적 조건에 이르기까지, 심지어 그의 선천적 성향과 기질을 규정짓는 유전인자와 어린 시절 부모의 양육태도, 프로이트가 발견한 무의식적 성충동까지도 누군가의 인생을 결정하는 조건이 된다. 인간이란 현시점에서 추적하기 어려울 정도로 무수한 원인과 조건에 의하여 필연적으로 결정되는 존재라는 믿음, 이것이 바로 결정론이다.

반면 인간에게는 필연적 인과 고리에서 벗어나 자유의지에 따라 무언가를 선택할 수 있는 가능성이 열려 있다는 사실도 부인하기 어렵다. 인간이란 자극과 반응 사이에서 행동의 자유를 갖는 존재라는 것, (선행하는 원인과 무관하게) 숙고와 성찰을 거쳐 무언가 새롭게 시작할 수 있는 존재라는 것, 바로 이것이 자유(의지)론이다.[2]

칸트는 결정론과 자유론을 귀류법[3]을 이용해서 증명하는데, 흥미롭게도 그의 증명에 따르면 결정론과 자유론이 모두 '참'이 된다. 칸트는 자연법칙에 예속된 결정론적 세계와 도덕법칙이 지배하는 당위론적 세계를 동시에 긍정하는 셈이다. 그런데 문제는 두 세계를 살아가는 인간은 완전히 서로 다른 존재라는 것이다. 결정론적 세계 속의 인간은 무언가에 의해 결정되는 타율적 존재라고 할 수 있지만, 당위론적 세계를 살아가는 인간은 무언가를 시작할 수 있는 자율적 존재이다. 이 모순을 어떻게 설명할 수 있을까. 이 모순되는 인간의 실존에 대해 철학자 이진경은 "어떤 상태에서도 우리는 그 자체로 자유롭다고 할 수 없지만, 역으로 어떤 상태에서도 자유를 향해 걷기 시작할 수 있다"라고 말한다.[4]

결정론과 자유론이 각기 인간 실존을 설명하는 한 측면이 될 수 있다면, 남은 문제는 사태를 얼마나 균형 있게 바라보는지에 있는지 모른다. 하지만 사태에 맞게 두 관점을 공평하게 취사선택하는 일이 쉽지만은 않다.

우리는 타인의 악행을 바라볼 때 대체로 자유론에 입각해서 본다. 그가 자유의지에 따라 나쁜 짓을 저질렀다고 생각한다. 자신 앞에 놓인 여러 선택지 중에서 악행을 택한 그에게 마땅한 책임을 물어야 한다고 믿는다.

반면 스스로의 악행을 돌아볼 때는 결정론의 관점에 선다. 제아무리 파렴치한 범죄를 저지른 사람도 자기 자신을 단순한 악한으로 보지 않는다. 그는 자신도 어찌할 수 없는 상황에서 잘못을 저지르게 된 것이라 믿는다. 이런저런 불운과 악연이 공교롭게 겹쳐 불가피한 상황에 내몰린 끝에 금지된 선 밖으로 마지못해 아주 작은 발걸음을 내딛었을 뿐이라고 말이다.

평론가 신형철의 말을 빌리자면, 우리는 '타인은 단순하게 나쁜 사람이고 나는 복잡하게 좋은 사람'이라고 믿는다.[5] 우리는 다른 사람의 잘못을 가차없이 단죄하는 데 익숙하다. 그가 들려주는 이러저러한 사연은 자기 책임을 회피하기 위한 구차한 변명으로 들린다. 복잡하게 생각할 것 없이, '너는 그저 나쁜 사람'이라고 말하는 것이 편하다. 하지만 자기 잘못을 되돌아볼 때는 구구절절한 이야기가 끼어든다. 한 인간을 진정으로 이해하고 그의 가능성을 포기하지 않는 좋은 서사[6]는 오직 나 자신에게 제공된다. 그렇게 해서 우리는 어쨌든 잘못은 했지만 결론적으로 좋은 사람으로 남는다. '복잡하게 좋은 사람'으로.

하지만 신형철은 말한다. 우리가 틀렸다고. 대체로 우리는 이런저런 사연으로 타락한, 변명할 구석이 있다면 그나마 다행인 '복잡하게 나쁜 사람'일 가능성이 높다고.

나는 인간의 '악행'이 우리와 종자가 다른 '악인'이 고의적으로 양심을 저버린 채 결행하는 나쁜 짓이라고 생각하지 않는다. 세상의 부조리와 악이 그렇게 간단히 설명될 수 있다면 이렇게도 해결이 요원할 리 없다. 여태껏 내가 살면서 접해온 나쁜 인간들은 자기 양심을 배반한 인간이라기보다 차라리 자기 양심에 의해 배반당한 인간에 가까웠다. 순수한 선의로 가득찼던 아름다운 청년 아나킨 스카이워커가 다스 베이더가 되어 스스로를 배신하는 과정처럼 말이다.

내게는 악행을 저지른다는 표현보다 악행에 물든다는 표현이 마음에 와닿는다. 누군가의 여리고 싱그러운 마음이 점차 마비되고 무뎌지는 어둡고 단조로운 과정이 있다. 소박한 것에 대한 단순한 감격을 잊고 허황된 것에 마음을 빼앗기는 순간이 있다. 순수한 선의가 누군가의 질시에 의해 왜곡되고 성실한 노력의 가치가 폄하되면서 억울한 마음이 든다. 사랑이란 어떤 상황에서도 서로 저버리지 않고 지켜주는 것이라 믿는 나는 잠깐의 즐거움을 위해 나를 배신한 네게 절망하고 분노한다. 네가 내게 준 상처를 되갚아주지 않으면 내 존엄은 지켜지지 않을 것이라는 생각이 든다. 선한 것과 악한 것의 경계가 흐릿해진다. 선과 악은 자기 입장에서 유리한 것과 불리한 것을 자기 편의대로 투영한 산물일 뿐이라고 자조한다. 몸과 마음을 병들게 하는 사소하지만 나태한 습관에 익숙해져간다. 술을 마시면 필름이 자주 끊기지만 그다지 개의치 않는다. 무언가 끊임없이 소비하고 어딘가 늘 접속되어 있지 않으면 소외되는 것 같다. 딱히 안주할 만한 기득권이랄 것이 없어도 고민하고 생각할 바에야 기성 질서대로 사는 편이 속 편하다. 이 편리함은 사고의 안이함이 되고, 아무 생각 없이, 앙상하기 그지없는 몇 가지 원칙과 신조에 기대어 살아가는 타성이 되어버린다……

이건 어쩌면 인간의 타락에 관한 이야기라기보다 나약함에 관한 이야기인지 모른다. 자기 문제에 정직하게 대면하지 못하고 살아온, 아니 무엇이 문제인지도 미처 깨닫지 못하고 살아온, 뒤늦게 찾아오는 후회 앞에 그때는 그걸 알지 못했노라고 항변하고픈 우리 모두의 이야기인지 모른다. 우리는 '악'이라는 말로 부패나 적폐 같은 거악을 떠올리지만 실상 악은 우리에게 그리 멀지 않은 곳에, 손을 뻗으면 바로 닿을 만한 곳에 도사리고 있다. 악은 우리가 악의적으로 행한 무엇에 대한 책임이 아니라, 미처 깨닫지 못한 탓에 혹은 너무 바

뻐거나 타성에 젖은 나머지 하지 못한 무엇에 대한 책임이다. "연속되는 실수는 치명적인 과오를 여러 번으로 나눠서 저지르는 것"이라는 심보선의 시구처럼, 악은 그렇게 완성된다.

나는 악을 비판하기 이전에 악을 이해해야 한다고 믿는다. 악을 이해해야 하는 까닭은, 악은 비판하는 것만으로 충분치 않고 극복해야 하는 문제이기 때문이다. 내가 이해하는 인간의 악은 이렇다. 악은 양심을 배신하는 의지가 아니라 뒤틀리다 못해 배반당한 양심 그 자체다. 그렇게 타락한 양심으로부터 초래되는 행위는 악의 부수적 산물에 지나지 않는다. 악한 사람은 왜곡된 자기 관점 안에 갇혀 있기에 자기 잘못이 무엇인지 대개 깨닫지 못한다. "저들은 자기들이 하는 짓을 알지 못하나이다."[7] 때문에 악인을 벌하는 일보다 이해시키는 일이 우선이다. 그러한 과정 없이 악행에 대한 결과적 책임만을 묻는 것은 가차없되 무용한 응보일 뿐이다. 단죄가 끝나면 아무도 관심을 두지 않는 음지에서 또다른 누군가의 악의가 길러지고 비슷한 악행이 생겨날 테니까. 이해 없는 비판은 소용없는 정죄일 뿐이다.

따라서 나는 이 복잡하게 나쁜 인간들이 어떻게 조금 덜 나빠질 수 있는지 고민하는 것이 우리에게 맞는 현실적인 윤리가 아닐까 생각한다. 내가 말하는 윤리는 정적 윤리 아닌 동적 윤리이다. 인간이라면 누구나 해야 할 바를 직관적으로 안다는 선명한 비전 아래 단지 그것에 따를 용기를 요구하는 윤리가 정적 윤리라면, 나중에 깨닫게 될 무언가를 지금 알지 못한다는 합리적 가정하에 그 무언가를 선취하고, 불확실한 상황에서 무엇을 해야 할지 분별하고자 애쓰는 윤리, 이를 위해 무엇보다 생생하고 구체적인 생의 감각을 견지하고 회복하고자 노력하는 윤리가 동적 윤리다.

나는 구속영장을 발부했던 청년을 까맣게 잊고 있었다. 그러던 어느 나른한 봄날 오후, 형사재판을 담당하는 동료판사가 지나가는 말로 내게 말해줬다. 상습절도 사건의 피고인이 영장담당 판사가 준 책을 잘 읽었고, 앞으로 어머니의 믿음에 부응하는 삶을 살겠다고 다짐하는 반성문을 제출했다고 말이다.

나는 아무것도 하지 않았다. 단지 그가 아무리 나쁜 짓을 저질러도 (세상 사람들이 그를 대하듯) '그저 그렇고 그런' 절도범으로 보지 않을, 그의 삶에 여전한 기대를 품고 있는 누군가가 존재함을 떠올려주었을 뿐이다. 인간은 아무 조건 없이 자기 자신을 믿고 사랑해준 누군가 덕분에 산다. 그 누군가가 더이상 존재하지 않는다면, 어느 순간 잠시 잊었을 수 있는, 하지만 이 복잡하고 광활한 우주에서도 결코 사라질 리 없는 그에 대한 기억 덕분에. 어쩌면 복잡하게 나쁜 우리가 좀더 나은 삶을 살기 위해 필요한 건 그게 전부일지 모른다.

책은 당신을 구원한다

1986년 어느 여름날로 돌아가보자. 벌써 35년이나 지난 일이지만, 내 기억 속의 그날은 여전히 생생하기만 하다. 나는 초등학교 4학년이었다. 그날이 유독 기억이 남는 이유는 내 유년의 기억이 시작된 잠실의 대단지 아파트촌에서 떠나가던 날이었기 때문이다. 돌이켜보면 나의 삶에 대한 원형적 이미지가 만들어진 곳이 바로 그곳이 아닐까 한다. 우리는 그런 장소를 '고향'이라 부른다.

2000세대에 육박하는 아파트 대단지는 탄천 둑방길을 면해 있었고, 외곽을 따라 순환도로가 단지를 감싸고 있었다. 순환도로는 차가 거의 다니지 않는 아스팔트 도로였는데, 비가 오는 날이면 고등어 비늘처럼 번쩍거렸다. 아이들은 호기심에 이끌려 아파트 담장을 타넘어 둑방을 오르기도 했다. 둑방에 오르면 가문 물길이 흐르는 더러운 탄천이 내려다보였고, 그 너머로 우리가 결코 이해할 수 없는 세계가 펼쳐져 있었다.

작은 아이 눈에 아파트는 무한한 인내심을 지닌 친절하고 말없는 거인 같았다. 1동부터 29동까지 거인들은 가지런히 행과 열을 맞춰 서 있었다. 이름 모르는 아이들과도 곧잘 섞여 놀았지만, 적어도 어느 거인에게 얹혀사는 아이인 것쯤은 알고 있었다. 우리는 아파트 벽면에 테니스공을 튕기며 놀거나 자그마한 스트라이크 존을 그려 놓고 야구놀이를 했다. 아이들과 함께 아파트 옥상에 올라가는 일은 짜릿한 모험이었다. 왁자지껄 떠들다가도 까마득한 발밑을 내려다볼 때면 모두가 숨을 죽인 채 경건한 침묵 속에 빠져들었다.

아파트 상가는 단지 중심부에 있었다. 상가에 가기 위해 양 옆으로 메타세쿼이아가 심긴 신작로를 아이 걸음으로 10분은 족히 걸어야 했다. 상가 지하에 어느 날 슈퍼마켓이 들어서자, 그곳은 이내 아파트 주민들의 생활 중심이 되었다. 아이 눈에 온갖 신기한 물건과 먹을 것들로 가득찬 보물창고로 여겨졌기에 엄마 손을 잡고 그곳을 찾는 일은 늘 즐거웠다.

겨울철이면 아파트 단지 맞은편 공터에 물을 대어 꽁꽁 얼린 스케이트장이 들어섰고(그때 겨울은 요즘 겨울보다 훨씬 더 춥고 겨울다웠다), 아이들은 스케이트를 타는 게 좋아서라기보다 비닐 천막 안에서 맛보는 끝내주는 핫도그 때문에 스케이트장을 찾았다. 믿기 어려운 이야기겠지만, 무더운 여름날이면 그 공터에 코끼리 울음소리가 울려퍼지는 오색찬란한 가설 서커스장이 만들어졌다.

톨스토이는 행복한 가정은 모습이 비슷하고 불행한 가정은 제각각의 불행을 안고 있다고 말했는데, 나는 이 말을 믿는다. 1986년 여름 무렵 심각한 문제가 들이닥쳤고, 그로 인해 평범했던 우리 가족은 남들과 달라졌으니까. 이 불행에 대해 설명하는 건 지나치게 길고 복잡한 이야기가 될 것 같으니 그저 '상실'에 관한 이야기라고 말해두자.

어려워진 가정 형편 탓에 어딘가로 떠나가야 한다는 말을 들었지만, 나는 어려서부터 자란 이 집을 떠나간다는 걸 실감하지 못했다. 이사 준비를 위해 차곡차곡 쌓여가는 과일상자들을 보면서도. 그러던 어느 날 아침 생전 처음 보는 거칠게 생긴 아저씨들이 들이닥쳤다. 운동화 발자국을 남기며 집안을 성큼성큼 돌아다니는 무법자들이 싫기도 했지만, 우리 집에서 제일 무서운 할머니가 아무 말씀도 하지 않는 게 신기했다. 그런 와중에 나와 누나는 학교를 다녀와야 했다. 학교에서 돌아오는 길에 친구들에게 오늘 이사 간다고 아무렇지 않게 말했다. 하굣길에 집에 바로 들어가지 않고 친구들과 다른 길로 새는 게 다반사였지만, 그날만큼은 어쩌지 못하고 혼자 돌아서야 했다. 친구들은 나와 헤어지는 것이 미안한지 손을 흔들며 내가 적어준 주소로 편지를 쓰겠다고 다짐했지만 왠지 믿어지지 않았다(하지만 한 친구는 내게 두 번이나 편지를 보내왔다).

집에 돌아오니 큰 짐을 실은 트럭 첫차는 떠나갔고 작은 2.5톤 트럭이 떠날 채비를 하고 있었다. 다른 가족들은 떠나간 이삿짐을 먼저 맞기 위해 서둘러 출발했고, 할머니가 나를 맞이했다. 떠나기 전에 집안을 둘러보고 싶었지만, 이제 그래서는 안 될 것 같았다. 트럭 뒤칸이 비어서 할머니와 나는 그곳에 올라앉았다. 무더운 날이었지만, 차가 움직이자 선선한 바람이 느껴졌다. 아파트 단지를 돌아나갈 때 시끄럽게 떠들며 트럭을 따라붙는 한 무리의 아이들을 보기 부끄러워 고개를 숙였다. 아파트 단지를 나와 탄천을 가로지르는 다리를 건너자 조금 안심이 되었다.

뒤돌아보니 아파트 단지 한편에 높다랗게 솟은 거대한 보일러 굴뚝이 눈에 들어왔다. 내달리는 트럭 앞으로 이전에 내가 결코 알 수 없었던 저 너머의 세계가 불쑥 다가왔다. 나의 유년기는 그렇게 끝났다.

우리 가족이 새로 자리잡은 곳은 5층짜리 아파트였다. 흔히 에이아이디 아파트 혹은 차관 아파트라 불렸는데, 나중에 알고 보니 미국의 돈을 빌려 지은 아파트라서 그렇게 이름 붙은 것이라 했다. 예전에 살던 집에 비해 훨씬 좁았고, 놀이터도 별 볼 일 없었으며, 테니스공을 아파트 벽에 튕기며 노는 아이들도 없었다. 나는 무언가 잃어버린 것 같았는데, 그게 뭔지 정확히 알지 못했다. 예전에는 엄마가 저녁밥 먹으라고 목청껏 소리칠 때까지 놀이터에서 제멋대로 뛰어다니는 아이였지만, 이제는 학교에서 돌아와 집안에 웅크리고 앉아 있는 시무룩한 아이로 변해 있었다.

어느 날 학교를 마치고 혼자 타박타박 돌아오는 길에 구립도서관이란 곳을 지나치게 됐다. 알 수 없는 호기심에 이끌려 구내매점이 있는 지하부터 2, 3층의 독서실, 그리고 4층의 열람실까지 한걸음에 둘러보았다. 중고등학교 형들의 땀내가 배어 있는 독서실에는 머물고 싶지 않았지만, 4층 열람실은 무언가 달랐다. 열람실 문을 열고 들어서니 커다란 직사각형 테이블들이 놓여 있고, 창가 쪽 서가에는 최신 잡지(어린이 과학잡지까지!)와 신문들이 보란듯이 늘어서 있었다. 열람실 중간쯤에 있는 데스크를 지나 서가로 들어갔다. 철제 책장들이 가로놓인 서가는 촘촘히 설계된 미로 같았다. 천장에 닿을 듯한 책장들 덕분에 서가는 비밀스러운 숲처럼 어두컴컴했고, 아무도 나를 찾지 못할 것 같은 기분이 들었다. 이제 돌아나가야 할지 잠시 망설이다 되는 대로 책을 한 권 빼들었다……

그날 이후 학교를 파하면 구립도서관에 들러 두세 시간쯤 이런저런 책을 뒤적이다 집으로 돌아가는 것이 나의 일상이 되었다. 그전까지 나는 책을 읽지 않는 아이였지만, 그날 이후 나는 책 읽는 아이가 되었다.

그때 읽은 이런저런 책들의 제목이 드문드문 기억난다. 『나의 라임오렌지 나무』 『나의 친구 프리드리히』 『현복이의 일기』 등등을 비롯해 당시 아이들 사이에서 인기 있던 책뿐만 아니라 각종 전집류를 섭렵했고, 초등학생이 결코 읽어서는 안 될 것 같은 시드니 셸던의 『시간의 모래밭』 같은 통속소설과 『제5열』 따위의 첩보소설도 닥치는 대로 읽었다(자주 나오는 야한 장면 덕분에 엄청난 집중력으로 독파했던 것으로 기억한다). 김용의 대하무협소설 '영웅문' 3부작에 시간 가는 줄 모르고 빠져들었던 곳도 여기다. 『기적의 기억력 학습법』이나 『한눈에 보고 따라하는 종이접기』 같은 실용서적을 읽는 재미도 쏠쏠했다.

그렇게 무작정 집히는 대로 책을 읽다보니 많은 문장들이 내 머릿속을 스쳐 지나갔다. 어떤 문장들은 눈발처럼 흩날렸지만, 어떤 문장들은 벽돌처럼 무겁게 내려앉았다. 그렇게 남겨진 문장의 조각들, 단어와 문구들이 머릿속을 떠돌았다. 그러던 어느 날 그것들을 레고블록처럼 조합해서 내게 일어난 일을 표현하고픈 충동이 들었다.

흔히들 책을 읽는 이유는 간접경험을 얻기 위해서라고 말한다. 책에서 얻는 간접경험을 통해 누구나 현명하고 지혜로워질 수 있다고 말이다. 이 말은 절반쯤 맞고 반쯤은 틀리다. 다람쥐가 도토리를 모으듯 지식이나 경험 따위를 부지런히 쌓아간다고 해서 지혜와 분별력이 생기는 건 아니니까.

만약 당신이 한 권의 책을 읽는다고 가정해보자. 그게 무슨 책이든 상관없다. 수고스럽겠지만, 당신은 첫 페이지부터 마지막 페이지까지 인쇄되어 있는 검은 활자들을 모두 해독해야 한다. 하지만 책 한 권을 읽어내려가기 위해서는 한 단어나 문장, 그리고 단락의 의미를 파악하는 것만으로 부족하다. 한 단어, 문장, 단락의 의미를 앞뒤의 단어, 문장, 단락의 의미와 대조해서 읽어야 하고, 심지어 지금 읽고 있는 문장을 수십 페이지, 아니, 수백 페이지 앞에서 읽었던 어느 모호한 대목과 연결시켜 이해해야 한다. 동시에 작가가 내게 무슨 말을 하고자 하는 건지, 이 모든 것을 통해 제시되는 전체적 그림이 무엇인지에 대해 끊임없이 추론해야 한다. 이때 책을 통해 얻는 지식이나 이론, 경험, 사건, 즉 '간접경험'이라 불리는 것은 텍스트를 구성하는 소재에 불과하다. 물론 지식을 전달하는 것이 주가 되는 교과서나 전문서적 같은 책도 있지만, 그러한 책조차 올바른 독해가 전제되지 않으면 지식을 효과적으로 습득하기란 불가능하다. 다시 말해 책을 통해 간접경험을 습득하는 건 부차적인 일이고, 텍스트에 대한 이해가 우선인 것이다.

읽는 행위는 수많은 복잡한 기호로 이루어진 메마른 텍스트에 숨을 불어넣어 독자 자신의 내면 안에서 유기적으로 종합된 하나의 살아 있는 의미로 되살리는 일이다. 우리는 그와 같은 활동을 '독해'라 부른다. 우리는 독서의 경험을 통해 텍스트를 독해하는 법을 자연스레 배운다. 독해는 일종의 기예이기 때문에 자주 그리고 많이 할수록 늘 수밖에 없다. 같은 시간 동안 책을 읽는다면 좋은 책을 선별해 깊이 생각하며 읽는 사람의 독해 기술이 빠르게 는다. 독자는 한 권의 책을 읽는 경험을 통해 자신도 모르게 독해력을 높이는 도상훈련에 참여하는 셈이다. 결국 다독이 가져다주는 유익은 (독서를 통해 얻는 간접경험에 있다기보다) 텍스트를 이해하는 능력이 높아진다는 데 있다고 볼 수 있다.

혹자는 책을 통해 세상을 배우는 일의 부박함을 비웃는다. 나 역시 세상이란 그렇게 간단히 이해될 수 없다는 데 동의한다. 우리가 사는 이 세상을 관념만으로 설명할 길은 없다. 직접 살아보고 겪어

보지 않으면 알 수 없는 것이 숱하게 존재한다.

하지만 이 세계가 하나의 거대한 텍스트 같은 것이라면 어떨까. 의미를 쉽게 드러내지 않는 온갖 사물과 사건, 사람들로 가득차 있고, 그것들로부터 파생된 숱한 말들과 기호들과 상징들이 난무하는 엄청나게 크고 복잡한 책이라면.

그간 내가 책과 인생을 통해 배운 게 한 가지 있다면, 인생을 살아가는 건 책을 읽는 것과 별반 다를 바 없다는 사실이다. 삶을 사는 인간이든 책을 읽는 사람이든 그 앞에 하나의 텍스트가 주어지고, 텍스트와 독자 사이에는 쉽게 극복할 수 없는 거리가 존재한다. 당신 앞에 놓인 텍스트가 소설이라면, 텍스트 저편에 숨겨진 의미에 닿기 위해 현명한 평론가의 도움을 받을 수 있을지 모른다. 당신이 마주한 텍스트가 법률이라면, 유능한 법률가의 조언을 얻을 수 있을 것이다. 하지만 우리 앞에 놓인 텍스트가 삶 자체라면, 인간의 실존 자체가 하나의 거리로 주어진다면 누구의 도움을 받을 것인가. 바로 이 실존적 거리에 대한 여러 의문들이 인생에 관한 어려운 질문들을 이룬다. 나는 어찌하여 태어나 존재하는가, 나를 둘러싼 이 모든 것들은 어떤 의미가 있는가, 내게 왜 이런 일이 일어났는가, 나는 지금 무엇을 해야 하는가 등등의 질문.

이러한 의문에 대해 철학이나 종교가 줄 수 있는 답변은 심오하고 근본적일 테지만 어디까지나 제한적일 수밖에 없다. 왜냐하면 철학이나 종교가 당신에게 일어난 특수한 사건, 이를테면 열한 살짜리 소년이 어려서부터 자라왔던 곳에서 내쫓기듯 떠나가야 할 이유에 대해 특별히 설명해주지는 않기 때문이다. 당신 발밑에 난 시커먼 구멍을 이해하고 메울 책임 있는 사람은 오직 당신뿐이다.

우리가 사는 세계가 거대한 텍스트라면, 독서의 유익이 텍스트에 대한 이해력을 높이는 데 있다면 독서를 통해 이해력을 넓힌 독자가 '인생' 텍스트를 보다 깊이 있게 이해할 수 있는 건 어쩌면 당연하지 않을까. 우리에게 삶에 대한 이해력이 절실해지는 순간은 어느 날 갑자기 아무 이유 없이 이해하기 힘든 불행과 상실이 우리를 찾아들었을 때다. 특히 그것이 자기 잘못과 무관할 때, 누군가의 악의나 부주의 혹은 사회적인 부조리 따위로 손쉽게 설명 가능할 때, 우리는 자칫 객관성을 잃고 피해의식에 빠져들기 쉽다.

그런데 눈앞의 고통을 겪고 있는 당신에게 피해의식이 들려주는 이야기는 일면 진실처럼 들리겠지만, 한편으로 기만이자 현혹이기도 하다. 피해의식은 말한다. 지금 당신이 받고 있는 고통은 전적으로 당신 아닌 누군가의 탓이라고. 그러니 당신과 무관하게 불가피하게 생겨난 이 고통을 그저 불가피하게 겪어내는 수밖에 없다고. 하지만 당신에게 아무 책임도 없다는 말은 지금 당신이 할 수 없는 일이란 아무것도 없다는 뜻과 같다. 열한 살짜리 소년에게 닥친 불행처럼 소년 자신에게 아무런 책임을 돌릴 수 없는 사건일지라도.

나는 비관적인 생각 대신 긍정적인 마음가짐을 갖자는 따위의 메시지를 전하려는 것이 아니다. 나는 단지 아무리 공정한 피해의식이라 할지라도 다른 삶의 가능성을 바라보지 못하게 하는 편협함에 대해 말하고자 한다. 피해의식은 다친 동물이 웅크리고 앉아 제 상처를 핥는 것처럼 불행한 사람을 자기 상처 안에 가두고 머물게 한다. 피해의식은 인간이 자기 불행을 이해하는 가장 손쉽고 안이한 방법이다.

그 시절 나는 내게 일어난 일을 정확히 알지 못한 채 어느 구립도서관에서 무작정 책을 읽기 시작했지만, 책을 통해 내게 생겨난 일을 이해하는 법을 배웠다. 무언가 이해한다는 건 어떤 문장들로 그 무언가를 표현할 수 있다는 말과 같았다. 문장들이 나를 구원했다. 문장들이 호기심 많은 올챙이처럼 내게 생겨난 구멍에 다가와서 그것을 둘러쌌다. 문장들은 내 구멍이 인생의 중요한 주제인 것처럼, 그 일을 통해 내 삶이 하나의 그럴듯한 이야기가 되는 것처럼 말했다. 간혹 문장들은 냉정하고 심술궂은 관찰자마냥 굴었지만, 어느 때는 나를 열정적으로 옹호하기도 했다. 어떤 관점을 취하든 사태를 바라보는 또다른 관점이 있었고, 때문에 어떤 관점도 절대적이지 않았다. 문장들은 거부할 수 없는, 귀에 익숙해서 쉬이 알아들을 수 있는 누군가의 목소리처럼 다가왔을 뿐이다.

물론 상실을 이해한다고 해서 상처가 저절로 아무는 건 아니다. 하지만 적어도 지금 내가 어디에 있고 또 어디로 가야 할지쯤은 알게 된다. 나는 독서를 통해 삶의 불가피함 속에 내가 할 수 있는 것과 할 수 없는 것을 구분하는 법을 배웠고, 지금 내가 할 수 있는 일에 집중하면 언젠가 그 모든 이야기를 다시 쓸 수 있을지 모른다는 희망을 품게 되었다. 인생 텍스트는 지금 내가 쓰고 있는 이 한 장으로 인해 첫 장부터 마지막 장까지 모든 글자가 새롭게 쓰일지도 모를 신비롭고 가변적인 텍스트라는 사실을, 누군가 내게 준 상처에 갇혀 있기에 이 세상이 어느 구립도서관 서가에 놓인 모든 책, 아니 이 세상의 모든 책들을 합친 것보다 훨씬 더 크고 아름답다는 사실을 깨달았다.

눈부신 디지털 혁명이 도래한 이 시대에 책은 전혀 실용적이지 않은 구식 매체일지 모른다. 나는 책을 읽지 않아도 사는 데 아무 지장이 없다고 말하는 사람들도 많이 보았다.

그럼에도 나는 당신에게 책 읽기를 권한다. 당신이 상실을 겪고 있다면 책은 당신을 구원할 것이다. 언젠가 겪은 이름 모를 상실로 당신 가슴 한구석이 허전하다면, 책은 그것을 이해하고 차츰 메워줄 것이다. 조금 과장하자면, 책을 읽는다는 건 인생을 살아가는 데 꼭 필요한 태도 같은 것이라 생각한다(심지어 책을 한 자도 읽지 않는다고 자부하는 사람들도 무의식중에 견지하고 있는). 삶을 이해하지 못하는 한, 삶을 살아갈 수 없을 테니까. 마지막 숨을 다할 때까지 우리는 삶의 독자인 동시에 저자일 수밖에 없을 테니까.

삶을 잘 살기 위해서는 삶을 잘 읽어야 하고, 나는 이러한 이해력을 높이는 데 독서보다 멋진 것을 알지 못한다.

저녁 있는 삶을 위한 변론

아델베르트 폰 샤미소의 소설 『그림자를 판 사나이』는 수상한 남자와 계약을 맺어 자기 그림자를 황금 자루와 맞바꾼 남자의 이야기를 다룬다. 사실 나라도 그랬을 것 같다. 있어도 그만, 없어도 그만인 그림자를 금화가 쏟아지는 마법의 자루와 바꾸자니 얼마나 수지맞는 장사겠는가. 그런데 소설의 주인공 슐레밀은 이 거래로 원하던 부를 얻었음에도 정작 사람들은 그림자가 없다는 이유로 그를 멀리한다. 그는 수상한 남자에게 무얼 팔아버린 걸까. 200년 전에 쓰인 이 환상적인 우화의 주제, 특히 그림자의 의미를 둘러싸고 여러 해석이 난무하지만, 나는 여기에 한 가지 근거 없는 해석을 보태고자 한다.

바야흐로 이 소설이 쓰인 19세기 초는 독일이나 프랑스, 영국을 비롯한 서구에서 산업자본주의가 싹트고 있던 시기였다. 중세 시대를 유지한 봉건제가 해체됨에 따라 농민들은 공유지에서 밀려나고, 부르주아들은 빈농들, 즉 자기 몸뚱이 말고 팔 것 없는 프롤레타리아들을 고용해 생산 과정에 투입한다. 영리한 자본가에 의해 고안된 생산 과정은 분업을 토대로 한 공장제 방식으로 빈틈없이 조직되었기에 생산성이 비약적으로 증대되었지만, 높아진 생산성 덕분에 늘게 된 상품을 소비할 집단이 형성되지 않으면 (재고가 쌓이는 결과) 기업은 도산을 면치 못할 운명이었다. 그럼에도 지난 200년간 자본주의는 어떻게 눈부신 발전을 거듭한 걸까.

그 답은 자본가가 고용해서 생산에 투입한 '노동력'의 독특한 특성에서 찾을 수 있다.[1] 노동은 생산의 한 요소이지만, 생산된 상품을 소비하는 주체이기도 하다는 것. 노동자는 살아가기 위해 무언가를 끊임없이 소비할 수밖에 없기 때문이다. 그런데 노동자의 소비는 상품 수요를 창출할 뿐 아니라, 노동력을 재생산하는 역할도 한다. 이처럼 소비를 매개로 작동하는 수요의 창출과 노동력의 재생산이라는 마법 덕분에 '생산-소비-재생산'에 이르는 자본의 선순환 과정이 완성되고, 그에 따라 산업자본은 산비탈에서 굴러내리는 눈뭉치처럼 자기증식을 거듭하며 기하급수적으로 불어났다. 거꾸로 말하자면, 인류 역사상 유례를 찾아볼 수 없을 정도로 급속도로 진행된 자본의 축적 과정은 하나의 결정적 계기, 즉 '노동의 상품화'라는 계기에 의해 시작된 것이다.

하지만 인간이라는 존엄한 주체가 자기 자신을 노동의 객체로 팔

수 있다는 것이 무언가 이상하지 않은가. 고대에 횡행했던 노예 매매가 노예의 인격을 박탈한 후 하나의 물건으로 취급하는 전제에서 가능했던 거래라면, 근대의 노동자는 자유롭고 독립된 인격을 부여받았음에도 자본가와 계약을 맺어 자기 인격의 일부(≒노동력)를 상품으로 판다. 자본주의 논리에 익숙한 현재의 관점에서는 근로계약이란 관념이 당연하게 여겨질 테지만, 자본주의 초창기를 살았던 근대인의 관점에 서면 그와 같은 계약은 뭔가 불온하고 수상한 냄새를 풍긴다. 악마의 제안에 따라 자기 정체성의 일부라고 할 수 있는 그림자를 팔아버린 슐레밀의 거래처럼.

이러한 정치사회적 배경을 염두에 두고 소설 『그림자를 판 사나이』에 대한 나의 독자적 해석론을 제시하면 이렇다. 슐레밀은 산업자본주의가 태동하던 시절 자기 그림자 말고 아무것도 팔 것이 없던 프롤레타리아를 상징하는 것이다. 물론 나중에 악마로 밝혀진 수상쩍은 남자는 밑질 것 없는 자유로운 교환임을 내세워 노동자를 꼬드기는 자본가를 대변한다. 그렇다면 그림자는 무엇을 의미하는 걸까. 초기 산업자본주의 시대에 노동자들의 근로시간이 현재 노동시간(주당 40시간)의 대략 두 배(주당 80시간)에 육박했다는데, 이는 곧 당시 자본가에게 고용된 노동자들이 밤낮없이 일했다는 뜻이다. 그렇다면 자본가와 근로계약을 체결한 슐레밀은 그림자로 상징되는 자신의 저녁시간을 팔아버린 셈이 아니었을까. 우리는 저녁을 특정 시간대로 생각하기 쉽지만, 실상 저녁이란 자전하는 지구가 태양 반대편에 숨어들어 거대한 '그림자'가 드리우는 구역을 말하는 것 아닌가. 슐레밀은 저녁 없이도 아무런 지장 없이 살 수 있을 것이라 여긴 나머지 얼마의 황금에 팔아치웠지만, 알고 보니 저녁은 인간을 인간답게 하는, 그러니까 슐레밀을 슐레밀답게 하는 결정적인 무엇이었던 것이다. 따라서 소설 『그림자를 판 사나이』는 자신의 시간 말고는 팔 것이 없어 저녁시간까지 몽땅 임금과 맞바꿔버린, 그러다 자기 정체성을 상실하고 결국 영혼까지 내어줄 위험에 처한, 초기 산업자본주의 시대를 살아가던 노동자의 고단한 현실을 고발하는 우화라는 것이 내 결론이다.

그런데 한때 주 최대 근로시간이 68시간[2]에 달할 정도로 장시간 노동이 정착된 사회인 우리나라에서 슐레밀과 비슷한 처지에서 자유로운 사람이 얼마나 될까. OECD 국가통계를 보면, 우리나라 노동자의 1인당 연평균 근로시간은 멕시코와 함께 매번 수위를 다툰다. 2018년 개정된 근로기준법에 따라 300명 이상의 근로자를 고용하는 사업장부터 주 52시간 근로제가 시행되기는 했지만,[3] 2019년 기준 연평균 근로시간이 1967시간에 달해 멕시코, 코스타리카에 이어 여전히 최상위권을 달리고 있다.[4] 부끄러운 것은 멕시코나 코스타리카는 노동집약적 산업구조를 갖고 있는 나라로서 1인당 GDP가 우리나라의 3분의 1 수준에 그치는 나라라는 점이다. 우리나라와 비슷한 경제규모를 갖고 있는 선진국들은 대략 1500시간 내지 1700시간 정도의 연평균 근로시간을 유지하고 있다.

우리나라 노동자의 근로시간이 유독 긴 것은 왜일까. 6·25 전쟁

이후에 별다른 자본이나 산업 없이 폐허에 가까웠던 상황에서 정부 주도하에 단시간 내에 권위주의적 경제개발을 추진하면서 장시간 노동체제가 고착화된 탓이 크다. 이로 인해 국민 대다수가 경제개발과 수출증대를 위한 산업 역군으로 취급되어 강도 높은 노동에 동원되는 체제가 만들어진 것이다. 더욱이 정부는 고도성장기에 발생하기 쉬운 인플레이션 관리와 기업의 원가경쟁력 확보 차원에서 저임금정책을 고수했고, 근로자들은 낮게 책정된 기본급을 수당으로 보전받고자 초과근로를 기꺼이 받아들였다. 게다가 당시의 산업구조도 섬유나 경공업 위주의 노동집약적 산업구조였기 때문에 기술혁신보다 노동과 자본 투입을 늘리는 방식의 경제발전 전략이 유리하기도 했다. 수십 년간 이러한 과정을 거치면서 노동자 스스로 장시간 노동을 '근면성실'이라는 가치로 내면화하고 서로에게 권장하기까지 이르렀다. 그 결과 이른바 '야근 권하는 사회'가 된 것이다.[5]

지금 돌이켜보면, 우리 사회가 취한 발전전략은 돈(자본)도 없고 땅(토지)도 없지만 제 몸뚱이(노동) 하나만은 성한 가난한 집안의 장남(경제)을 뒷바라지하기 위한 유일한 방법이 아니었을까 싶다. 명문고등학교에 합격한 장남을 위해 부모(정부)는 사돈의 팔촌(외국 정부)까지 찾아가 온갖 아쉬운 소리를 해가면서 학비(차관)를 빌려오고, 둘째 딸(노동)과 셋째 딸(복지)은 오빠 등록금 내기도 벅찬 부모님 사정을 헤아려서 자기 꿈을 포기한 채 일찍이 회사 경리와 공장 직공으로 취직한다. 물론 각자 늦은 밤까지 얼마 되지 않은 땅뙈기 부쳐 먹느라, 집안 살림하느라, 공부하느라, 야근하느라 가족들이 함께 모여 살갑게 얼굴 맞대고 이야기꽃을 피울 저녁시간을 기대하기는 어려웠다. 다들 지친 나머지, 집에 돌아오는 즉시 픽픽 쓰러져 자기 바빴던 것이다. 하지만 가족의 오랜 헌신과 믿음이 헛되지 않았는지 마침내 장남은 자랑스럽게도 국비유학생으로 선발되어 세계 최고 대학인 하버드대학(선진국)에 합격하는데……

결국 '저녁 없는 삶'으로 대변되는 지난 수십 년간 우리 사회의 모습은 우리 사회가 취한 성장전략이 개인의 일상 차원으로 파급되고 수렴된 끝에 불가피하게 나타난 파행적 균형점이라 할 수 있다. 그런 이유로 나는 2012년 대선을 앞두고 어느 정치인이 만들어낸 '저녁 있는 삶'이라는 정책 슬로건이 보기 드물게 탁월한 정치적 어젠다라고 생각한다. 어느덧 저녁을 상실하고 만 우리네 삶의 모습에는 그간 고도성장 과정에서 차곡차곡 누적된 여러 불합리와 부조리가 함축되어 있기 때문이다. 오랜 퇴적의 결과 형성된 이상지층을 최적의 지점에서 절개해서 관찰할 때 지층을 이루는 복잡하고 세밀한 층들이 한눈에 드러나는 것처럼 말이다.

문제는 노동의 양적 투입에 의존하는 기존의 성장전략이 4차 산업혁명을 이끌고 있는 선진국과 무섭게 치고 올라오는 개발도상국 틈바구니에 끼인 변화된 세계경제 환경 속에서 더이상 통하지 않게 되었다는 점이다. 만약 장남이 하버드에 입학한 이후에도 늦은 밤까지 도서관에 엉덩이를 붙이고 앉아 교과서나 달달 외는 기존의 공부 방식을 그대로 고수하면 어떻게 될까. 가족의 바람대로 우등생이 되기는커녕, 학생의 자율과 창의를 바탕으로 하는 하버드의 교육환경에 적응하기도 어렵지 않을까. 고등학교(개발도상국) 수준에서는 교과의 기본 개념과 지식을 충실히 습득해서 정답이 주어진 문제를 빠르고 정확하게 푸는 능력, 즉 문제풀이 능력만으로 충분했지만, 대학(선진국)에 들어와서는 하나의 정답이 있을 수 없는 문제를 다양한 각도에서 창의적으로 해결하는 능력, 다시 말해 문제해결 능력이 더없이 중요해지기 때문이다.[6] 따라서 이제는 과거의 주입식 공부 방식을 탈피해 다양한 지적 자극을 통해 자기 안에 숨겨진 가능성을 탐색하고 숱한 도전과 시행착오를 거쳐 살아 있는 지식을 습득하는 '진짜 공부'를 시작할 시점이다. 그러한 끝에 주어진 문제만 열심히 푸는 모범생에서 문제를 새롭게 정의하고 누구도 생각하지 못한 혁신적 해결책을 쓱쓱 제시하는 창의적 인재로 도약하는 순간이 올 테니까.

그럼에도 우리는 과거의 눈부신 경제발전을 가능하게 했던 근면성실 신화에 사로잡힌 나머지, 기술혁신과 개인의 창의를 모태로 하는 새로운 시스템을 제대로 모색하지 못하고 있는 형편이다. 하지만 애벌레가 허물을 벗지 못하면 나비가 되어 날아오르지 못하듯이, 과거의 성과가 오히려 족쇄로 작용하면 더이상의 성장은 불가능할 것이다. 예전의 발전전략은 집안을 일으킬 착실하고 똑똑한 장남 하나 바라보며 갖은 희생을 무릅쓰는 가족들의 뒷받침이 있을 때 통하는 방법인데, 다른 가족의 희생을 더이상 정당화하기 어려울 뿐만 아니라 4차 산업혁명이 주도하는 새 시대에 장남 역시 이 방법을 고수해서는 성공하기란 요원한 일이다.

하지만 누군가 반론을 제기할지도 모른다. 장시간 노동체제는 기업가가 노동자를 착취하는 경제 구조에 기인하는 것이 아니라 노동생산성이 낮은 경제 구조를 반영하는 것이라고. 이러한 구조에서 노동시간만 단축해서는 생산성이 올라가기는커녕 총 생산만 줄어들 것이라고 말이다.

모두 칼퇴근하면 소는 누가 키우느냐고 반문하는 분들의 불안감을 이해하지 못할 바는 아니지만, 과중한 근로와 노동생산성이 반비례 상관관계에 있음을 보여주는 여러 통계와 연구가 존재한다.[7] 노동생산성이 높은 나라들의 근로시간이 짧은 반면, 노동생산성이 낮은 국가들의 근로시간이 긴 것인데, 어느 하나가 다른 하나의 원인이 된다고 단정할 수 없겠지만(노동시간이 길어서 생산성이 낮아지는 걸까, 생산성이 낮아서 일하는 시간이 길어지는 걸까, 라는 질문은 사랑해서 바보가 되는 걸까, 바보만이 사랑에 빠지는 걸까 묻는 오르한 파묵의 물음만큼이나 심오하다), 두 요소 사이에 일종의 친화성이 존재하는 것만은 분명하다.

물론 노동시간만 줄인다고 생산성이 자동적으로 향상되진 않겠지만, 야근을 점차 줄여나가면 생산성을 어떻게 높일지에 관한 고민이 본격적으로 시작되지 않을까. 무슨 수를 써서라도 일과시간 내에 부지런히 소 여물 먹이고 소젖 짜낼 궁리하다보면 일꾼들만 애꿎게 고생시키는 불필요한 잡무가 줄어들 테고 기술혁신과 조직 합리화를 통해 업무를 효율화할 방법도 고안될 것이며, 그러다 보면 그럭저럭 소도 키우고 노동생산성도 높일 수 있어 일석이조 아니겠는가.

이쯤 되면 그동안 노동생산성이 다른 선진국에 비해 상대적으로 낮았던 것은 일꾼들 능력이 뒤떨어지는 탓이 아니라, 상사 눈치 보며 되도 않는 일을 죽자사자 옆에 끼고 밤늦도록 붙들고 늘어져 있던 탓은 아니었는지 합리적 의심이 든다. 과연 미국 노동자가 한국 노동자보다 똑똑하고 성실해서 생산성이 높은 것일까(미국에서 살아본 분들은 이해하시리라. 우리나라 은행원, 마트 직원, 심지어 주민센터 직원이 얼마나 유능하고 근면한지). 그보다는 개인들이 얼마나 효율적이고 합리적인 시스템에서 일하는지가 관건일 것이다.

혹자는 '저녁 있는 삶'을 보장하라는 요청을 '이제 먹고살 만해졌으니 적당히 일해도 된다'는 좌파적 요구로 오해한 나머지, 거부감을 표하기도 한다. 물론 인간의 상품화와 그에 따른 소외 현상을 극복하기 위한 해법으로 등장한 사회주의 이념이 저녁 있는 삶을 지지하는 입장인 건 분명할 테지만, 시장경제를 사회 발전의 원동력으로 삼는 자본주의 입장에서도 저녁 없는 삶으로 상징되는 근로자의 파행적 삶은 결코 바람직하지 않다. 자본의 지속적 성장을 위한 잠재력을 갉아먹기 때문이다.

이는 산업화 이후의 복지국가 성립 과정의 논리이기도 하다. 산업화 이후에 열악한 근로조건이 사회 문제로 떠오르고 노동자들이 자본가를 상대로 치열한 투쟁을 전개한 끝에 서구 유럽의 산업국들이 근로조건 개선에 관한 노동자들의 요구를 수용할 수밖에 없었던 측면도 있지만, 노동자들에게 적당한 수준의 여가와 임금을 보장해주지 않으면 유효수요 창출과 노동의 재생산을 통한 자본축적 과정

자체가 불가능해지기 때문에 자본가 스스로 노동자들에 대한 처우를 일정 수준 이상으로 개선시켜 줄 필요도 있었던 것이다. 산업화 이후 서구 유럽에서 사회주의, 자유주의, 보수주의 등등 다양한 정치세력들이 난립하는 가운데서도, 근로자들에게 노동삼권을 포함한 사회권을 보장하고 소득의 재분배를 시행하는 일련의 복지국가 프로그램이 도입될 수 있었던 배경에는 자본의 순조로운 성장을 위해서든 든든한 사회적 연대를 위해서든 건강한 중산층을 양성할 필요가 있다는 점에 최소한의 이해관계가 일치했던 덕분이다.[8]

이처럼 '저녁 있는 삶'이란 지향은 산업화 시대의 복지국가 노선과 마찬가지로 좌파적 이념에 굳이 근거를 두지 않더라도 우파 역시 공감 가능한 성장 전략에 의해 정당화되는 의제이기에 각자의 정치적 입장과 이념적 지향을 떠나 우리 사회의 지속가능한 발전을 바라는 사람이라면 누구나 동의할 수 있는 의제가 아닐까 싶다. 이는 복잡한 다원주의 사회에서 상이한 신념과 생각을 가진 시민들이 각기 다른 이유와 근거에서 공통의 결론을 도출하는 공적 합의의 가능성을 보여주는 좋은 예다.[9]

그동안 익숙했던 삶의 방식에서 벗어나 저녁 있는 삶을 살기 주저하는 분들을 이성적으로 설득하기 위해 에둘러온 감이 없지 않지만, 사실 저녁 있는 삶은 '지속가능한 발전'이라는 경제적 가치로만 설명할 수 없는 무엇이기도 하다. 말하자면 슐레밀이 팔아버린 자기 그림자 같은 것, 평소엔 딱히 쓸모 있는 구석이라고는 보이지 않거니와 때로는 거추장스럽기까지 한 존재 같은 것이라고 할까.

자기 존재에 길게 드리우는 그림자가 없다고 해서 살아가는 데 특별한 지장이 생기는 건 아닐 테다. 퇴근 후 좋아하는 소설가의 신작 소설을 읽을 여유가 없다고 해서, 늘 응원하는 만년 꼴찌 팀의 야구경기를 시청하지 못한다고 해서, 하체가 상큼해지도록 한강 둔치를 거닐 시간이 없다고 해서 말이다. 하지만 막상 그게 없으면 왠지 나 아닌 다른 사람이 된 것 같지 않을까. 그렇다면 혹시 우리가 대수롭지 않게 취급하는 그림자야말로 나 자신의 정체가 투영되는 무엇 아닐까.

언젠가 하루키는 독자에게 '당신 자신에 대해 설명하기 어렵다면, 당신이 좋아하는 것이 무엇인지 말해보라'라고 조언한 적이 있는데, 나는 이 조언을 믿는다. 나의 존재는 다름아닌 내가 좋아하는 것들로, 다시 말해 남들이 보기에 우스꽝스럽고 하찮아도 나 자신에겐 더없이 소중한 개인적 취향과 선택, 습관들로 이루어져 있으니까. 나의 존재란 나를 나이게 하는 가볍고 사소하며 우연적인 요소들의 엉뚱한 조합인 것이다.

고로 퇴근할 권리는 중요하다. 퇴근할 권리는 우리 모두 일의 소외에서 벗어나 자기 자신으로 돌아가라는 조용한 권유이기 때문이다. 각자 자신의 보금자리로 돌아가 어린아이처럼 자기가 좋아하는 일을 하며 시간을 보내는 법을 잊지 않는다면 각자의 삶이 좀더 풍요롭고 윤택해질 것이라고, 좀더 자기 자신다워질 것이라고 부드럽게 건네는 권유이기 때문이다.

아주 조금 더 나은 삶을 위한 조언 1

재판을 하다보면 세상에 나쁜 부모가 참 많다는 사실을 알게 된다. 아내와 다투고 집을 나간 것도 모자라 어느 날 밤 가족에게 전화를 건 아빠는 '오늘 그냥 죽어버리겠다'고 말한다. 마지막으로 전화를 받은 11살짜리 막내아들은 겁에 질려 전화를 끊지만, 다음날 새벽 경찰서에서 전화가 걸려온다. ○○○씨가 어젯밤 자살했다고 말이다.

어느 두 아이의 부모는 아이들을 아랑곳하지 않고 늦은 밤까지 술판을 벌이곤 한다. 그런데 어느 날 술에 만취한 엄마가 제 몸을 견더내지 못하고 화장실에서 구토하다가 기도폐색으로 사망한다. 아이들이 보는 앞에서. 그날 이후 아이들 아빠는 절망에 빠져 아이들을 정신적으로, 육체적으로, 성적으로 학대하기 시작한다.

술에 취해 정신을 잃고 택시 안에서 쓰러진 여성 승객을 강제추행한 어느 택시 운전기사가 징역 3년 6개월의 형을 선고받고 구속됐다. 고철상, 일용직 노무자 등등을 전전하다 택시운전 기사로 취직해 결국 파렴치한 범죄를 저지른 피고인이 그나마 자기 아이들과 잘 놀아주는 자상한 아빠였던 모양이다. 아이들은 아빠가 나쁜 짓을 저질러 구치소에 수감된 줄 모르고 어느 날 갑자기 아무 말도 없이 외국으로 일하러 간 것으로 이해하고 있었다. 법원의 양형조사관이 아이들을 면담 조사한 결과, 초등학교 5학년인 첫째 아이의 불안 증세가 심했다. 아빠가 사라진 이후 아이는 틈날 때마다 손톱을 물어뜯는다고 한다. 조사보고서에는 손톱이 온통 물어뜯겨 시뻘게진 아이의 조그마한 손이 촬영된 사진과 아이들 엄마가 아빠인 것처럼 가장해서 아이들과 주고받은 카카오톡 메시지가 첨부되어 있었다.

이 아이들의 상처는 어떻게 치유해줘야 할까. 이 아이들 마음 한가운데 시커멓게 뚫린 커다란 구멍은 어떻게 메워야 할까. 이 아이들이 과연 온전하게 자라날 수 있을까.

이렇게 극단적인 경우는 아니라고 해도, 우리 모두에게는 자기 자신을 지금의 나이게 만든 저마다의 출발점이 있다. 불공평한 이야기로 들릴지도 모르지만, 인생은 한날한시에 어느 한 지점에서 같이 출발하는 게 아니다. 누구나 좋은 부모와 환경 아래 자랄 수 있는 건 아니다.

자상하거나 난폭한 부모와 함께한 우리의 유년 시절은 말할 수 없이 사소하지만 특별한 기억으로 채워진다. 이 기억이 사소하지만 특별한 이유는 아이들은 아무 기준이나 편견 없이 자기에게 일어나는 일을 받아들이고 그 일을 앞으로 일어날 또다른 일에 대한 판단 준거로 삼기 때문이다. 아이들은 그저 적응한다.

유년기의 하루는 1년처럼, 1년은 하루처럼 뒤죽박죽 흘러간다. 대부분의 기억은 잊힐 테지만(좋은 부모라면 아이의 기억을 대신해 먼 훗날까지 조금은 우습지만 따뜻한 이야기로 각색해 들려줄 것이다), 모호하고 끈질긴 느낌 같은 것으로 퇴색되어 평생 살아남을 것이며, 어쩌면 그것이 당신이 세상을 바라보는 색채를 결정지을지 모른다. 그렇게 우리는 때 묻지 않은 아이로 태어나 이러저러한 복잡한 사연을 지닌 인간으로 자라간다.

어른이 되어 자기 자신에 대해 책임질 나이가 되면, 우리 스스로 온전한 삶의 주체가 되어 조금 더 나은 삶을 개척할 수 있을까. 그래야 할 테지만, 쉽지만은 않다.

나의 스무 살이 생각난다. 1995년 봄. 누구나 부러워할 만한 명문대학에 입학했지만, 마음 한구석이 허전했다. 고등학교 시절 내내 목표를 이루기 위해 전력투구했지만, 그건 단지 살아남기 위한 몸짓에 불과했다. 간절히 바라던 목표를 이루니 외려 상실감이 찾아왔다. 내가 누구이며 또 무엇을 해야 할지 막연하고 난감했다. 찬란한 봄날의 캠퍼스를 거닐다보면 나 혼자 공허하고 괴로운 듯싶어 마음 맞는 몇몇 대학 동기들 말고는 사람들과 잘 어울리지 않았다. 학점은 바닥권을 헤맸고, 그 좋아하던 책도 멀리했다. 그렇게 어영부영 3, 4년을 보내다 군 입대가 닥쳐온 시점에야 그나마 잘하는 게 공부니 고시라도 보는 편이 낫겠다 싶어 사법고시를 준비했다.

지금 돌이켜보면 후회가 앞선다. 나는 스무 살이 되어서야 처음으로 삶에 관한 실존적 고민과 마주했던 것인데, 어차피 모를 인생이라면 한줌도 되지 않을, 푸릇푸릇한 청춘을 무모하게 탕진하는 재미나 누려볼걸 하는 생각이 든다. 세상의 모든 지식과 이론을 섭렵할 기세로 책속에 파묻혀 살아볼걸. 남들이 모두 말리는 가망 없는 연애에 목숨 걸어볼걸. 나와 성장환경이나 사고방식이 다른 사람들과 이리저리 어울려 부대껴볼걸.

하지만 삶에 대한 후회가 대학 시절만을 향한 것은 아니다. 지난 법관 생활이나 결혼 생활을 돌이켜봐도 후회스러운 부분이 많다. 그때 그 시절로 돌아가면 좀더 잘할 수 있을 것 같은데. 지금 알고 있는 것을 그때 알았더라면. 나는 늘 피치 못할 사정이 생겨 기차시간에 늦는 승객처럼 매번 기차를 놓친다. 한번 기차를 놓치니 환승역에서 갈아타야 할 기차 역시 놓치게 되고, 내가 한껏 꿈에 부풀어 계획했던 삶의 여정은 점점 틀어진다. 나는 아무 악의 없이 그저 조금 늦었을 뿐이라고, 그때 알아야 할 것을 미처 알지 못했던 탓이라고 항변해보지만, 엄격하고 정확한 인생의 검표원 앞에선 한낱 변명에 지나지 않는다. 그렇게 하루하루 살아갈수록 사연 많은 인간이, 복잡하게 나쁜 인간이 되어간다.

지금껏 많은 자기계발서들을 읽어왔다. 자기계발서를 읽고 있으면 내가 금방이라도 좋아질 것 같았다. 하지만 책에서 얻은 감동이 사그라지면 원래의 나로 금방 되돌아왔고, 두 배쯤 되는 좌절이 느껴졌다. 아, 나는 안 되는 인간인가. 이 견고한 규정성, 나를 옭아매는 이 지긋지긋한 규정성은 도대체 무엇이란 말인가. 어떤 변화의 의지도, 권면의 말도 소용없게 만들어 본래의 나로 되돌리고 마는 강력하고 질긴 존재의 탄성.

한 권의 책을 읽는 것만으로 '당신도 금세 변할 수 있다'는 약속에 더이상 현혹되어서는 안 된다. 역설적인 말로 들릴 테지만, 우리가 진정으로 변화하기 위해서는 우리 자신이 (무언가 긍정적으로) 바뀌기란 정말 쉽지 않다는 사실부터 인정해야 한다. 온갖 가능성과 꿈으로 충만한 아이가 이리저리 복잡한 세상사에 지쳐 점차 쪼그라들다 못해 마침내 한줌의 흙으로 돌아가는 것이 우리 인생 아닌가.

이 세상은 엔트로피 법칙이 지배한다. 이 법칙에 따르면 모든 가용 에너지는 사용 과정에서 무용한 에너지(열)로 전환되는데, 이 과정을 돌이킬 수 있는 방법은 존재하지 않는다. 나는 이 법칙을 '바나나 법칙'이라고 부른다. 바나나(가용 에너지)를 하나 까먹으면, 힘이 나고(일 에너지) 배가 부르고 따뜻해지면서(열에너지) 바나나 껍질 하나만 달랑 남는다. 그렇게 생각 없이 하나둘 바나나를 까먹다보면 어느새 노랗고 싱그러운 바나나 다발은 간 데 없고 바나나 껍질 한 무더기만 남게 되는 것이다.

바나나 법칙은 우리가 사는 세계의 실존적 조건이기에 물리학에 일말의 관심 없는 사람이라도 늘 마음속에 되새겨야 하는 법칙이다. 이 세상은 그대로 놔두면 어질러지는 방처럼 혼돈과 부패, 무질서로 점점 치닫는다. 우주의 이러한 특성을 어려운 말로 '비가역성'이라고 한다. 이 말인즉슨 '세상일은 돌이킬 수 없고, 흘려보낸 시간은 되돌릴 수 없으며, 죽은 사람은 되살릴 수 없다'는 뜻이다. 때문에 우리는 갖고 있는 바나나를 제멋대로 탕진할 것이 아니라 어떻게 하면 유용하고 맛있게 먹을지 심각하게 고민하며 까먹어야 한다. 이것이 내가 이해하는 엔트로피 법칙이다.

그러니 우리 모두 이 불가피성을 이해하고 받아들이는 데서 시작하자. 엔트로피 법칙이 지배하는 이 세계는 결코 호락호락하지 않다. 무언가 해보려 해도 안 되는 건 당연하고, 각고의 노력 끝에 무언가를 성취한다고 해도 해변에 지은 모래성처럼 금방 허물어진다. 우리가 아무리 아등바등해도 언젠가 불가피한 죽음 앞에 다다르게 될 것이다.

또한 우리를 낳은 부모는 우리를 불가피하게 규정짓는다. 우리는 부모를 어떤 방식으로든 닮는다. 부모처럼 살지 않겠다고 다짐하는 사람은 바로 그 이유 때문에 부모를 닮아갈 것이다. 그에게 부모는 인력 아닌 척력으로 작용할 뿐이다. 어느 날 거울 속에 비친 자기 자신을 들여다보면, 좌우가 뒤바뀐 데칼코마니처럼 극단적으로 달라 보이지만 기묘하게 닮은 부모의 모습을 발견할 것이다.

애석한 일지만 우리가 겪는 불행 또한 우리를 옭아맨다. 불행은 상처가 되고, 상처는 두려움이 된다. (나쁜) 삶에 대한 두려움이 (좋은) 삶을 사는 것을 가로막는다. 불우한 환경에서 자란 아이들이 커서라도 행복한 삶을 누렸으면 좋으련만, 현실은 그렇지 못하다. 부모에게서 충분한 사랑을 받지 못해 애착 형성이 제대로 되지 못한 아이들은 성인이 된 후 갖는 또다른 관계에서도 실패할 확률이 높다. 어려서 겪은 신체장애 탓에 예리한 결핍감이 몸에 밴 아이는 자라서도 자기소외를 극복하지 못할 가능성이 크다. 대개의 인간은 불행보다 강하지 못하다. 불행을 동기 삼아 발전하는 인간을 나는 별로 보지 못했다. 불행한 인간은 피해의식이 내미는 달콤한 위안의 손길에 인도되어 추락의 계단을 내리밟기 쉽다. 환경이 조건이 되어, 불행이 원인이 되어 불가피한 사슬로 끝없이 이어지는 세계에서 우리는 무기력하게 결정되고, 그렇게 결정된 것을 뒤늦게나마 정당화하고 변명한다.

그래서 우리에게 반전이 필요한 것이다. 이 반전이 어떻게 가능하고 또 시작되는 건지는 잘 모르겠다. 하지만 반전이 시작되면 당신은 어느 순간 자동차 기어가 부드럽게 바뀌는 것처럼 결정된 세계에서 가능한 세계로 진입하는 것을 경험하게 될 것이다. 당신의 의지와 행동과 무관한 것으로 여겨졌던 일들이, 불행들이, 상처들이, 추락의 계기를 제공했던 숱한 원인들이 책임의 영역으로 인수되고, 어떻든 내가 조금 더 잘해볼 수 있었던 일로 이해되기 시작할 것이다. 적어도 무기력한 수난자가 되어선 안 됨을 납득할 것이다.

반전 이후에 비로소 무언가를 해볼 용기가 생긴다. 하지만 처음에 무얼 해야 할지 알지 못할 수도 있다. 흐릿한 안개 속에 갇힌 것처럼 그저 막연할지 모른다. 아마 그럴 것이다. 무엇부터 시작할지 막막하기만 할 때 이 질문을 떠올려라. 지금 내가 알지 못하지만 뒤늦게 깨닫게 될 것이 무엇인가. 만약 당신이 지금 아는 것을 그때 알았다면 지금과 다르게 살 수 있었다고 믿는다면, 지금은 알지 못하지만 언젠가 깨닫게 될 무언가로 후회가 남을 삶을 살고 있을지 모른다는 뜻이다. 그렇다면 남은 희망은 아직 깨닫지 못한 그 무언가를 선취하는 것이다. 아직 당신은 늦지 않았다.

나는 악의 근원은 (의지가 아닌) 무지에 있다는 소크라테스의 진단에 동의하는 편이다. 다만 그건 구제받기 힘든 철저하고 지독한 무지일 것이다. 당신이 꼰대 같은 상사라면 자기 자신이 부하직원들을 힘들게 하고 있다는 사실을 당신만 모를 가능성이 높다. 자주, 지나치게 마시는 술은 판단력을 흐리게 하고 삶에 대한 건전한 감각을 망가뜨리기 일쑤지만, 정작 문제가 심각한 사람일수록 대수롭지 않게 받아들이고 자기 자신을 그저 애주가로 여긴다.

내가 무언가를 알지 못한다는 사실을 안다면 그 무언가를 깨닫기 위해 노력할 텐데, 알지 못한다는 사실을 알지 못하니 구제받을 길은 멀다. 타락한 인간의 무지는 내가 알지 못한다는 사실을 알지 못하는 이중의 무지에 의해 견고하게 둘러싸여 있다. 때문에 행동을 고치기는 쉬워도 생각을 바꾸기는 어려운 것이다. 그래서 우리는 끊임없이 상상해야 한다. 지금 알지 못하는 것을 깨닫기 위해, 단 한 번밖에 살 수 없는 생에서 후회를 남기기 않기 위해.

이제 당신 앞에 백지를 펼쳐보자. 잘 깎은 연필로 백지 위에 수직선을 긋는다. 그리고 수직선 왼편에 지금 당장 해야 할 일을, 오른편에 가급적 하지 말아야 할 일을 적는다. 우선 작은 것부터 시작해보

자. 개인적 습관이나 취미, 관계 혹은 일상의 루틴 같은 것들부터.

당신은 어느 날 갑자기 획기적으로 나아지고 결정적으로 변화되기를 희망할지 모른다. 어느 순간 당신의 눈을 번쩍 뜨이게 할 영감이 찾아들기를 바랄지 모른다. 하지만 내가 아는 한, 우리는 그렇게 나아지는 존재가 아니다. 의지와 결단만으로 단번에 좋아지는 존재가 아니다. 무수한 퇴고를 거쳐 조금씩 좋아지는 소설가의 문장처럼, 동이 터오르기 직전 미세하게 차오르는 새벽빛처럼, 우리 삶은 (각고의 노력 끝에) 아주 조금씩, 점진적으로 좋아질 뿐이다.

거창한 무언가를 도모하기 전에, 아니 세상을 깜짝 놀라게 할 만한 일을 꿈꾸는 사람이라면 더더욱, 지면을 단단히 고르듯 자기 생활을 견고히 조직해야 한다. 기적처럼 영감이 찾아들어도 이를 구체화하고 지속할 방법이 없다면 아무 소용없다. 오히려 영감 따윈 눈 씻고 찾아보기 힘든 삶이라도 나날의 일상을 힘차고 경건하게 꾸려가는 꾸준함을 갖추고 있다면, 그리 특별할 것 없는 뻔한 아이디어조차 발전시킬 방도가 있기 마련이다.

우리에게 부족한 건 결코 영감이 아니다. 대체로 우리가 실패하는 이유는, 영감이 부족한 탓이 아니라(주위에 차고 널린 게 영감이다) 방법이 부재한 탓이다. 자기 목표를 체계적으로, 효과적으로, 지속적으로 추구해나갈 방법을 정립하라. 그 방법에 따라 작은 일부터 시작해 소소한 성취를 이루어보자. 그래서 나쁜 습관을 버리고 좋은 습관을 만드는 것이 중요하다. 일찍 자고 일찍 일어나는 습관은 삶의 경쾌한 리듬을 되찾아준다. 잘 자고 잘 먹고 잘 쉬어야 하는 건 단지 건강을 위해서가 아니라 마음의 평정을 유지하기 위해서다. 성실성을 기르기 위해서라면 근면성실을 굳게 다짐하기보다 매일 하루도 거르지 말고 30분씩 뛰거나 걷는 편이 낫다. 늦은 밤까지 양껏 술 마시는 버릇은 가급적 버리는 게 좋다. 자주, 많이 마시는 술은 사람을 아둔하게 만들고 판단력을 흐리게 한다. 권태에서 벗어나기 위해 자극적인 것을 즐겨 찾으면 어느새 자극에 수동적으로 반응하는 인간이 된다. 집중력이 떨어지고 일의 효율이 오르지 않으면 맵거나 짜고 단 것을 멀리하고 담백한 음식 위주로 식단을 짜보자. 그리고 이 모든 개선 사항을 꼼꼼히 기록하고 점검하자. 기록하고 분석해서 피드백하지 않으면 실질적인 개선은 이루어지기 힘들다.

고로 나는 당신에게 권한다. 하루하루 자신에게 주어진 거리를 자기 페이스대로 쉼 없이, 꾸준히 달려 42.195킬로미터를 완주하는 법을 체득한 노련한 마라토너 같은 존재가 되기를. 그 다음에 무언가 도모해도 결코 늦지 않다.

나는 절대적으로 좋은 삶이란 없다고 믿는다. 그래서 당신의 삶과 나의 삶을 비교하는 건 무의미하다. 어제보다 나은 삶이 있을 뿐. 과거가 우리를 규정하는 불가피한 기정사실이라면, 어제보다 나은 삶을 살기 위해서는 그 지독하게 빽빽한 밀림을 손수 헤쳐나오는 수밖에 없다. 하지만 이 분투는 눈보라가 휘몰아치는 극지를 뚫고 나오는 것과 마찬가지여서 한치 앞도 가늠하기 어려울 난전일 것이다.

이 싸움이 악전고투인 이유는 지난 일들이, 상처와 불행들이, 당신을 둘러싼 온갖 환경과 조건이 당신을 이미 어떤 사람으로 만들었기 때문이다. 하여 당신은 자기 자신과 싸워야 한다. 지금 자신에게 보이는 것이 거짓된 자아의 투영일 수 있음을 자각하면서 자기가 여전히 보지 못하고 있는 것이 무엇인지 자문해야 한다. 불확실성 가운데 낙담하지 않고 한걸음씩 분투하듯 전진하면서, 당신이 '아주 조금' 더 나은 삶을 살 수 있을 뿐임을 담담히 받아들여야 한다. 단지 그것만을 희망해야 한다. '아주 조금'의 전진을 줄기차게 바라면서 다음 발걸음 내딛기를 포기하지 않아야 한다.

이 장의 글이 또다른 유의 대책 없는 자기계발서처럼 읽히지 않기를, 그러니까, 당신에게 부질없는 희망을 불어넣지 않기를 바란다. 이 '아주 조금'의 역설을, 이 절망과 긍정을 한꺼번에 껴안을 각오가 되어 있지 않다면, 아예 시작하지 않는 편이 좋다. 다시금 말하지만, 이 세상은 결코 호락호락하지 않다.

아주 조금 더 나은 삶을 위한 조언 2

잠시 눈을 감고 당신의 마음이 자석이라고 상상해보자. 여기서 중요한 점은 당신의 머릿속에 구체적이고 생생한 이미지로, 그러니까 붉은 S극과 파란 N극을 가진 진짜 자석을 떠올려야 한다는 것이다.

그리고 다시 백지를 펼치고 자를 대지 않은 채 연필로 백지에 수직선을 긋는다. 수직선 위에 영어 대문자로 'I'를 적고, 수직선으로 나뉜 왼쪽 칸 상단에 'inside'라고, 오른쪽 칸 상단에 'outside'라고 쓴다. 글씨를 공들여 잘 쓸 필요는 없지만 현시점의 자기 삶을 결산해본다는 생각으로 적는다.

여기서 'I'는 물론 당신이다. 당신은 어떤 본질을 타고난 불가침의 주체가 아니다. 단지 삶의 안과 밖을 가르는 비뚤비뚤한 선과 같은 존재다. 이 선은 하나의 가설막이자 투과막에 불과하므로 안에 있는 것들이 새어나오기도 하고, 바깥에 있는 것들이 스며들기도 할 것이다. 이제 당신 자신을 안과 밖의 경계선 사이를 떠밀리듯 부유하는 유기체라고 여기자.

왼쪽 칸, 즉 당신의 내부 공간이 될 그곳에 '독서' '운동' '사색'이라 적는다. 그리고 잠시 돌이켜 생각해본다. 지난 일주간, 아니 한 달간, 가능하다면 지난 1년 동안 하루 평균 얼마의 시간을 '독서' '운동' '사색'에 썼는지를 말이다. 만약 한 시간 미만의 시간을 할애한다면 당신은 살아가면서 가장 중요한 일, 즉 자기 자신을 가꾸고 계발하는 일을 소홀히 하고 있다는 뜻이다. 두 시간 안팎을 쓴다면 지금보다 나은 삶을 살기 위해 의식적으로 노력하고 있다는 뜻이다. 나는 당신에게 하루 두세 시간가량 독서, 운동, 사색에 할애할 것을 권한다. 바쁜 일상 가운데 이 정도 시간을 내는 건 도저히 힘들다고 생각하는 사람도 있겠지만, 지금보다 한두 시간 일찍 일어나고 TV나 스마트폰 들여다보는 시간을 아끼면 아침과 저녁에 한두 시간 정도 시간 내는 일은 생각보다 그리 어렵지 않다.

독서, 운동, 사색 같은 활동은 기업의 연구개발 활동과 비슷하다고 보면 된다. 개인에게나 기업에게나 이러한 활동은 현재의 자원을 미래의 목표를 위해 투자하는 성격을 갖는다. R&D 투자를 게을리 하는 기업은 밝은 미래를 기약할 수 없듯이, 자기 자신에 대한 투자를 소홀히 하는 사람 역시 삶의 지속가능한 발전을 기대하기 어려울 것이다. 평소 자기 계발을 게을리 하는 이에게 이런 상투적인 권고가 얼마나 현실적으로 다가올지 모르겠지만, 자기 발전의 선순환을 가져오기 위한 그 외의 다른 방법을 나는 알지 못한다. 속는 셈 치고 일단 해보시라. 어떤 종류의 일은 해보고 나서야 비로소 그 필요가 깨달아지는 법이니까.

하루도 거르지 않고 같은 활동을 반복하는 일은 아마 단조롭고 지루할 것이다. 같은 구간의 루프를 의미 없이, 빙빙 도는 듯한 인상을 받게 될 것이다. 하지만 이 단조로운 권태의 시간을 조금만 견디고 이겨내보자. 조금만 지나면 동일 구간의 루프를 무의미하게 돈 것이 아니라, 나선형 계단을 타고 더디지만 꾸준한 속도로 돌았음을 알게 된다. 결국 한 바퀴의 루프를 돌고 나면 아주 조금의 높이가 생길 테니 소득 없는 반복은 아닌 셈이다.

이 동일 구간의 루프를 독서와 운동 그리고 사색만으로 채울 필요는 없다. 홀로 차를 마시거나 좋아하는 음악을 듣거나 외국어를 배우거나 봉사활동을 하거나 일기를 쓰거나 꽃을 가꾸거나 레고블록을 조립하거나 성경을 읽거나 청소를 하거나 고양이와 함께 낮잠을 자거나…… 소소한 기쁨을 느낄 수 있는 여러 활동을 일상의 여백에 편입시켜 삶의 활력을 더하는 지혜는 굳이 성공한 삶을 꿈꾸지 않는다고 해도, 성숙한 삶을 위해 배워두면 좋을 지혜다. 다만 서툴게나마 자기 손으로 시작해 자기 힘으로 해내는 자기 주도적 활동이어야 한다는 점과 그 일을 되풀이하는 가운데 능숙해지는, 다시 말해, 아주 조금의 차이가 생기는 활동이어야 한다는 점을 잊지 말자. 이 반복을 통한 차이가 쌓이며 우리 삶이 조금씩 달라질 테니까.

이제 백지의 오른쪽 칸, 다시 말해 당신의 외부 세계가 될 그곳에 '실행' '경험' '만남'이라 쓴다.

나는 이 중에 실행을 우선으로 여긴다. 무언가 하다보면 뭔가 경험하게 되고 누군가 만나게 마련이니까. 그러니 무언가 하고 싶은 마음이 든다면 일단 하고 보자. 그저 아무 생각 없이 그걸 하라. 일단 해보면 그다음이 깨달아지고 보일 것이다. 내가 과연 이걸 할 수 있을지 의심이 든다면, 마땅하고 정당한 의심이라 여겨라. 어쩌면 당신은 하지 못할 수도 있다. 하지만 당신이 할 수 있는 일만 한다면, 그건 의미 없는 반복일 뿐이다. 당신이 무엇이라서 무엇을 할 수 있는 것이 아니라 당신이 무엇을 하므로 무엇이 된다고 믿어야 한다. 그렇게 믿고 그 무언가를 해내야 한다. 차라리 안 되는 걸 당연히 여기고, 괜한 절망 말고, 한 번이라도 더 해보자. 절박한 사람은 절망하지 않는다.

하지만 정작 문제는 무얼 해야 할지 모른다는 것이다. 어려서부터 주입식 교육을 받고 자란 탓인지 시키는 일은 곧잘 해도 자기 과업을 찾는 일은 낯설기만 한 게 우리다. 처음에는 뭔가 해보려고 해도 뭘 해야 할지 막막하기 그지없을 것이다. 누가 시키지도 않은 일을 내가 왜 해야 되는 건데, 싶기도 할 것이다. 그러니 누군가 시킬 법한 일은 웬만해선 하지 말라. 하다보면 누가 시키지도 않은 일을 시켜서 하는 듯한 억울함이 치밀 수도 있으니까. 아무도 시킬 법하지 않은 일, 당신 아니면 아무도 못할 것 같은 일, 그래서인지 당신이 꼭 해야 될 것 같은 일을 찾아서 하는 편이 현명하다. 물론 그게 무슨 일이 될지 당신 아닌 나는 알지 못한다. 부서장이 지시하지도 않은 부실사업 개편안을 수립하는 일일 수도 있고, 아이들 급식상에 랍스터를 올리기 위해 수산시장 도매상인과 염가 거래를 트는 일일 수도 있으며,[1] 매일 밤 어린 딸을 재우기 위해 들려주는 이야기를 각색해 '좋은 동화' 공모전에 응모하는 일일 수도 있지만, 여하튼 이 세상 어딘가에 존재할 당신만의 자리를 발견하고 찾아가는 일이였으면 좋겠다.

내 경험으로는 일단 할 일이 정해지면 꾸준히 하는 것만큼 효과적인 건 없다. 매일 한두 시간씩 자기 과업에 투자해보자. 당신이 학생이든, 회사원이든, 공무원이든, 사장님이든 남이 시키지도 않은, 시급치도 않은 일에 어차피 그 이상의 시간을 내기도 어렵다. 하지만 꾸준함의 마법이 발휘되는 이 매일의 한두 시간을 절대 무시해선 안 된다. 잘 뛰진 못해도 달리기가 취미인 나 같은 사람이 매일 한 시간 반씩 뛰면 대략 15킬로미터쯤 뛴다. 이 별것 아닌 듯한 거리가 1년 동안 쌓이면 5000킬로미터가 넘고, 이 거리는 충북 보은군에 사는 '작은 람보' 진장환씨가 69일 만에 미대륙을 달려 횡단한 거리와 맞먹는다(이로써 그는 미대륙을 횡단한 280명의 러너 중 한명이 되었다).[2] 물론 당신이 매일같이 하고자 하는 일이 미대륙 횡단은 아닐 테지만, 어떤 일이든 매일같이 꾸준히 하면 그에 못지않은 위력을 발휘한다. 하루아침에 산을 쌓을 수는 없어도, 하루아침의 일이 여러 해 동안 쌓이면 야트막한 언덕 정도는 만들 수 있다.

실행이 엔트로피 법칙이 지배하는 세상에 맞서 자기 의지로 무언가 새롭게 시작하는 행위의 과정이라면, 경험은 내게 일어나는 일을 받아들이는 이해의 과정이다. 어떤 경험이든 주체와 분리된 독자적인 경험은 없고, 언제나 (그 일을 겪는) 누군가에 의해 해석되고 수용된 경험만이 존재한다. 슬퍼할 길밖에 보이지 않는 불행과 마주할 때조차 인간은 사건을 달리 경험한다. 다른 경험을 하고, 다른 교훈을 얻는다. 자극과 반응을 매개하는 이 '경험'이라는 공간에 한낱 취약하고 연약한 우리의 희망이 존재한다.

그런데 사실 이런 고상한 말은 막상 일이 닥치면 아무 소용없다. 자신에게 감당하기 힘든 시련이 닥치면, 세상이 곧 끝나기라도 할 것처럼 낙담하고 허둥지둥하기 마련이다. 돌이켜보면 이런저런 곤경에 처한 친구들에게 조언한답시고 되지도 않는 말을 많이 한 것 같은데, 이제 와보니 부끄럽고 반성된다. 정작 내가 비슷한 일을 겪어보니 무너져내린 마음 추스르기도 버겁더라. 그래서 기왕 겪을 일이라면 담담하고 품위 있게 견뎌내라는 따위의 말은 이제 낯간지러워 못하겠다. 차라리 그런 순간에는 깨끗이 패배를 인정하고, '이번 생은 망했구나' 하는 심정으로 체념의 태도를 갖는 게 오히려 마음 편하다. 용가리 통뼈도 아닌데, 슬프고 아플 때 괜한 저항 말고, 의연한 척 굴지 말고, 맘 편히 드러눕자. 어떤 일은 그저 홍역 치르듯 앓고 지나가는 수밖에 없다. 하나님의 아들이라는 분도 이 세상에 내려와 온갖 수모와 시련을 당하며 끝내 십자가에 못박혀 돌아가시는 수난자의 신세를 면치 못했는데, 우리라고 별 수 있을까. 삶의 어느 시절엔 자기 십자가 지고 묵묵히 걸어가는 게 우리를 향한 신의 뜻일 수도 있겠다.

그러니 인생의 좋지 않은 시기가 닥치면 밥 잘 챙겨먹고, 잠이나 푹 자고, 되도록 아무 생각 말자. 생각한다고 딱히 뾰족한 수가 생기는 것도 아니며, 생각해서 떠오르는 묘수는 묘수가 아닐 가능성이 높다. 일단 버티고 살아남을 궁리부터 하자. 어떻게든 살아남으면 좋은 날이 꼭 온다고…… 장담할 수는 없지만, 그래도 그 판국에 살아남는 게 어딘가. 그래도 아파서 죽었다시피 하다 살아난 다음날이면 세상이 달라 보이지 않던가. 세상이 좀더 깊고 차분한 색조를 띤 듯하고, 별것 아닌 일상이 고맙고 새삼스럽게 느껴지지 않던가. 시간이 지나면 알게 될 것이다. 당신에게 일어난 일이 아무것도 아닌 건 아니지만, 결국 아무것도 아니라는 사실을.

마흔을 훌쩍 넘겨 살아보니, 나 자신의 정체란 고정된 실체가 아니라는 것을, 나란 존재는 불가침의 주체가 아니라는 것을 대충 알게 된다. 그 끝에 깨닫는다. 나란 사람은 깨진 거울 조각에 얼핏얼핏 비쳐드는 반영처럼 종잡을 길 없는 존재라는 것을, 주섬주섬 모은 귀가 맞지 않는 조각들로 맞춰진 직소퍼즐처럼 두서없는 존재라는 것을. 그러니 자기 자신을 너무 믿지 않는 편이 좋다. 차라리 나에게로 흘러드는 나 이외의 모든 것을 중시함이 현명하다. 때문에 먹는 음식이 중요하고, 사는 환경이 중요하며, 주변 사람이 중요한 것이다. 맹모삼천지교의 교훈이 그리 멀지 않다.

간혹 법정에 서게 된 소년범의 부모들이 곧잘 하는 하소연이 있다. 우리 아이가 원래 이런 아이가 아닌데 나쁜 친구에게 물들어 이렇게 되었다고 말이다. 하지만 이 말에는 논리적 오류가 있다. 나쁜 친구가 원인이 되어 그 결과로서 우리 아이가 타락했다는 것인데, 알고 보면 부모가 이해하는 인과관계는 상관관계일 확률이 높다. 착한 아이가 나쁜 아이에게 물든 것이 아니라 원래 나쁜 아이들끼리 어울려 놀았을 가능성이 더 높다는 뜻이다. 가재는 게 편이고 초록은 동색이라는 옛말이 헛말은 아니다. 타인은 나를 비추는 거울이자 반영이라는 말도 있듯이, 주변 사람이 나를 전부 설명하진 못해도 어느 정도는 설명한다. 주변 사람은 나란 사람의 정체를 부분적으로 설명하는, 나의 특정한 단면을 얼핏 비춰주는 깨진 거울 조각 정도는 된다.

그렇기에 만남이 중요하다. 나쁜 물에 들지 않기 위해서든, 내가 원래 그런 사람이 아니라는 것을 보여주기 위해서든 좋은 인연을 골라 사귀어야 한다. 쓸모없는 사람은 찾아오지만, 좋은 벗은 내가 먼 길을 찾아가서라도 사귀어야 한다는 옛말도 있다. 내가 으뜸으로 치는 사람은 담백한 마음씨를 지닌 사람이다. 그런 사람은 곁에 두고 오래 사귀어도 물리지 않고, 귀한 차처럼 시간이 지날수록 깊은 맛이 우러나오며, 그의 좋은 향기가 내게 배어들기도 한다.

이제 삶의 내면과 외면을 갈무리한 메모를 펴놓고 당신의 삶에 부족하거나 결여된 요소는 없는지 점검해보자. 그리고 지금 당신에게 필요한 무언가의 요소를 하나둘 적어보자. 이제 'I'축을 경계로

'독서, 운동, 사색'의 내측과 '실행, 경험, 만남'의 외측으로 뚜렷하게 구획된 당신의 일상을 일종의 자석 같은 것이라 생각해보자. 자기 발전의 선순환 루프가 내장된 이 자석을 매일같이 회전시키면 어떤 일이 생겨날까. 놀랍게도, 자가발전이 일어난다(초등학생이 즐겨보는 과학만화를 보고 최근 알게 된 사실인데, 마이클 패러데이가 자석을 코일 주위로 회전시켜 전기를 발생시킨 최초의 실험에 성공했다고 한다). 이렇게 자가발전이 되면 삶의 방향이 잡히고, 동기가 부여되고, 추진력이 생기며, 이런저런 도전과 시도, 좌절과 실패 끝에 작은 성취를 경험하다가 결국 뜻하지 않은 순간에 삶의 결정적 변화를 맞게 된다.

나는 이러한 변화의 원리를 '자성의 원리'라고 부른다. 자성의 원리는 자기 발전의 꾸준한 반복을 통해 작지만 강력한 자성을 띤 자기주도적 존재가 되는 것을 말한다. 자석 같은 존재는 늘 일정한 곳을 지향한다는 점에서 철붙이와는 다르다. 자석의 양극이 항상 북극과 남극을 가리키듯, 내면의 나침반은 당신의 나아갈 곳을 조용하고 끈질긴 목소리로 일러줄 것이다. 자석 같은 존재는 일정한 방향 아래 무언가를 자발적으로, 지속적으로, 체계적으로 해내는 존재다. 목표와 방법을 아울러 갖춘 존재다.

물론 우리는 태어난 기질과 성격에 따라 그때그때 생겨나는 이런저런 관심을 갖고 살아가기도 한다. 하지만 그럴 때 우리의 기분과 감정, 생각은 절제되거나 다듬어지지 않은 채 이리저리 떠다니는 구름마냥 흘러간다. 잡다한 감정과 생각이 무심결에 말과 행동으로 이어지지만, 정제되지 않은 감정의 토로, 어쩌면 날 것의 배설에 가까운 것이 된다. 솔직함을 가장한 노골적 언어가, 격식을 제 편의대로 생략한 상스러운 몸짓이 된다. 이렇게 정돈되지 않은 거친 언행에 길을 터주면, 이내 그 사람의 습관과 성향으로 고착되기 쉽다. 이처럼 무질서하게 되는 대로 살아서는 자석 아닌 철붙이 같은 존재가 되기 쉽다. 삶의 불가피한 선행조건에서 헤어나오지 못하거나 강한 자성의 존재에 이리저리 치이며 엉겨붙는 존재 말이다.

더욱 나쁜 경우는 자극적이거나 부정적인 자성으로 가득한 존재가 되는 것이다. 자극적인 자성을 띤 존재는 나쁜 자극에 민감하게 반응하는 존재다. 자극이란 것이 건전하고 좋은 것이면 좋으련만, 이 세상에서 우리를 자극하는 요소는 대개 그렇지 못하다. 성적 유혹과 도덕적 타락, 떠들썩한 유흥, 중독과 탐닉 같은 일들은 얼마나 매력적으로 느껴지는가. 이런 일에 한번 재미를 들이면 평범한 일상은 따분하고 지루하게 여겨질 수밖에 없다. 그렇게 죄는 자기 삶에 대한 권태에서 배태되고, 미지의 자극에 대한 매혹으로 완성된다. 그렇기에 자극적 인간의 자성은 끌어당김의 자성이 아닌, 끌어당겨짐의 자성이다. 자유롭다는 자신의 착각과 달리, 자유롭지 못한 존재다.

한편, 부정적인 자성의 인간은 자기 자신조차 하나의 사물처럼 취급한다. 그는 스스로를 무언가에 의해 빈틈없이 규정된 기성의 존재, 자기가 무엇인지(혹은 무엇이 되어야 하는지) 규정할 자유조차 상실한 존재, 그러니까 이미 종결된 가능성으로 바라본다. 견고한 자기규정에 갇힌 그에게 삶은 숨막힐 듯한 감옥처럼 느껴진다. 그에게 자성이 있다면, 끌어당김의 자성이 아닌, 밀어냄의 자성일 것이다.

이것이 내가 우리 마음이 자석이라고 상상하는 것만으로 아주 조금 더 나은 삶을 살 수 있다고 믿는 이유다. 나는 이 교훈적인 우화를 가끔 자녀들에게 들려준다. 그리하여 '인간이란 마음 한복판에 큼직한 자석을 품고 있는 존재'라는 결론 끝에 의미심장하게 덧붙인다. 마음속 자석이 가리키는 N극은 Never, Negative의 약자이고, S극은 yeS, thankS의 약자라고. 그래서 우리 마음속 자석이 어느 쪽의 극을 가리키고 있는지 간단히 판별하는 리트머스 시험지가 바로 '감사'라고 설명한다(솔직히 이런 훈계는 아이들이 별것 아닌 일로 투정을 부릴 때 자주 써먹는 방법이다).

만약 당신의 마음 속 자석이 N극을 가리키고 있다면, 뭔가 불만스럽고 우울한 마음 상태에 매사 귀찮고 회의적이라면, 지금 무언가 잘못되어가고 있다는 신호다. 물론 그걸 깨달았다고 해도, 지금 당장 고칠 도리는 없다. 긍정적인 마음을 갖자는 식의 다짐은 당신에게 별 도움이 되지 않을뿐더러, 오히려 거부감만 들게 할지 모른다. 자성은 한순간에 바뀌지 않는다.

그러니 지금 당장 무언가를 해보려는 조급함을 버리고 마음을 차분하게 가라앉히자. 그런 상태에서는 뭔가를 무리해서 해봤자 잘 되지 않을 공산이 크다. 당장의 과업을 추구하는 것보다 건강한 마음을 갖는 게 우선이다. 내가 말하는 건강한 마음이란 감사와 활력으로 가득찬 자기주도적 자성을 띤 마음이다(이런 마음이 어떤 마음인지 선뜻 와닿지 않는 분은 아이유의 〈팔레트〉를 들어보시길. 이 노래의 전체적 분위기인 수줍고 설레는 자신감이 살풋 묻어나는 마음이 내가 말하는 마음 상태다). 물론 건강한 마음을 갖자는 결심만으로 건강한 마음이 얻어지는 건 아니다. 올바른 방향 정립에 이은 효율적이고 체계적인 루틴이 꾸준하게 지속될 때, 그리하여 자기 발전의 선순환 루프가 자가발전으로 이어질 때, 비로소 마음의 자성이 아주 조금씩 긍정적으로 변모해갈 것이다.

이 수고로운 분투에도 불구하고, 당신이 지킬 만한 모든 것 중에 마음을 지키는 일은 그에 값하는 일이다. 당신 삶의 근원이 바로 여기에 있기 때문이다.[3]

검사의 미덕

어느덧 법관 생활을 15년 넘게 해오고 있는 요즈음 들어, 가끔 심심할 때면 법조인이 갖춰야 할 미덕은 무엇일까 생각해본다. 최근 들어 이 질문을 심심찮게 떠올리는 이유는 지난해 형사부에서 근무하던 시절 우리 재판부 공판을 담당했던 박모 부장검사 덕분이다. 이 분은 왕년에 대검찰청 공안과장을 역임할 정도로 잘나가던 분이었는데, 공안부 출신 검사가 찬밥 신세가 되는 시류를 타고 한직으로 밀려났다. 그래도 검사인데 한직이라니 선뜻 이해되지 않을 수도 있겠다. 수사검사든 공판검사든 검사동일체의 원칙이 적용되는 한몸의 검사이니 매한가지 아닌가. 이론이야 그렇겠지만 속사정을 듣고 보면 그렇지 않다. 일단 수사검사는 검찰청의 어엿한 자기 사무실에서 직속 부하직원들과 함께 자기 소신껏 사건을 수사한다. 매달 경찰에서 송치되는 어마어마한 사건들의 홍수에 떠밀려 매일 밤늦게까지 격무에 시달린다고는 하나, 그 과정에서 느끼는 보람도 적지 않을 것이다. 이에 비해 공판검사는 남의 집에서 시댁살이하는 며느리처럼 까다로운 시어머니 노릇하는 판사의 온갖 지적질을 감수하며 일해야 한다. 게다가 수사검사가 엉성하게 수사해서 기소한 사건에서 공판검사가 열심히 증거를 보완해 유죄를 받아도 티도 잘 안 난다. 반면 어쩌다 무죄라도 나면 '네가 공소유지를 잘못해 다 된 밥에 코 빠뜨린 것 아니냐'는 애먼 소리를 듣기도 한다. 한마디로, 잘해봐야 본전이고 잘못하면 '독박 쓰는', 검찰 내 비선호 보직이 바로 공판검사 직이다.

그래서인지 몰라도, 내가 여태껏 만난 공판검사들은 어딘지 모르게 나사 풀린 것 같은 분들이 적지 않았다. 물론 개중에는 자기 처지와 상관없이 열심히 하는 분도 있었지만, 대체로 무언가 의욕 없이, 따분하고 지루하게 일하는 기색이 내비쳤다. 특히 동기들과의 검사장 승진 경쟁에서 밀려나 공판검사로 배치된, 이른바 '승포검'이라 불리는 부장검사는 서슬 퍼런 재판장도 감히 어쩌지 못할 정도로 체념과 달관의 기운을 진하게 풍겼다.

그런데 우리 재판부에 배치된 이분은 달랐다. 재판을 진행하는 판사 이상으로 재판기록을 꼼꼼히 읽고 검토하고 오는 데다가 20년간의 검사 생활로 다져진 공력 덕분인지 사건을 파고드는 예리함이 혀를 내두를 정도였다. 우리 재판부는 항소심 재판, 즉 1심 재판부가 내린 결론이 옳고 그른지를 가리는 재판을 담당하기 때문에 심리의 출발점이 되는 것은 1심 판결이었다. 대부분의 사건은 1심 재판부의 결론에 수긍할 수 있었지만 간혹 고개를 갸웃거리게 하는 사건도 있었는데, 그런 사건의 첫 공판기일이면 박검사가 모두변론 시간에 1심 판결을 조목조목 비판하며 사자후 같은 열변을 토하는 장면을 어김없이 볼 수 있었다.

특히 어느 고등학생이 술에 만취한 여중생을 강간했다는 혐의로 기소된 사건이 기억에 남는다. 1심 재판부는 성폭행을 당했다는 피해자의 진술을 배척하고 피고인에게 무죄를 선고했다. 사건 당시의 상황에 관한 피해자의 진술이 여러 차례의 수사 및 증언 과정에서 조금씩 달라져 믿기 어렵다는 것이었다. 더욱이 사건 당일 무릎까지 오는 '체육복 반바지'를 입었다는 피해자의 진술과는 달리, 사건 현장 부근의 CCTV 영상에 의하면, 피해자가 허벅지 중간까지 내려오는 '치마'를 입고 있었다는 점도 문제삼았다. 피해자의 고소 내용은 피고인이 술에 취해 의식을 잃은 피해자의 하의를 벗겨 강간했다는 것인데, 그 절체절명의 순간에 어떻게 자신이 입고 있던 옷이 무엇인지 헷갈릴 수 있느냐는 논리였다.

사건의 발단은 고등학교 1학년에 재학중인 피고인이 그해 여름방학을 앞두고 가출해서 친구 박재성(가명)의 자취방에서 함께 생활하게 된 일이었다. 자취방과 피시방을 전전하며 생활하던 피고인과 박재성은 어느 날 피시방에서 놀다 피해자와 피해자의 친구 이주연(가명)과 우연히 마주쳤다. 피고인은 피해자 일행이 재학중인 중학교를 졸업한 선배이자 이주연과 잠깐 사귄 사이인지라 자연스레 어울리게 되었다. 그날 '함께 술을 마시자'는 피고인의 제안에 따라 일행은 박재성의 자취방으로 가서 게임에서 진 사람이 술을 마시는 벌칙 게임을 하며 놀았다. 그렇게 술을 마시다 박재성과 이주연은 술을 사올 겸 바람도 쐴 겸해서 오후 6시 무렵 근처 편의점에 다녀왔는데, 두 사람이 잠시 자리를 비운 동안 일이 생겼다. 피해자의 진술에 따르면, 단둘이 남겨진 상황에서 피고인이 피해자에게 남은 술을 단번에 마실 것을 강권하여 연달아 술을 마시도록 한 다음 만취한 피해자를 침대에 눕혀 옷을 벗기고 성폭행을 했다는 것인 반면, 피고인은 술에 취해 정신을 차리지 못하는 피해자를 침대에 눕혀주었을 뿐 아무 일도 없었다고 주장했다.

그런데 자취방으로 돌아온 박재성과 이주연이 현관문을 열고 들어오는 순간 두 사람이 들어오지 못하도록 피고인이 급히 제지했던 사실이 수사 과정에서 드러났다. 이에 대해 이주연은 '비번을 눌러 현관 도어락은 열렸지만 걸쇠가 잠겨 있어 문이 완전히 열리지 않았다. (문이 열린 틈새로) 피해자가 침대에 누워 있고 피고인이 이불 안에서 뭔가를 하고 있는 것을 봤다'라고 증언했지만, 피고인은 현관문을 바로 열어주지 않은 이유에 대해 '박재성이 자취방에 들어오면 칼로 자해하는 등 소란을 피울 것 같아 칼을 치울 시간을 벌기 위해서였다'라고 변명했다(박재성에게는 자기 신세를 한탄하며 자해하는 주사가 있었다).

피해자가 고소한 피고인의 범행은 이뿐만이 아니었다. 피고인의 두번째 범죄혐의는, 자취방에 돌아온 박재성이 자해 소동을 하며 일으킨 혼란을 틈타 피고인이 피해자를 건물 옥상으로 끌고 올라가 또다시 성폭행을 했다는 것. 이때 피해자는 피고인이 담배를 피우며 한눈파는 사이 또다른 친구 이일표(가명)에게 '어떤 오빠가 나를 성폭행을 하려고 해. 살려줘'라는 메시지를 보냈지만, 1심 재판부는 메시지 내용이 두서없고 구체적이지 않다는 이유로 그 증명력을 높이 평가하지 않았다.

박검사는 첫 공판기일에서 '이렇게 증거가 차고 널렸는데 무죄가 웬 말이냐'는 말로 포문을 열었다. 1심 재판부는 성폭행 당시의 상황을 둘러싼 피해자의 진술이 조금씩 차이난다는 점을 그 진술을 믿기 어려운 근거로 들었지만, 피해자의 특성, 즉 피해자가 사건 당시 중학교 2학년에 재학중인 어린 학생으로서 그 이전에 술을 마신 경험이 전무했던 점을 고려하면, 피해자가 당시 상황에 대해 일관되고 조리 있게 기억하지 못하는 건 어찌 보면 당연하다는 것이다. 박검사는 비분강개한 어조로, 몸도 제대로 가누지 못할 정도로 술에 취한 상태에서 느닷없이 성폭행을 당한 피해자가 당시 상황을 정확히 기억해서 논리정연하게 진술하는 것이야말로 불가능한 일이라고 강변하면서, 1심 재판부의 판단은 인간의 내면 심리에 대한 기본적 통찰을 결여한 무지의 소치라고 공박했다. 게다가 1심 재판부는 흐릿하게 찍힌 CCTV 영상만을 토대로 피해자가 입고 있던 하의가 체육복 반바지 아닌 치마라고 판단했지만, 중학생 딸을 두고 있는 자기가 보기에는 요즘 아이들이 즐겨 입는 방식으로 체육복 반바지를 걷어입은 모양새라고 주장했다(박검사는 자신의 주장이 옳은지 증명하기 위해 피해자가 다니던 중학교 교사를 증인으로 불러 피해자의 복장에 관해 물어보고 싶으니 증인신청을 받아달라고 요청했다). 그렇게 포효하듯 10여 분간 이어진 모두진술에서 박 검사는 1심 판결의 문제점을 조목조목 짚어가며 1심 판결의 부당함을 호소했다. 세부적 표현이나 내용은 잘 떠오르지 않지만, '1심 재판부가 형식논리에 치우쳐 결론을 내는 바람에 한 소녀가 온몸이 부서지도록 홀로 겪어내야 했던 끔찍한 폭력에는 정작 눈감고 말았다'는 통렬한 비판만은 지금도 기억에 남는다.

그렇게 재판은 시작됐고, 검사 측 증인으로 피해자가 재학중인 중학교 교사가 증인으로 출석했다. 교사는 법정에서 사건 당일 CCTV 영상에 찍힌 피해자의 모습을 여러 차례 살펴본 후, "피해자가 무릎까지 오는 체육복 반바지를 접어 입은 것으로 보입니다. 원래 체육복 반바지는 무릎 위쪽까지 오게 되어 있는데, 그러면 다리가 좀 짧아 보이니까 여학생들이 이렇게 걷어 입는 경향이 있습니다"라고 증언했다. 1심 재판부의 판단과 달리, 피해자가 당시 복장에 대해 사실대로 진술했음이 드러난 것이다. 이처럼 박검사는 무죄 판단의 결정적 근거를 뒤집었을 뿐만 아니라, 피해자를 증인으로 신청해서 1심 재판부가 의문을 표했던 피해자 진술의 모순점과 차이점을 해명하는 데 주력했다. 또한 피해자와 이일표 사이에 주고받은 10여 통의 메시지 내용을 분석한 자료를 제출하면서, 메시지들이 한두 단어로 된 짤막한 문장으로 이루어져 있는 데다 거칠고 정제되지 않은 표현과 맞춤법에 어긋난 오탈자가 다수 발견되는 점으로 미루어보아 사건 당시 피해자가 급박하고 절박한 상황에 놓여 있었음이 강하게 추정된다는 설득력 있는 의견을 제시했다.

1심에서 무죄를 선고한 사건을 2심에서 유죄로 인정하기란 법관으로서 여간 부담스러운 일이 아닐 수 없다. 1심의 무죄 판단을 뒤집는 일은 나와 엇비슷한 자격과 능력을 갖춘 1심 합의부 판사들이 검사가 제기한 공소에 대해 여러 의심을 제기하며 유죄 선고하기를 주저한 사건에서 당신들의 의심은 합리적이지 않다고 말하는 일이기 때문이다. 이 사건에서도 피고인에 대해 유죄를 인정하기 위해서는 1심 재판부가 장문의 판결에 성심껏 담아낸 여러 의심들이 해소되어야만 했는데, 유능한 공판검사 덕분에 이 의문들이 공판 과정에서 실타래처럼 풀려나갔다.

결국 우리 재판부는 검찰 측 항소를 받아들여 1심 판결을 파기하고 피고인에게 유죄를 선고했다.[1] 우리 재판부가 (1심 재판부와 달리) 인간의 내면에 대한 깊이 있는 통찰을 갖췄기에 가능한 일이라기보다는 (1심 공판검사와 달리) 2심 공판검사가 충실한 입증활동을 통해 1심 재판부에서 제기한 여러 의문들을 유효적절하게 해소했기 때문에 가능한 일이었다.

형사재판은 진실과 거짓이 빛과 어둠처럼 맞붙어 겨루는 전장이다. 하지만 이 전장에서의 다툼은 서로에게 예를 갖춰 싸움에 임하는 무사들이 단번의 일격으로 상대의 목을 베어버리는 정면승부 같은 것이 아니다. 진실과 거짓이 머리끄덩이 쥐어잡고 엉겨붙어 시장판을 구르는 '개싸움'에 가까운 것이어서, 그렇게 한참 다투다보면 당최 무엇이 진짜이고 거짓인지 알 수 없게 된다. 때문에 영악한 이들은 불리한 형세를 뒤집기 위해 이 점을 악용한다. 방어만 해서는 전쟁에서 이길 수 없음을 아는 이들은 방어하기보다 공격하는 편을 택한다. 뻔뻔하기 그지없고 적반하장도 유분수이지만, 진실을 거짓이라 되받아치고 거짓을 진실이라 우기는 방법만큼 상대를 자극해 이성을 잃게 하고 분탕질을 유도하는 좋은 전략은 없기 때문이다. 그렇게 서투른 진실이 교활한 거짓을 드잡이해 뒤엉키고 말 때, 사실과 허위의 경계는 허물어져 분간할 길 없는 난장판으로 전락한다. 이 사건에서도 가해자는 범행을 부인하는 데 그친 것이 아니라 피해자가 피고인 일행과 술 마시며 어울려 논 일로 학교에서 나쁜 소문이 돌자 이를 무마하기 위해 자신을 허위 고소한 것이라는 어처구니없는 주장을 내세웠다. 또 가해자의 부모는 철없는 아이들이 서로 마음이 맞아 분별없는 짓을 했기로서니 왜 남자애만 처벌받아야 하느냐고 따지기도 했다.

여하튼 유능한 검사 덕분에 실체가 밝혀진 이 사건을 계기로 검사의 미덕이란 무엇일까 가끔 생각해보게 되었다. 내가 생각하기에 훌륭한 검사는 이소룡과 닮았다. 영화 〈용쟁호투〉의 마지막 결투신에서처럼 검사는 자신을 홀리는 거울 속 이미지에 둘러싸여 보이지 않는 적과 혈투를 벌여야 할 숙명을 타고났다. 유능한 검사는 난장판 같은 사건의 한복판에서 사실을 오도하는 온갖 허상에 현혹되지 않고 서슬 퍼런 검으로 적의 골수를 단번에 쪼개는 무사 같은 존재다. 날카롭게 벼린, 잘 드는 칼과 같은 예리함으로 가짜 허수아비의 목을 베고 적의 심장을 꿰뚫는다. 그의 정교한 검술은 치명적이되 군더더기 없고, 적의 숨통을 단숨에 끊되 불필요한 고통은 가하지 않는다. 그렇기에 죄인 된 입장에서도 차라리 그가 구사하는 쾌속의 검법이 은혜처럼 느껴지기도 한다. 반면 무능한 검사는 멍석말이 하는 사내처럼 뭉툭한 방망이를 마구잡이로 휘둘러대는 통에 애꿎은 사람을 잡거나 죄인에게 필요 이상의 수모와 고통을 가한다. 난장판 가운데 끼어들어 서툰 칼춤을 추며 가뜩이나 어지럽고 뒤죽박죽인 이 바닥에 또하나의 난장을 더할 뿐이다.

재작년 여름, 박검사가 옷을 벗었다. 속사정은 알지 못하지만, 조직에서 나름 인정받던 사람이 점차 입지가 좁아지니 별다른 도리가 없지 않았나 싶다. 과거에는 공안검사 출신이 검사장 후보 1순위에 오르며 잘나가던 시절도 있었지만, 이제는 시대가 변해 공안검사 경력이 승진에 불리하게 작용했기 때문이다. 나 역시 박검사를 만나기 전에는 공안검사에 대한 부정적인 선입견이 있었던 것이 사실이다. 간첩 잡는다는 핑계로 민주화운동을 탄압하고 노동자들의 정당한 노조활동을 불법화하는 흑역사가 없지 않으니 말이다. 그런데 이제 생각이 조금 바뀌었다. 검은 고양이든 흰 고양이든 쥐만 잘 잡으면 장땡은 아니겠지만, 쥐를 잘 잡거나 잘 못 잡는데도 단지 검거나 희다는 이유만으로 배척하거나 등용하는 건 옳지 않은 일이다. 젊은 시절에 나는 이념이 확고하고 노선이 명확한 사람을 좋아했던 것 같은데, 나이를 조금 먹으니 이념과 노선만 뚜렷할 뿐 윤리와 방법은 결여한 사람을 경계하게 된다.

박검사의 떠나는 뒷모습이 왠지 쓸쓸하게 느껴져 술잔이라도 기울이며 환송했으면 좋겠다고 생각했지만, 코로나로 사정이 여의치 않았다. 우리 재판부로서는 그동안 고생하셨다는 뜻으로 조촐한 점심식사를 한 끼 대접하는 일이 최선이었다. 식사를 마칠 무렵 괜히 아쉬운 마음에 '아무도 알아주지 않는 일을 왜 그리 열심히 했느냐'고 타박하듯 물었다. 박검사의 대답은 무심했다. "아니, 뭐 특별한 이유랄 것도 없습니다. 그냥 하는 일이니까요. 원체 그렇게 일하는 게 인이 박였어요." 그래, 뭐 대단할 게 있겠는가. 소설가 필립 로스의 말처럼, 영감을 찾는 사람은 아마추어이고 진짜 프로는 그냥 일어나서 일하러 간다.

판사의 미덕

검사의 미덕이야 그렇다 치고, 판사가 갖춰야 할 미덕은 무엇일까. 뛰어난 검사가 1급 무사 같은 존재라면, 훌륭한 판사는 어떤 존재일까. 훌륭한 판사가 어떤 존재인지까지는 잘 모르겠고, 내가 생각하기에 판사와 가장 닮은 영화주인공은 해리 포터다(아, 이소룡과 해리 포터라니, 검사가 될 걸 그랬나). 해리 포터가 입는 마법사 망토 같은 법복을 걸치고 마법 지팡이 같은 의사봉을 휘두르는 것도 닮았지만,[1] 대개 전형적인 모범생 타입의 외모에 안경이 잘 어울린다는 점도 그렇다. 무엇보다 가장 큰 공통점은 법관이 법정에서 읽어내려가는 판결 주문은 마법 주문과도 같은 효력을 갖는다는 점이다. '피고인을 징역 3년에 처한다'라는 주문을 외면 좀 전까지 법정에 멀쩡하게 앉아 있던 사람이 교도소로 끌려가기도 하고, '피고는 원고에게 1억원을 지급하라'는 주문을 선고하면 피고는 판결이 명한 돈을 꼼짝없이 내줘야 한다.

흔히 하는 말이지만, '판사는 판결로 말한다'. 이 명제는 법관이 말의 힘에 근거해, 오로지 말의 힘에 의지해 일한다는 뜻이다. 판사의 말은 탁상에서 만들어지지만 공론이 아니다. 한낱 개념이자 언어에 불과한 법이 누군가의 삶에 적용되어 판결로 선언되는 순간, 사람을 겁박하거나 재물을 강취하는 것 이상의 강력한 물리적 실체를 갖는다. 오죽 했으면 영국의 법학자 존 오스틴은 법이란 총 든 강도가 '돈을 주지 않으면 총을 쏘겠다'라고 위협하는 상황과 본질적으로 다를 바 없다고 말했을까.[2] 판사의 공적 언표에 견주어 판사의 사적 발언은 참을 수 없이 가볍고 무의미하기 때문에 차라리 입을 다물고 있는 게 나을 정도다. 자기 생활에서 가급적 말을 아끼는 판사들의 일반적 성향은 이와 같이 말의 무게를 극단적으로 달리 체감하는 경험에 기인하는 건지도 모른다. 판사는 말의 엄정함을 알기에 말하기를 주저하고 두려워하면서 겨우 용기 내어 말하는 사람이다.

무릇 엄정해야 할 판사의 말이 아무리 엄격함을 가장한다고 한들 바르지 않다면 가혹하거나 헤픈 말에 지나지 않을 것이다. 그러므로 엄격함보다 바름이 우선이다. 말이 바르면 엄격함은 자연히 따라온다. 그렇다면 바른 말이란 무엇인가. 말은 허공에 매달린 과실 같아서 실체에 뿌리내리고 있지 않다면 허황되고 그릇될 수밖에 없다. 판사의 말 역시 정확한 판단에 토대를 두고 있지 못하면 어떤 미사여구를 둘러도 바른 말일 수 없다. 고로 말의 엄정함은 판단의 정확함에 다름아니다. 다른 무엇으로도 판사의 이 미덕을 대체할 길은 없고, 이 미덕만 갖췄다면 다른 악덕은 무시할 수 있을 만큼 사소할 수 있다.

내게 '좋은 판사'라는 단어는 지평선 저 너머의 무지개처럼 추상적이고 막연하게 느껴져서 뭐라 딱히 정의하기 어려운 말이다. 하지만 '나쁜 판사'라는 말은 머릿속에 대충 그려진다(내가 이쪽에 더 가깝기 때문일까). 흔히 나쁜 법관이라고 하면 '해리 포터'에 등장하는 흑마법사 볼드모트처럼 부패하거나 타락한 법관이 떠오르겠지만, 요즘 시대에 그런 판사는 멸종 직전의 공룡처럼 보기 드물다. 나보다 한참 전에 법원에 들어온 선배들이 들려주는 '라떼' 이야기에 따르면, 예전엔 재판을 마치면 변호사들과 어울려 술자리를 하고, 밤늦게까지 마작을 하다 적당히 잃어주는 돈까지 따서 새벽별 보며 기분 좋게 귀가하던 시절도 있었다지만, 나는 마작은커녕 화투도 못 치고 새벽별 뜨기 전에 잠자리에 들어야 한다고 믿는 사람이다.

내 경험에 의하면, 판사가 나빠지는 이유는 드라마에 나올 법한 사연, 다시 말해 거악에 포섭된다거나 뇌물을 먹는다거나 정치권의 압력을 받는다거나, 좀더 드라마틱하게 딸을 납치한 삼합회에 의해 남몰래 협박받는다거나 등등의 사정 때문이 아니다. 아마 지금 어딘가에 살고 있을 어느 평범한 김모씨의 삶이 조금씩 나빠지는 이유와 크게 다르지 않을 것이다. 하루하루 살다보니 어느새 타성에 젖어 게을러지고 불성실해져서. 혹은 편협해지고 단순해지고 무식해지다 못해 용감해져서.

결국 이 문제, 그러니까 나태와 편협이라는 문제가 판사의 악덕을 대표하는 양대 축이라 하겠다. 부패나 타락은 갑자기 당하는 교통사고나 느닷없이 찾아오는 불치병이라고 할 수 있지만(그냥 깔끔하게 '훅' 간다), 나태와 편협은 건강관리를 잠시 소홀히 하면 누구나 겪을 수 있는 만성질환쯤 된다(그 상태로 골골하게 정년을 채울 수도 있다). 나의 법관 생활을 돌이켜보면, 대체로 나는 그럭저럭한 판사였고 간혹 어쩌다 괜찮은 법관인 적도 있었지만, 나쁜 법관이었던 때도 제법 있었다. 그런데 이런 순간에 나는 어김없이 나태하거나 편협했다.

나태하거나 편협한 법관은 왜 나쁜가. 칼 포퍼는 삶을 '문제해결의 연속'이라 말했지만, 법관만큼 이러한 사실을 체감하는 직업은 없을 것이다. 알고 보면 소송사건의 본질은 분쟁 당사자들이 법관에게 문제를 해결해 달라고 의뢰하는 것이다. 대한민국 국민이라면 당연히 갖는 이 권리는 재판청구권이라는 헌법상 기본권으로 보장된다.[3] 두 사람이 싸우다 답답한 나머지, 길가는 사람에게 누가 옳은지 물어도 갈 길 바쁜 사람들이 답해줄 리 없지만, 법관에겐 그렇게 빠져나갈 도리가 없다. 어찌됐건 법관의 책무는 문제를 해결하는 것, 그것도 타인의 삶에 강력한 영향을 미칠 것이 틀림없는, 마법 주문과 같은 효력을 지닌 판결 주문을 외며 사건을 해결하는 것이니까. 따라서 모든 일의 성패가 법관의 문제 해결능력에 달려 있다고 해도 과언이 아닌데, 법관이 지닐 법한 온갖 악덕들 중에 다름아닌 나태함과 편협함이야말로 문제 해결능력의 부족, 과소 내지 결핍을 야기하는 주범인 것이다.

그런데 법관을 비롯하여 모든 인간은 대체로 나태하고 편협하다는 게 문제다. 아니, 시간이 흐를수록 차츰 나태하고 편협해진다고 말하는 게 좀더 정확할지 모르겠다. 앞서 이야기했듯이, 바나나 법칙이 지배하는 이 세계에서 모든 것이 조금씩 나빠진다는 건 우리가 받아들여야 할 실존적 조건이다. 그래서 우리에게 필요한 것이 윤리다. 도덕이 타인에 대한 관계에서 반드시 지켜야 할 금기를 타율적으로 설정하는 규범이라면 윤리는 자기 자신과의 관계에서 가급적 하는 것이 좋은 행위를 자율적으로 부과하는 규범이다. 말하자면 윤리는 모든 것이 조금씩 퇴락하고 나빠지는 이 세상에서 스스로 조금 덜 나빠지기 위한, 어쩌면 아주 조금 더 좋아지기 위한 규범이라 할 수 있다. 그런 측면에서 일터에서 우리에게 필요한 건 아무래도 도덕보다 윤리일 것이다. 직업이란 자기가 선택한 무언가를 계속하는 것, 그러니까 별다른 영감이나 획기적 비전 없이 무덤덤히 제자리를 지키며 무언가를 계속하는 것이어서 어느 순간 어김없이 타성과 관성에 젖어들고 나태하고 편협해지기 마련이므로.

하지만 내가 아는 판사들 중에는 오금을 지리게 할 정도로 성실한 사람들이 많다. 나도 어디 가면 나름 꼼꼼하고 성실하다는 평을 듣는 축인데 판사들 사이에서는 명함도 못 내밀 정도다. 예를 들어, 재작년까지 같은 재판부에서 함께 근무했던 모 선배법관은 거의 매일 밤늦게까지 야근하고 주말에도 자주 출근해서 일하는 분이

셨는데, 법원 지하에 마련된 탁구실에서 동호회 회원들과 어울려 탁구 치는 일이 인생의 유일한 낙이었다. 그래서 나를 비롯한 후배들은 일과 탁구 사이를 핑퐁 치듯 오가는 그분의 삶을 기리는 의미에서 '업탁業卓'이라는 어엿한 호를 지어드렸다(업무능력이 탁월하다는 뜻도 있다). 또 나와 가까운 어느 판사는 성실하게 일하는 자세로 정평난 한 또다른 여성 판사의 모습을 빗대 '고3 수험생활하듯 일한다'고 평한 바 있는데, 절묘한 표현이 아닐 수 없다. 아침에 출근하면 머리끈 질끈 묶고 집중해서 일하다가 도서관, 아니, 법원 문이 닫힐 무렵 퇴근하는 모습을 지켜보고 있노라면, 고3 수험생활의 연장이 아닌가 싶기도 하니까.

법관이 이리도 성실할 수밖에 없는 이유는 판사가 해결해야 하는 모든 사건이 결국 '케이스 바이 케이스'이기 때문이다. 법관으로 임관된 후 그간 수천 건에 달하는 사건을 처리했건만, 사실관계가 똑같은 사건은 단 한 건도 보지 못했다. 사건들이 서로 얼마나 다른가 하면, 인간의 생김새만큼 다르다. 현재 전 세계 인구가 80억 명에 달한다고 하는데, 엇비슷하게 닮은 사람은 있어도 똑같이 생긴 사람은 없으리라 믿는다. 각양각색으로 저마다 다른 사건들도 이러한지라, 복잡하게 얽히고 꼬인 사실관계를 규명해 겨우 사건을 해결하고 잠시 한숨 돌리고 있으면 어느 순간 난생처음 보는 또다른 돌덩이가 굴러들어와 나를 저 아래로 무참히 밀어 떨어뜨린다. 그럼에도 아무렇지 않게 툭툭 털고 일어나 산꼭대기까지 돌덩이를 밀어 올리는 일을 영원히, 아니, 정년까지 반복하는 천형을 묵묵히 감당하는 것이 바로 판사의 성실함이다.

하지만 판사도 인간인지라 법관생활을 하다보면, 자기 페이스를 잃거나 슬럼프에 빠지거나 온갖 시끌벅적하고 요란한 세상일에 마음을 빼앗기는 시기가 닥친다. 이 시기를 어떻게 넘어가느냐에 따라 수험생활, 아니 법관생활의 성패가 판가름나는데, 나를 포함한 유경험자들의 증언에 따르면 딱히 별다른 방법은 없다고 한다. 그냥 자리를 뭉개고 앉아 버티는 수밖에. 그러다 보면 엉덩이가 점점 무거워지다 못해 어디 마음 동한 곳으로 움직이기 쉽지 않은 형편이 되고, 결국 만사 귀찮아져 사건기록만 펴면 머릿속이 맑아지는 득도의 순간이 온다(고 한다).

선무당이 과연 사람을 잡을 수 있는지는 잘 모르겠지만, 서투르거나 섣부른 '판사질'은 확실히 사람을 잡는다. 판사가 수험생활하듯 끊임없이 공부해야 하는 이유는 바로 이 때문인데, 사법시험 하나 달랑 합격했다고 평생 편하게 놀고먹는 것으로 아는 분들이 꽤나 있어 이 기회를 빌려 오해를 바로잡는다. 행복은 성적순이 아니라지만, 솔직히 말하면 나도 젊은 시절 청춘의 한때를 희생해서 사법시험 붙으면 '고생 끝, 행복 시작'인 줄로만 알고 이 길로 뛰어든 불쌍한 청춘 중 하나다. 그렇게 세기말에 사법고시에 붙어 어느덧 원더키디가 살아가는 2020년을 훌쩍 넘겼건만 여전히 공부중이다. 이런 걸 두고 공부로 흥한 놈은 공부로 망한다고 하나보다. 아들놈이 학원 숙제를 하기 싫다고 가끔 징징댈 때면, 왠지 화가 치밀어

'왜 너는 나보다도 공부 안 하냐'고 윽박지르는 것이 판사의 교육법이다.

사법시험에 합격해서 사법연수원을 수료하기까지 수년간의 트레이닝 과정은 소위 '리걸 마인드legal mind'를 함양하는 과정에 지나지 않는다. 이 정체불명의 '리걸 마인드'라는 용어는 법률가에게 요구되는 최소한의 기본 지식과 법리, 그러니까 문제 해결을 위한 기본적인 틀을 익혔다는 뜻에 불과하다. 그런데 어떤 사건에 대해 정확히 판단하는 일은 일반적 지식이나 일률적 처방으로 가능한 일이 아니다. 법적 판단 과정은 기본 이론과 법리에서 출발하지만, 최종 목적지에 가닿기 위해서는 해당 사건에 정교하게 들어맞는 구체적 지식과 법리를 찾아내 최적 경로를 조합하는 일이 요구된다. 일반 이론의 바탕 위에 개별 법리를 적용해야 비로소 퍼즐조각이 맞춰지는 것이다. 그래서 이 일은 큰 길에서 시작해 지도에도 잘 나오지 않는 오솔길로 이어지는 외로운 순례의 여정을 닮았다. 길눈 밝은 여행자처럼 구체적이고 개별적인 법리들을, 모세혈관처럼 가늘고 세밀한 법리들을 잘 알고 있는 판사를 '법리에 해박하다'고 평가하는데, 사건 속에서 언제나 길을 헤매기 마련인 법관이라면 누구나 듣고 싶은 최고의 상찬이 아닐 수 없다.

최근 들어 '머신 러닝machine learning'이라는 인공지능기술이 각광을 받고 있는데, 기계(머신)가 지속적으로 투입되는 데이터를 통해 자발적으로 학습(러닝)하는 형태의 인공지능을 말한다. 그런데 놀랍게도, 사실 머신 러닝 방식은 법관들이 지난 수십 년 동안 지속하던 학습방식과 매우 닮았다. 매주 수백 건씩 선고되는 대법원 판결들 중에서 주목할 만한 판결이 '판례공보'라는 책자에 실려 공간公刊되는데, 판사들은 격주로 발간되는 이 책자를 읽고 저 나름의 방식으로 머신 러닝을 한다. 그런데 판사들이 이렇게 집요하게 머신 러닝을 하는 까닭은 최첨단의 인공지능기술에 밀려나 일자리를 잃게 되기를 원치 않아서 때문만은 아니다.

나는 앞서 법관은 판단을 조금만 내리는 사람, 부연하면 법의 관점에 따라 판단하는 사람이라고 말했다. 법의 관점이란 우리 사회가 사전에 정한 약속이라 할 수 있는데, 법관은 이 정한 약속에 따라 분쟁을 해결하는 사람이다. 그렇다면 이 약속이라는 것을 어디서 확인할 수 있는가. 일단 법전을 들여다보면 알 수 있다(사적 자치가 인정되는 영역에서는 당사자들이 정한 약속이 법을 대신해서 법적으로 유효한 약속이 되는데, 이를 '계약'이라 한다). 대한민국 법전은 우리나라 국회와 정부에서 적법한 절차를 거쳐 만든 법령 형태의 사회적 약속을 집대성해 수록한 규약집이라 보아도 무방하다.

그런데 두꺼운 법전을 뒤져서 사건에 관련된 법조항을 찾아내도 이게 도대체 무슨 뜻인지 알쏭달쏭한 경우도 있고, 당면한 사건에 적용되는지 여부가 애매모호한 경우도 생겨난다. 법을 적용하기에 앞서 법을 해석하는 일이 논리적으로 선결되어야 하는 것이다. 법 해석이란, '법'이라는 사회적 약속의 뜻을 밝히는 일이라 할 수 있는데, 그중에서 우리나라의 최고법원인 대법원의 법 해석이 가장 중요하다. 대법원 판결은 어떤 약속 그 자체가 아니라 그 약속의 뜻이 무엇인지 말해주는 유권해석에 지나지 않지만, 사실상 대법원의 해석은 특정한 약속(A)의 내연과 외연에 대해 구체적으로 정하는 세부 약속(A′)으로 기능한다. 그런 의미에서 대법원 판례집은 우리 공동체가 정한 다양하고 무수한 약속들(A, B, C … N)이 무얼 뜻하는지 약속해놓은(A′, B′, C′ …… N′) 상세 규약집이라 할 수 있다. 법의 약속에 따라 판단할 의무를 갖는 판사로서는 대법원 판례집을 신줏단지 다루듯 소중히 여기며 공부할 수밖에 없는 이유가 바로 여기에 있다.

판사는 이와 같이 주어진 약속에 따라 일관성 있게, 정합성 있게 판단해야 한다. 일관성 있는 판단이란, 미리 정한 약속에 따른 판단을 고수하는 것을 말한다. 복잡한 세상에서 일관성 있게 살기란 결코 만만치 않지만, 일관성 있게 판단하는 일 자체는 그리 어렵지 않다. 한 아이가 저녁 9시 이후로 간식을 먹지 않기로 부모와 약속했다고 치자. 아이가 늦은 밤 과자나 아이스크림 따위의 간식을 달라고 해도 부모는 '일관성 있게' 거절할 것이다.

하지만 정작 어려운 건 정합성 있는 판단이다. 어느 날 학원에서 늦게 돌아와 식사를 못한 아이가 아빠에게 저녁밥 아닌 초콜릿케이크를 먹겠다고 말한다고 가정해보자(이런 요구는 엄마가 동네마실 나간 틈을 노리고 만만한 아빠에게나 할 법한 요구다). 9시가 넘었으니 간식은 안 된다고 말할 것인가. 그러면 방금 논술학원에서 돌아온, 똑똑한 아이는 반론을 제기할 것이다. 간식은 끼니와 끼니 사이에 먹는 군것질을 말하는데, 자신은 저녁식사를 걸렀으니 지금 먹으려는 케이크는 간식 아닌 저녁끼니라고, 또 일전에도 저녁식사를 거르고 돌아와 엄마가 차려주는 밥을 먹은 적이 있다고 말이다. 이때 아빠에게 요구되는 것이 바로 정합성 있는 판단이다. 아빠(≒판사)는 엄마(≒대법관)에게 연락해서 비슷한 사례(≒대법원 판례)가 있는지 물어볼 것이다. 그 결과 아이 엄마가 저녁을 먹지 못하고 학원에서 돌아온 아이에게 늦게나마 저녁상을 차려준 건 사실이고, 어느 날은 밥 대신 빵을 먹겠다는 아이의 간청을 들어주기도 했으며, 또 어쩌다가는 저녁을 거르고 신상 과자의 봉지를 뜯겠다는 아이에게 꿀밤을 줄 뻔한 적도 있었음을 알게 된다. 그렇다면 당면한 초콜릿케이크 사안에서 어떻게 판단하는 것이 과거의 선례에 부합하는 정합적 판단일까(초콜릿케이크는 식사대용의 빵에 가까운가 아니면 과자와 다를 바 없는가). 그래서 혹시 어쩌다 〈금쪽같은 내 새끼〉에 출연할 일이 생긴다면, 오은영 박사님에게 올바른 양육방침을 '정합성 있게' 적용하는 훌륭한 아빠라는 칭찬을 들을 수 있을 것인가.

미국의 저명한 연방대법관 올리버 웬델 홈즈는 '법 해석이란 법원이 내릴 결정을 예측하는 일'에 불과하다고 지적한 바 있다. 혹자는 이 말을 법적 판단의 자의성을 신랄하게 폭로하는 비판으로 여기지만, 법관인 내게는 그리 냉소적으로 들리지 않는다. 오히려 나는 법을 해석하는 일은 마땅히 그래야 한다고 믿는다. 다만, (판사의 평소의 성향이나 정치적 이념 따위를 분석해서) 법원이 현실적으로 내릴 가능성 높은 결정을 예측하는 일이 아니라, (과거의 사법적 판단들의 정합적 논리를 찾아내서) 마땅히 내려져야 하는 결정을 예측하는 일이 되어야 한다. 법학자 드워킨의 말대로, 판사는 '법'이라는 거대한 이야기를 함께 써나가는 '연작소설가'이기에 그의 직분은 이제까지의 이야기를 가장 좋은 관점에서 설명함과 동시에 앞으로의 이야기를 더 나은 방향으로 지어 보태가는 일이 되어야 한다.

판사가 갖춰야 할 미덕과 피해야 할 악덕이 무엇인지에 관한 체계적이고 종합적인 답변이 되었으면 하는 바람으로 마지막 장을 쓰기 시작했는데, 쓰다보니 언제나 그렇듯 또다시 길을 잃고 지리멸렬해져버렸다. 굳이 변명을 하자면, 사실 법관으로서 도덕을 고민할 일은 그리 많지 않다는 것이다. 도덕보다 윤리가, 윤리보다 방법이, 방법보다 관점이 필요한 일이 바로 판사직이다. 이는 법관에게는 선한 것과 악한 것을 분별하는 일보다 좋은 것과 나쁜 것을 구별하는 일이, 좋은 것과 나쁜 것을 가리는 일보다 효과적인 것과 그렇지 못한 것을 아는 일이 필요한 때가 더 많다는 뜻이다. 무엇보다 사안을 폭넓고 균형 있게 바라보는 관점을 갖는 일이 판사에겐 긴요하다. 이 관점은 세상만사를 깊이 있게 들여다보면서도 적당한 거리를 유지하는 성숙한 화자의 관점과 비슷하다. 어떻게 이런 관점을 얻을 수 있는지는 잘 모르겠지만, 앞서 이야기한 '업탁' 선생을 비롯해 평소 내가 존경해마지않는 몇몇 선배법관들을 지켜보아 아는 바로는 여하튼 가능한 일이기는 하다.

나태와 편협을 악덕으로 갖춘 나쁜 법관을 동전처럼 뒤집으면, 동전의 앞면은 성실과 식견을 겸비한 좋은 법관일지도 모른다. 하지만 판사의 미덕은 그리 쉽게 갖춰지는 것이 아니며, 혹여 잠시 여우비처럼 나타났다가도 가뭇없이 사라져버리는 것이다. 그러니 훌륭한 판사란 신기루와 같은 것이라 여기고, '선 줄로 착각하는 자는 넘어질까 조심하라'고 이른 성경 말씀을 본받아[4] 그저 오늘 하루, 지금 손에 쥔 이 사건에서 조금 덜 나태하고 편협해지자고 다짐하는 게 현명한 일이다.

에필로그

언젠가 무거운 법복을 벗고 세상과 벗하며 살게 될 날이 있으리라 여겼지만, 그게 바로 올해가 될지는 짐작하지 못했다. 그런데 몇 가지 개인적 사정이 겹치면서 다소 느닷없이, 나 역시 뜻하지 않은 시점에 법관직을 내려놓게 되었다.

초임 시절 같은 방을 쓰던 어느 판사님이 내게 사직 소식을 전해 듣고 하는 말씀이, 내가 이미 초임법관 시절에 올해 사직할 것을 예고했단다. 20년의 근무연한이 채워져 공무원 연금수급권이 생기는 해에 법관직을 훌훌 털어버리고 제주도로 가서 글이나 쓰며 자유롭게 살겠노라고, 내가 호기롭게 선포했었다는 것이다. 솔직히 그 판사님한테 그런 말을 했는지는 기억나지 않지만, 재판하고 판결문 쓰는 일보다 책 읽고 음악 듣는 일에 정신 팔려 있던 당시의 나를 생각하면 충분히 그랬을 만하다.

사실 법관으로 임관하기 전에 그런 삶을 꿈꾸며 진로를 고민하기도 했었다. 무슨 세상의 부귀영화를 누려보겠다고 내 알량한 능력에 부치는 판사가 되어 생고생을 하랴. 그저 제주도 같은 데서 도서관 사서 노릇하면서 좋아하는 책이나 마음껏 읽으며 소소하게 사는 게 딱 내 적성인데. 이쯤에서 고백하는 게 좋은 것 같은데, 「흡혈귀의 비상」에 등장하는 곽재은 판사의 모습이 바로 내 젊은 날의 초상이다.

그럼에도 나를 둘러싼 주변 사람들의 시선을 무시할 수 있을 만큼 강심장은 아니었기에(초식남의 한계랄까), 내가 진짜 원하는 삶을 먼 훗날로 유예한 채 판사로 임용신청을 했고, 운좋게 판사가 된 후로는 어리버리한 초임법관으로 좌충우돌하며 법원 생활에 차차 적응해나갔다.

마흔 살쯤 넘어 깨달은 인생의 비밀 중 하나는, 내가 '선택'이라 믿은 결정이 사실 선택이 아니었다는 것이다. 인간의 선택이란 행위가 유효한 영역은 오늘 점심으로 무얼 먹을까 결정하는 일 정도가 아닐까. 대개 우리는 무엇을 선택하는 건지 제대로 알지 못하면서 선택하고, 그 이후의 삶 속에서 내가 택한 것이 무엇인지 차차 알게 된다. 하지만 선택의 문을 열고 나가는 순간, 예기치 않은 일과 사건들이 연쇄적으로 이어지고 그 과정에서 내 협소한 틀이 해체되고 무너지며 끝내 변화된다.

나 역시 법관의 삶을 선택한 이후에 적지 않은 변화를 겪었고, 어쩌면 그러한 변화의 간략한 역사가 이 책의 첫 장부터 마지막 장까지의 이야기인지도 모른다. 그새 공무원연금 수급을 위한 근무연한이 10년으로 짧아졌음에도, 어느새 내 소망은 법과 관련된 소소한 글이나 논문을 쓰면서 정년퇴직하는 일이 되어버렸고, 초임법관 시절의 꿈은 까맣게 잊히고 말았는데, 이제 다시 또다른 문을 열어젖히고 나가야 하는 인생의 갈림길에서 그 시절의 꿈이 떠오르니 슬며시 웃음이 새어나온다.

나는 우리 아들만큼 마블 영화 광팬은 아니지만, 삶의 중요한 분기점마다 또다른 우주가 생겨난다고 믿는다. 만약 그렇지 않다면, 한번밖에 살 수 없는 우리 삶이 너무 씁쓸하고 애잔하지 않겠는가. 아마 이 세계와 다른 우주에는 고시공부를 때려 친 후 재미없는 소설을 쓰며 고양이와 반려하여 사는 인기 없는 소설가가 있을 테고, 제주도의 작은 도서관에 취직해 소소한 일상을 유유자적 살아가는 어느 사서도 있을 것이다.

그리고 재판하는 틈틈이, 이런저런 잡문을 쓰면서 얼마 남지 않은 정년퇴직일을 손꼽아 기다리는 머리 희끗한 법관도 있으리라 믿는다.

주

프롤로그

1 위화, 『사람의 목소리는 빛보다 멀리 간다』, 김태성 옮김, 문학동네, 2012, 148쪽.

2 이하 아이들의 이름은 가명으로 처리했다.

1부

판사의하루

1 하정우, 『걷는 사람, 하정우』, 문학동네, 2018 참조.

법의 관점

1 '법관'은 법원에 소속되어 헌법과 법률에 의하여 양심에 따라 독립하여 심판권을 행사하는 헌법상 직책을 지닌 사람을 말한다(헌법 제101조, 제103조 등). 이중 대법원장과 대법관이 아닌 법관을 일컬어 '판사'라고 한다(법원조직법 제5조 제1항). 이 책에서는 법관과 판사를 특별히 구분하지 않고 사용한다.

2 이 책 1부 「옆집 남자 사건 2」 참조.

3 Scott J. Shapiro, *Legality*, The Belknap Press of Harvard University Press, 2011, p.398.

4 "국민 10명 중 7명 '도둑 뇌사' 집주인 '정당방위'", 2014년 11월 3일, 『아시아투데이』; "내가 더 당해야 인정되는 이상한 정당방위 요건", 2014년 10월 27일,

『중앙일보』.

5 「동의 없는 성관계는 범죄인가 아닌가」, 『한겨레21』 제1231호.

6 Scott J. Shapiro, 같은 책, p.275.

7 존 롤스, 『정의론』, 황경식 옮김, 이학사, 2003, 98~105, 318~328쪽.

8 영국의 대법관인 톰 빙험은 법관을 '법치주의의 초석'으로 표현한 바 있다. "The function of independent judges charged to interpret and apply the law is universally recognized as a central feature of the modern state, a cornerstone of the rule of law itself."

9 이 책 2부 「해석의 문제」 참조.

프로페셔널의 조건

1 "사회적 약자 보듬는 '아름다운 판결문'", 2007년 1월 10일, 『매일경제』.

2 2015년 8월 28일 법률 제13499호 민간임대주택에 관한 특별법으로 개정되었다. 하지만 현행 민간임대주택에 관한 특별법도 비슷한 취지의 분양전환제도를 두고 있다.

3 대전고등법원 2006. 11. 1. 선고 2006나1846 판결.

옆집 남자 사건 1

1 옆집 남자 사건은 필자가 사법연수원에서 재직할 당시 실제 있었던 사건을 바탕으로 모의재판용으로 각색하여 꾸며낸 사건이다. 구체적 사실관계는 실제 사건과는 다르며, 등장인물의 이름은 모두 가명이라는 점을 밝혀둔다.

2 형사소송법 제200조의3 제1항 "검사 또는 사법경찰관은 피의자가 사형·무기 또는 장기 3년 이상의 징역이나 금고에 해당하는 죄를 범하였다고 의심할 만한 상당한 이유가 있고, 다음 각 호의 어느 하나에 해당하는 사유가 있는 경우에 긴급을 요하여 지방법원판사의 체포영장을 받을 수 없는 때에는 그 사유를 알리고 영장 없이 피의자를 체포할 수 있다. 이 경우 긴급을 요한다 함은 피의자를 우연히 발견한 경우 등과 같이 체포영장을 받을 시간적 여유가 없는 때를 말한다. 1. 피의자가 증거를 인멸할 염려가 있는 때 2. 피의자가 도망하거나 도망할 우려가 있는 때."

3 수사기관이 주로 사용하는 DNA 검사기법은 STR 분석법과 Y-STR 분석법으로 나뉜다. STR 분석법은 사람의 상염색체Autosomal Chromosome상에 염기서열이 반복되는 부위(단연쇄반복Short Tendem Repeat)의 반복횟수가 사람마다 다르기 때

문에 개인식별 목적으로 이용되는 방법이고, Y-STR 분석법은 남성을 결정하는 성염색체Sex Chromosome인 Y염색체상의 단연쇄반복부위에 대한 분석이다. Y염색체는 아버지에게서 아들로 유전되어 동일부계 남성의 경우 동일한 Y-STR DNA형을 갖고 있으므로 동일 부계 신원확인용으로 사용되는 방법이다. 개인식별력이 있는 STR 분석법과는 달리, 동일 부계 확인만이 가능한 한계 때문에 부수적인 분석 방법으로 쓰인다.

옆집 남자 사건 2

1 본 단락 서술은 미셸 푸코, 『감시와 처벌』, 오생근 옮김, 도서출판 나남, 2007, 76~79쪽 참조.

2 헌법 제12조 제2항 "모든 국민은 고문을 받지 아니하며 (후략)", 같은 조 제7항 "피고인의 자백이 고문·폭행·협박·구속의 부당한 장기화 또는 기망 기타의 방법에 의하여 자의로 진술된 것이 아니라고 인정될 때 (중략) 이를 유죄의 증거로 삼거나 이를 이유로 처벌할 수 없다", 형사소송법 제309조 "피고인의 자백이 고문, 폭행, 협박, 신체 구속의 부당한 장기화 또는 기망 기타의 방법으로 임의로 진술한 것이 아니라고 의심할 만한 이유가 있는 때에는 이를 유죄로 증거로 하지 못한다."

3 헌법 제12조 제7항 "(전략) 정식재판에 있어서 피고인의 자백이 그에게 불리한 유일한 증거일 때에는 이를 유죄의 증거로 삼거나 이를 이유로 처벌할 수 없다", 형사소송법 제310조 "피고인의 자백이 그 피고인에게 불이익한 유일의 증거인 때에는 이를 유죄의 증거로 하지 못한다."

4 헌법 제12조 제2항 "모든 국민은 (중략) 형사상 자기에게 불리한 진술을 강요당하지 아니한다", 형사소송법 제283조의2 제1항 "피고인은 진술하지 아니하거나 개개의 질문에 대하여 진술을 거부할 수 있다."

5 형사소송법 제307조 제1항 "사실의 인정은 증거에 의하여야 한다."

6 실물화상기에 증거서류를 올려두면, 법정에 설치된 커다란 스크린 막에 증거서류의 내용이 확대 투사된다. 열람 방식을 이용하면, 증거의 내용을 바로 확인할 수 있는 장점이 있으므로 형사재판에서는 서류의 낭독이나 내용 고지보다 열람 방식이 자주 쓰인다.

7 배심원은 증인에게 직접 물을 수 없고 재판장에게 필요한 사항을 신문해줄 것을 요청할 수 있다(국민의 형사재판 참여에 관한 법률 제41조 제1항 제1호).

합리적 의심

1 칼 포퍼, 『추측과 논박』 1, 이한구 옮김, 민음사, 2002 참조.

2 이 문단 및 이하에서 나오는 1종 오류와 2종 오류의 문제, 그에 바탕한 판결의 오류에 관한 이해의 문제에 대해서는 허태균, 「선택의 심리학: 판결의 오류를 상식으로 뒤집겠다고?」, 『신동아』, 2015년 12월호의 내용을 참조하거나 인용해서 작성했다.

3 "약효 없는데 있다고 결론 내리는 1종 오류 줄여야", 2019년 8월 5일, 『아시아경제』.

4 무죄추정의 원칙은 형사재판에서 다음과 같이 작용한다. 첫째, 법정에 서게 된 피고인은 무죄로 추정되기 때문에 이러한 추정을 뒤집어 유죄를 선고하기 위해서는 검사가 공소사실을 입증해야 한다. 둘째, 검사의 입증은 법관으로 하여금 피고인이 죄를 짓지 않았을지 모른다는 합리적 의심이 전혀 들지 않을 정도의 높은 수준의 증명이어야 한다. 결국 공소사실에 대한 입증책임을 누가 부담할 것인지의 문제와 그 입증 정도가 어떠해야 하는지의 문제에서 피고인에게 유리한 방향으로 형사소송의 구조가 설계된 것이다.

5 General Comments No. 13(Article 14), in UN Compilation of General Comments, p.124, para. 7.

6 디지털포렌식digital forensic은 컴퓨터나 디지털전자장치 등에 저장되어 있는 전자정보나 네트워크상에 전송되고 있는 전자정보 중에서 증거로서 가치가 있는 전자정보를 식별하고 수집, 분석하는 첨단 수사기법이다. 검찰의 경우, 대검찰청에 국가디지털포렌식센터가 설치되어 있고, 전국 주요 검찰청에도 디지털포렌식팀이 운영되고 있다.

7 형사소송법 제307조 제2항 "범죄사실의 인정은 합리적인 의심이 없는 정도의 증명에 이르러야 한다."

8 김희옥·박일환 엮음, 『주석 형사소송법』 3, 한국사법행정학회, 2017, 308쪽.

옆집 남자 사건 3

1 국민의 형사재판 참여에 관한 법률은 배심원들이 만장일치로 평결하는 것을 원칙으로 규정하고 있지만(제46조 제2항), 피고인의 유무죄에 관한 의견이 일치하지 않는 경우에는 다수결의 방법으로 평결할 수 있도록 허용하고 있다(제46조 제3항).

흡혈귀의 비상

1 법관들이 수도권 소재 법원과 지방권 소재 법원을 일정한 기간마다 순환 교류하며 근무하는 원칙. 이 원칙에 따라 수도권 소재 법원에 발령받은 판사도 일정 근무연한이 지나면 지방권 소재 법원으로 전보발령을 받고, 지방권 소재 법원에서 법관 경력을 시작한 판사도 일정한 시기가 지나면 수도권 소재 법원으로 발령받는다.

2 조금 달라진 사람이 있다면 오히려 원체 잘난 한도영과 윤민이다. 한도영은 효율적이고 합리적인 재판 진행으로 유명한 판사였다. 재판기록을 꼼꼼히 읽고 쟁점을 완벽하게 파악한 후 재판에 들어가기 때문에 쟁점과 상관없는 말은 잘라버리거나 말이 안 되는 주장은 논리적으로 반박하곤 했는데, 터무니없는 당사자의 주장조차 일단 듣고 천천히 곱씹어보는 습관이 생겼으니까. 딱 부러진 성격의 윤민 역시 곽재은과 부대끼면서 뭔가 흐릿하고 덜 야문 인간이 됐다. 세상사에 자기가 알지 못하는 무언가가 있을 수 있음을 인정하고 가끔 멍때리며 시간을 흘려보내는 인간이 된 것이다.

3 이 드라마를 16부작으로 치면, 문제적 사건은 극 초반에 불거져서 13회나 14회쯤 클라이맥스에 치달아 종반부에 겨우 해결되는 사건이다. 이 사건을 해결하는 과정에서 드라마의 주인공들이 서로 다른 입장과 생각을 내보이며 내홍을 겪다가 어느 시점에 이르러서 서로 협력하며 사건을 해결하는 과정에서 상대의 입장을 조금 더 이해하고 각자 조금씩 변화를 겪게 된다. 반면 에피소드 사건들은 인간의 생과 사, 인생의 희로애락 그리고 삶의 의미에 대해 생각하게 만드는 사건이다. 에피소드 사건에서 판사들은 대체로 충실한 관찰자로 머물며 자기 일의 의미와 가치를 되돌아본다.

4 형사소송법 제420조 제5호.

5 피고인의 범죄혐의는 피해 아동을 사고사로 가장하여 살해한 후 대학병원 영안실에 영치해두었다가 나중에 문제가 불거지자 증거를 없애기 위해 시체를 빼돌렸다는 것인데, 사건 당일 여러 정황상 외부에서 영안실에 침입한 흔적이 발견되지 않았고, 마치 시체가 증발된 듯이 사라졌다.

6 재심결정이 확정되면, 법원은 사건에 대해 다시 심판하여야 한다(형사소송법 제438조 제1항). 재심대상 사건에 관한 종전의 재판이 잘못되었다는 전제에서 새롭게 재판을 하도록 하는 것이다.

2부

3인칭 관찰자 시점

1 귀스타브 플로베르, 『마담 보바리』, 김화영 옮김, 민음사, 2000, 40쪽.

타인의 삶

1 김용직 변호사(대한변호사협회 부회장), "법원, 국민으로부터 듣다", 2015년 서울고등법원 주최 토론회 중에서.

성인지 감수성 이야기 1

1 대법원 2018. 10. 25. 선고 2018도7709 판결.

2 이 책 1부 「프로페셔널의 조건」 참조.

3 대법원은 피고인의 유죄가 인정된다는 취지로 원심판결을 파기환송했다. 파기환송이란, 대법원이 판단하기에 원심판결이 잘못되었다고 보아 사건을 원심에 돌려보내서 다시 심판하도록 하는 것을 말한다(형사소송법 제397조). 결론적으로 파기환송심에서 피고인은 강간 범행이 유죄로 인정되어 징역 4년 6개월의 실형을 선고받았다. 안타깝게도 이 사건의 제1심 무죄 판결이 선고된 후 제2심 판결의 선고를 얼마 남겨두지 않은 어느 날, 피해자 부부는 어느 리조트 캠핑장의 차 안에서 연탄불을 피워놓고 동반자살을 시도해 결국 사망하기에 이른다. 이 부부가 남긴 유서의 말미에는 '죽어서라도 피고인에게 복수하겠다'는 내용이 적혀 있었다.

4 마사 누스바움, 『시적 정의』, 박용준 옮김, 궁리, 2013.

5 제인 오스틴, 『이성과 감성』, 윤지관 옮김, 민음사, 2019, 14쪽.

성인지 감수성 이야기 2

1 법관의 판단 과정에서 성인지 감수성이 작동하는 기제에 관하여는 김선화, 「성인지 감수성 판결의 의미와 영향—확증편향의 극복을 위한 도구로서의 성인지 감수성 법리를 중심으로」, 2019년 법관연수 어드밴스 과정 연구논문집을 주로 참조했다.

2 이언 모리스, 『가치관의 탄생』, 이재경 옮김, 반니, 2016, 142~143쪽.

3 우인성, 「성인지 감수성에 관해 판시한 대법원의 성범죄 형사판결에 관한 소고」, 형사판례연구회, 2020년 7월 발표논문, 20~21쪽.

4 이 장의 글을 쓸 당시인 2019년 필자는 서울고등법원에서 두 남성 법관과 함께 형사합의사건에 대한 항소심을 담당하고 있었다.

해석의 문제

1 이 장은 필자가 집필한 논문인 「법관의 양심에 관한 연구」, 사법논집 58집(2015)을 상당부분 참조하여 집필하였음을 밝힌다. 집필의 편의상 구체적인 인용 출처를 밝히지 않는다.

2 서형, 『법과 싸우는 사람들』, 후마니타스, 2011, 9쪽.

3 이 책 2부 「법의 미학」 참조.

4 '공원 내 차량 출입금지No vehicle in the park' 사안은 영국의 법학자 하트가 법의 열린 구조를 설명하기 위해 예로 든 가상의 사안인데, 그후에도 여러 법철학자가 자신의 이론을 설명하기 위해 예시로 활용했다.

5 하트의 견해에 대한 소개는 H.L.A.Hart, *The Concept of Law*, Oxford University Press, Second Edition, pp.125~133 참조.

플랫폼 노동자 이야기

1 '배달의 민족'은 배달하지 않는다는 사실을 아시는지. 배민 라이더 박정훈 씨가 펴낸 책 『배달의 민족은 배달하지 않는다』(빨간소금, 2020)를 읽어보면 알 수 있지만, '배달의 민족'이나 '요기요' 같은 앱은 고객과 식당을 연결하는 거간꾼 노릇만 하는 플랫폼이다. 그렇다면 식당 주인으로서는 고객이 앱을 통해 주문한 음식을 배달 장소로 배달할 사람이 필요하게 된다. 물론 식당 주인이 직접 배달하거나 라이더를 고용할 수도 있지만, 배달을 위해 매장을 비우거나 배달원을 채용하는 건 사업에 적지 않은 부담이 된다. 이때 등장하는 것이 배달대행 플랫폼인데, 배달대행 플랫폼은 식당 주인들과 계약을 맺어 음식을 배달하는 일을 중개한다.

우리가 도로에서 흔히 접하는 배달 오토바이에 얹힌 배달통 로고에서 볼 수 있는 '부릉' '바로고' '생각대로' 같은 회사가 대표적인 배달대행 플랫폼이다. '배달의 민족' 같은 회사는 음식 주문 중개 플랫폼을 운영하지만, 자기네들이 직접 만든 배달대행 플랫폼도 운영한다. 이 배달대행 플랫폼의 서비스 이름이 '배민라이더스'이다. 다시 말해, 음식 주문 앱인 '배달의 민족'에서 음식을 주문하면 '배민라이더스'에 소속된 라이더들이 배달한다. 이 둘은 엄연히 다른 별개의 회사이다.

2 국민연금, 건강보험, 고용보험, 산업재해보상보험을 말한다. 노후, 질병, 실업, 사

고 등 가장 기본적인 사회적 위험에 대비하기 위한 공적 보험제도이다. 사업주는 근로자가 부담하는 보험료의 절반을 지급해야 하는데, 특히 산업재해보상보험료는 전액 부담한다.

3 약속한 시간 이상 일할 경우 50%를 가산하여 지급하는 연장수당, 밤 10시 이후 아침 6시 이전에 일하면 50%를 가산 지급하는 야간수당, 1주일 동안 근무일수를 채우면 지급되는 유급휴일에 대한 수당인 주휴수당 등을 말한다.

4 로컬 배달용역 업체는 배달대행 플랫폼 회사와 달리 플랫폼 혹은 프로그램을 운영하지 않는다. 지역 내지 동네에 기반을 두고 배달원들을 선발, 관리하며 배달대행 플랫폼 회사가 의뢰한 배달대행 용역을 실제 처리하는 역할을 한다. 업체의 설립 및 운영에 별다른 제한을 받지 않기 때문에 영세한 업체가 많다.

5 자신 또는 가족의 수입을 위해 일하는 사람으로, 자영업자, 무급가족종사자, 특수형태근로종사자 등을 포함하는 개념이다. 사업주에 대한 종속적 지위에서 노무를 제공하는 것이 아니라 자기 자신을 위해 노동하는 사람으로 이해할 수 있다.

6 Ronald Coase, *The Nature of the Firm*, Economica, Blackwell Publishing, 1937.

7 "철가방에서 라이더로… 23년차 배달 잔혹사", 2020년 11월 18일, 『노컷뉴스』.

8 대법원 2006. 12. 7. 선고 2004다29736 판결 등 참조.

9 플랫폼 노동은 웹에 기반하여web-based 의뢰받은 일을 온라인으로 수행하는 클라우드cloud형과 지역이나 위치local-based에 기반을 두고 고객이 호출하면 오프라인으로 노동을 수행하는 온디멘드on demand형 두 가지로 나뉜다. 배달대행 플랫폼 노동은 후자의 형태인 반면, 크몽이나 태스크래빗 같은 플랫폼은 전자의 유형에 해당한다.

10 특수형태근로종사자는 계약의 형식에 관계없이 근로자와 유사하게 노무를 제공함에도 근로기준법이 적용되지 아니하여 업무상 재해로부터 보호할 필요가 있는 사람을 말한다. 쉽게 말해, 산업재해보상보험법상 근로자에 준하여 취급하는 노무 제공자를 일컫는 말로서, 현재 산업재해보상보험법과 그 시행령에 의하여 보험설계사, (학습지) 방문강사, 골프장 캐디, 택배기사, 전속 퀵서비스기사, 대출모집인, 신용카드모집인, 전속 대리운전기사 등이 특수형태근로종사자로 지정되어 있다.

다만 이에 해당하기 위해서는 '주로 하나의 사업에 그 운영에 필요한 노무를 상시적으로 제공하고 보수를 생활할 것'이라는 요건(전속성 요건)과 '노무를 제공함에 있어서 타인을 사용하지 아니할 것'이라는 요건(비대체성 요건)을 충족할 것을 요한다.

11 대법원 2018. 4. 26. 선고 2016두49372 판결.

12 그러나 특수형태근로자에 해당하기 위해서는 앞서 말한 두 가지 요건을 모두 충족할 것이 요구되는 데다가 산업재해보상보험에 대한 적용제외 신청을 통하여 법의 보호대상에서 제외될 수 있다는 제도적 한계가 존재한다. 또한 근로자와는 달리, 특수형태근로종사자는 보험료의 절반을 자비 부담해야 하는 면도 문제점으로 지적된다. 이러한 측면에서 특수형태근로종사자에 대해서도 근로자와 마찬가지로 산업재해보상보험의 가입을 의무화하고, 그 보험료도 사용주 측에서 전액 부담하거나 국가에서 일부 금액을 보조해야 한다는 주장이 제기되고 있다.

13 근로 제공자가 근로기준법상의 근로자로 볼 여지가 많음에도, 사업주가 근로 제공자를 임의대로 자영업자로 대우하여 그와 위탁계약이나 용역계약을 체결한 후에 일을 맡기는 현상을 말한다. 근로자가 자영업자로 '잘못 분류되었다'는 뜻이다.

14 권오성, 「타다 사건을 통해 바라보는 플랫폼 노동과 사회보장의 문제」, 2020. 7. 3. 법원 노동법분야연구회 사랑방 모임 발표자료.

15 권오성, 같은 글, 7쪽 참조.

16 현행 근로기준법은 근로자에 대해 '직업의 종류와 관계없이 임금을 목적으로 사업이나 사업장에 근로를 제공하는 사람'을 말한다고 규정하고 있고, 대법원은 앞서 본 바와 같이 근로 제공자의 사업주에 대한 종속성을 기준으로 제지 여부를 판단한다.

그런데 최근에 미국 캘리포니아 주는 2019년 노동법을 개정해서 플랫폼 노동자들을 보다 폭넓게 보호할 수 있는 방안을 마련하였다. 이 법에 따르면, 플랫폼 노동자를 사용하는 사업주는 노동자가 (A) 업무 수행과 관련하여 계약상으로나 실제로 기업의 통제와 지시를 받지 않고 (B) 기업의 통상적인 사업 범위 외의 업무를 수행하며 (C) 관례적으로 기업과 독립적으로 설립된 직종, 직업, 또는 사업에 종사한다는 점을 입증해야 하고, 이를 입증하지 못하는 한 해당 플랫폼 노동자는 근로자로 인정된다(이러한 판단 기준을 일명 'ABC 테스트'라고 한다).

타다 이야기 1

1 타다 모빌리티 서비스 중에서 11인승 승합차량을 이용한 타다 베이직 서비스가 사라졌다는 것이고, 다른 프리미엄 서비스는 유지되고 있다. 이는 2020년 4월 7일 개정된 여객자동차 운수사업법이 2021년 4월 8일부터 '11인승 이상 15인승 이하 승합차량을 렌트한 사람이 운전자를 알선하는 행위'를 원칙적으로

금지하는 것으로 규정하고 있기 때문이다(다만 관광을 목적으로 승차정원 11인승 이상 15인승 이하인 승합자동차를 임차하는 사람으로서, 대여시간이 6시간 이상이거나, 대여 또는 반납 장소가 공항 또는 항만인 경우로 한하여 허용한다). 타다는 위 법 시행을 앞두고 기존의 타다 베이직 서비스 사업 분야에서 철수했다.

2 이하 이 장에서 '쏘카' 혹은 '브이씨엔씨'라고 약칭한다.

3 이하 이 장에서 '여객운수사업법'으로 약칭한다.

4 여객운수사업법 제2조 제3호. 여객자동차운송사업은 두 종류로 나뉘는데, 그 중 하나는 노선을 정해 여객을 운송하는 노선 여객자동차운송사업이고, 다른 하나는 별도의 노선 없이 구역을 정해 사업구역 안에서 여객을 운송하는 구역 여객자동차운송사업이다(여객운수사업법 제3조 제1항). 전자는 버스운송사업, 후자는 택시운송사업을 떠올리면 된다.

5 이러한 기준에는 사업자의 사업계획이 해당 노선이나 사업구역의 수송 수요와 수송력 공급에 적합할 것, 최저 면허기준 대수, 보유차고 면적, 부대시설, 운전자의 경력 등을 비롯해 사업 전반에 관한 사항이 포함된다(여객운수사업법 제5조 제1항).

6 여객운수사업법 제90조 제7호. 위반자를 2년 이하의 징역 또는 2천만 원 이하의 벌금에 처하도록 규정하고 있다.

7 구 여객운수사업법 시행령(2020. 4. 14. 대통령령 제30620호로 개정되기 전의 것) 제18조 제1호 참조.

8 구 여객운수사업법 시행령(2020. 4. 14. 대통령령 제30620호로 개정되기 전의 것) 제18조 제1호 바항 참조.

9 이하 서술은 필자가 집필한 논문인 「난해한 사안에서의 법적 판단에 관한 연구—법의 공간적 재현과 반성적 추론의 시론」, 한국법학원, 저스티스 통권 제178호(2020. 6.)를 상당부분 참조하였다.

10 이정우, 『접힘과 펼쳐짐』, 그린비, 2012, 145~145쪽 참조. 이 부분 서술은 프랙털 차원에 관한 이정우의 설명에서 통찰을 얻었다.

11 "누구든지 혈중알코올농도 0.03% 이상의 술에 취한 상태에서 자동차를 운전해서는 안 된다."

12 문제되는 특정 법조항이 속한 법률의 전체 체계와 다른 관련 조항의 내용까지 모두 고려하여 특정 법조항을 조화롭게 해석하는 방식을 '체계적 해석'이라고 한다.

13 자동차대여사업자는 국가로부터 면허를 받을 필요 없이 일정한 등록절차를 거치면 된다(여객운수사업법 제28조 제1항).

14 만약 피고인에게 불리한 방향으로 축소해서 해석하다면, 법관이 이 사건 예외조항에 "관광 목적으로" 등의 문구를 부가해서 해석하는 셈이 된다. 이는 판사가 법을 해석하는 것이 아니라 사실상 법을 만드는 것이라는 비판이 가능할 것이다.

15 최근 개정된 여객운수사업법은 이 사건 예외조항을 다음과 같이 개정했다. "관광을 목적으로 승차정원 11인승 이상 15인승 이하인 승합자동차를 임차하는 사람. 이 경우 대여시간이 6시간 이상이거나, 대여 또는 반납 장소가 공항 또는 항만인 경우로 한정한다." 만약 애당초 대통령령이 제정될 당시 좀더 사려 깊게 예외조항을 만들었다면, 위와 같은 내용으로 제정했을 텐데, 타다 사건이 문제되고 나서야 비로소 문제점을 인식하고 예외조항의 내용을 명확히 한 것이다.

타다 이야기 2

1 서울중앙지방법원 2020. 2. 19. 선고 2019고단7006 판결.

2 타다는 서비스 출범 1년 만에 이용자가 130만 명이 넘어섰고, 운행 차량대수는 1400대, 드라이버는 9000명을 확보했다.

3 진도왕, 「차량공유사업과 여객자동차운수사업법 제81조—공유경제와 소비자 보호의 관점에서」, 홍익법학 제17권 제4호(2016), 5쪽.

4 진도왕, 같은 글, 12쪽.

5 진도왕, 같은 글, 6쪽.

6 우버 서비스는 개인의 자가용을 운송수단으로 제공하는 우버 엑스Uber X 서비스, 타다와 같이 렌터카 사업자의 렌터카를 운송수단으로 제공하는 우버 블랙Uber Black 서비스 그리고 카카오택시와 같이 택시운송사업자와 제휴하여 이용자에게 운행서비스를 제공하는 우버 택시Uber Taxi 서비스로 나뉜다. 이중 공유경제의 취지에 부합하는, 개인의 유휴자산인 자가용을 활용하는 서비스는 우버 엑스 서비스이다.

7 한애라, 「눈의 진화」, 2020. 3. 23. 법률신문 기고문 중. 따옴표 안의 문장을 그대로 인용했다.

8 종래에는 중앙정부에서 택시요금을 정했으나, 1994년의 여객운수사업법의 개정과 함께 요금결정권이 지방자치단체인 시도지사에게로 위임되었다.

9 여행정보 사이트인 '프라이스 오브 트레블'에서 산출한 자료에 따르면 2017년 6월 기준으로 서울의 택시요금이 세계 60위를 차지했다. 이 자료에 따르면 3킬로미터 이동하는 경우의 서울 택시요금은 2.8~5.4달러 정도로, 소득 수준이 비슷한 다른 나라의 도시에 비해 요금이 월등히 저렴한 것으로 나타났다[도쿄

(GDP 3만 8440달러, 9.1~11.8달러), 런던(GDP 3만 9735달러, 10.4~15.6달러), 파리(GDP 3만 9869달러, 11.2~16.9달러)].

10 유성재, 「택시시장 정부규제의 경제적 배경과 사회적 최적에 관한 연구」, 한국외국어대학교 석사학위논문, 2013, 31~33쪽. 이에 따라 택시 규제를 완화한 많은 나라들이 요금 규제를 재도입하거나 새로운 정부규제를 도입하는 경향을 보인다고 한다.

11 게다가 택시운송사업의 경우 다른 서비스와 달리 소비자와 공급자 사이에 가격을 흥정하기 힘든 거래라는 점도 정부의 요금 규제가 불가피한 측면이다. 만약 개인택시의 개인 사업자마다 혹은 택시를 운영하는 법인 사업자마다 가격이 다르다고 한다면, 승객은 길거리에서 가장 저렴한 택시를 골라 타거나 택시 기사와 흥정하여 가격을 정해야 할 것인데, 이는 승객 입장에서나 택시 기사 입장에서나 지나친 거래비용을 발생시킨다. 따라서 거리에서 영업하는 모든 택시에 적용되는 표준화된 단일 요금에 관한 정부 규제가 필요하게 된다(유성재, 같은 글, 17~18쪽).

12 유성재, 같은 글, 20쪽.

13 물론 수많은 택시운수 종사자들의 소득 하락으로 발생하는 소득 양극화와 사회적 갈등도 문제가 된다.

14 너무 뜨겁지도 않고, 너무 차가지도 않은 딱 적당한 이상적인 경제상황을 골디락스 존이라고 한다. 영국의 동화 '골디락스와 세 마리의 곰' 이야기에서 유래되었다.

15 택시운송사업의 발전에 관한 법률 제9조.

16 진도왕, 같은 글, 17~18쪽; 이희정, 「영업 규제에 있어 혁신의 공익성 판단을 위한 시론」, 『행정판례와 공익: 청담 최송화 교수 희수 기념논문집』, 533~534쪽.

17 개정 여객운수사업법(2020. 4. 7. 법률 제17234호로 개정된 것) 제49조의3 및 제49조의5 참조.

18 다만, 출퇴근시간대에 카풀용으로 승용차를 함께 타는 경우나 천재지변, 긴급수송, 교육 목적을 위한 운행 등 일정한 경우에 한하여 예외적으로 허용하고 있다(여객운수사업법 제81조 제1항 제1호, 제2호).

법의 미학

1 이 장은 필자가 집필한 논문인 「난해한 사안에서의 법적 판단 연구—법의 공간적 재현과 반성적 추론의 시론」, 저스티스 제178호(2020)와 「법관의 양심에 관한 연구」, 사법논집 58집(2015)을 상당부분 참조하여 집필하였음을 밝힌다.

집필의 편의상 구체적 인용 출처를 밝히지 않는다.

2 알렉산더 리페브르, 『스피노자, 베르그송, 들뢰즈: 법-이미지』, 한병준·허유선 옮김, 치우, 2012, 113쪽.

3 지난 세기의 위대한 예술가들의 삶을 돌아보면, 청년 시절 가족의 권유로 법률가가 되려 했지만 법학에 염증을 느끼고 끝내 예술가로 전향했다는 이력이 종종 눈에 띈다. 프란츠 카프카가 법학을 전공한 보험회사 직원이었다는 사실을 아시는지!

4 알렉산더 리페브르, 같은 책, 114쪽. 문맥에 맞게 내가 번역된 부분을 일부 수정했다.

5 이 책 1부 「프로페셔널의 조건」에서 살펴본 대전고등법원 2006. 11. 1. 선고 2006나1846 판결 참조. 임대주택법상 임대차계약의 명의자로 되어 있는 딸을 대신하여 그 주택에 실제 거주하고 있는 고령의 노인인 피고가 위 법에 정한 임차인으로서 임대주택을 우선 분양받을 권리가 있는지가 쟁점이 된 이 사건에서 재판부는 위 법상의 임차인의 의미를 실질적 의미의 임차인까지 포함하는 것으로 폭넓게 해석하면서 '법은 장래 발생 가능한 다양한 사안을 예상하고 미리 만들어두는 기성복 같은 것이어서 아무리 다양한 치수의 옷을 만들어두어도 예상을 넘어 팔이 더 길거나 짧은 사람이 나오게 되므로, 법원이 경우에 따라 적절히 수선할 의무와 권한이 있다'는 의견을 밝혔다.

6 대법원은 피고인이 상대방과 운전 중 발생한 시비로 한차례 다툼이 벌어진 직후 상대가 계속하여 피고인이 운전하던 자동차를 뒤따라온다고 보고 순간적으로 화가 나 갑에게 겁을 주기 위하여 자동차를 정차한 후 4 내지 5m 후진하여 갑이 승차하고 있던 자동차와 충돌한 사안에서 특수폭행죄의 성립을 긍정하였다(대법원 2010. 11. 11. 선고 2010도10256 판결 참조).

7 송민경, 「난해한 사안에서의 법적 판단 연구—법의 공간적 재현과 반성적 추론의 시론」, 저스티스 제178호, 2020.

3부

나쁜 사람들을 위한 변명

1 데일 카네기, 『카네기 인간관계론』, 최염순 옮김, 씨앗을뿌리는사람, 2001, 32쪽.

2 결정론과 자유의지론의 대립은 그리스에서 서양 철학이 배태된 이래 끊임없이

논쟁의 대상에 오른 고전적인 주제로서 현대에서는 주로 뇌과학이나 양자역학의 측면에서 인간에게 과연 자유의지가 존재하는가, 자유의지에 대한 인간의 직관이 어떻게 설명되는가의 문제로 확장되어 논의되고 있다[김동현, 「인지과학적 관점에서 바라본 자유의지와 형사책임론의 문제」, 서울대학교 법학 제51권 4호(2010. 12.) 참조]. 필자의 소견으로는 어느 편의 입장도 결정론이나 자유론의 명제를 결정적으로 실증하였다고 보기 힘들며 단지 양 측면을 어떻게 조화롭게 설명할 것인지의 문제만이 남아 있다고 여겨진다.

3 어떤 명제가 참임을 증명하려고 할 때 그 명제의 결론을 부정함으로써 가정이나 공리가 모순됨을 보여 우회적, 간접적으로 그 결론이 성립한다는 증명하는 방법.

4 이진경, 『삶을 위한 철학수업』, 문학동네, 2013, 13쪽.

5 신형철, 『정확한 사랑의 실험』, 마음산책, 2014, 133쪽.

6 신형철, 『정확한 사랑의 실험』, 133쪽.

7 누가복음 23장 34절.

저녁 있는 삶을 위한 변론

1 이 단락 서술은 가라타니 고진, 『세계사의 구조』, 조영일 옮김, 도서출판 b, 2012, 제3부 제2장 참조.

2 기본근로 40시간, 연장근로 12시간, 휴일근로 16시간을 합친 시간이다. 그런데 위 각 시간을 합친 시간이 법상 허용된 주 최대 근로시간이 된 것은 휴일근로 16시간이 1주 12시간 한도로 허용된 연장근로시간에 포함되지 않는다고 본 고용노동부 행정해석 결과, 휴일근로 16시간만큼 연장근로시간이 사실상 늘어났기 때문이다. 대법원 역시 휴일근로시간이 1주간 근로기준시간 40시간 및 1주간 연장근로시간 12시간에 포함되지 않는다고 판단함으로써, 이러한 관행에 기댄 연장근로 산정방식을 인정했다(대법원 2018. 6. 21. 선고 2011다112391 전원합의체 판결). 이 문제는 연장근로의 산정기간인 '1주'를 휴일을 포함하는 것으로 볼지, 아니면 휴일을 제외하는 것으로 볼지의 문제라고 할 수 있는데, 2018년 3월 개정된 근로기준법은 "1주란 휴일을 포함한 7일을 말한다"라는 정의 규정을 신설하여 이 문제를 입법적으로 해결했다(근로기준법 제2조 제1항 제7호).

3 52시간 근로제의 시행이 산업에 미칠 여파를 고려하여 사업장 규모별로 시행시기가 달리 정해졌다. 상시 50명 이상 300명 미만의 근로자를 사용하는 사업 또는 사업장은 2020년 1월부터, 상시 5명 이상 50명 미만의 근로자를 사용하는 사업 또는 사업장은 2021년 7월부터 시행되었다.

4 OECD 국가통계(https://stats.oecd.org/)에서 노동labor 중 노동력 통계labor force statistics의 노동시간hours worked 항목 참조.

5 전주희 외 9인, 『우리는 왜 이런 시간을 견디고 있는가』, 노동시간센터 기획, 코난북스, 2015, 제4장 및 제10장 참조.

6 이정동 외 25인, 『축적의 시간』, 지식노마드, 2015 참조. 서울대학교 공과대학 교수 26인이 집필한 이 책에서 교수들은 선진국과 개발도상국 사이에 끼인 우리 산업의 현실을 냉철하게 분석하고 개별 산업별로 우리가 추구해야 할 발전 전략을 논의한다. 교수들은 우리나라의 제품생산능력이 세계 어느 나라에 못지않게 발전했지만, 정작 고부가가치를 창출하는 개념설계능력이 뒤떨어지는 점이 우리 산업의 문제라고 공통적으로 진단한다.

7 John Pencavel, *The Productivity of Working Hours*, IZA Discussion Paper No. 8129(April 2014). 스탠포드 대학의 펜카벨 교수의 분석 결과에 따르면 주당 49시간 이하로 노동하는 경우에는 노동시간과 생산성은 비례하지만, 주당 50시간 이상 일할 경우 생산성이 떨어져 반비례관계가 성립했다.

8 복지국가의 성립 과정 및 유형에 대하여는 G. 에스핑앤더슨, 『복지 자본주의의 세 가지 세계』, 박시종 옮김, 성균관대학교출판부, 2007, 제1부 참조.

9 미국의 정치철학자 존 롤스는 시민들 사이에 성립하는 이러한 종류의 합의를 '중첩적 합의overlapping consensus'라는 용어로 개념화한다. 중첩적 합의는 서로 다른 이유와 근거에서이기는 하지만, 모두가 받아들일 수 있는 합당한 근거가 있을 수 있음을 보여주기에 정치적 다원주의를 바탕으로 하는 현대 사회에서 어떻게 사회가 안정적으로 유지되고 발전될 수 있는지를 설명해준다. 서로 갈등하고 심지어 불가공약적인 신념체계를 지닌 자유롭고 평등한 시민들이 합당하게 동의할 수 있는 공적인 정당화 근거가 존재한다는 것이다(존 롤스, 『정치적 자유주의』, 장동진 옮김, 동명사, 2009, 165~213쪽 참조).

아주 조금 더 나은 삶을 위한 조언 2

1 "랍스터 '갓급식' 만든 영양사 '노량진 수산시장도 누볐죠'", 2020년 9월 21일, 『한국일보』.

2 "진장환씨 미대륙횡단 5046km 완주 귀국", 2020년 4월 20일, 『동양일보』.

3 잠언 4장 23절.

검사의 미덕

1 피고인은 이 사건에 대해 대법원에 상고했지만, 대법원은 피고인의 상고가 이유

없다고 보아 기각하였다.

판사의 미덕

1 사실 외국 법정과 달리, 우리나라 법정에서는 의사봉을 사용하지 않는다. 하지만 드라마나 영화에서는 판사가 의사봉을 두드리며 재판을 진행하는 것을 자주 볼 수 있다.

2 존 오스틴은 법의 본질이 '대중들의 습관적 복종의 대상이 되는 반면 아무에게도 복종할 필요 없는 누군가(주권자)에 의해 발해지는, 위협에 의해 강제되는 명령general order, backed by threats, issued by someone who is habitually obeyed by the bulk of the population and habitually obeys no one else'이라고 보았다.

3 헌법 제27조 제1항 "모든 국민은 헌법과 법률이 정한 법관에 의하여 법률에 의한 재판을 받을 권리를 가진다", 같은 조 제3항 "모든 국민은 신속한 재판을 받을 권리를 가진다. 형사피고인은 상당한 이유가 없는 한 지체 없이 공개재판을 받을 권리를 가진다."

4 고린도전서 10장 12절.

법관의 일

1판 1쇄 2022년 5월 31일
1판 2쇄 2022년 9월 12일

지은이 송민경
책임편집 이경록 | **편집** 김영옥
디자인 신선아
마케팅 정민호 이숙재 박치우 한민아 이민경 안남영 김수현 정경주
브랜딩 함유지 함근아 김희숙 박민재 박진희 정승민
제작 강신은 김동욱 임현식 | **제작처** 천광인쇄사

펴낸곳 (주)문학동네 | **펴낸이** 김소영
출판등록 1993년 10월 22일 제2003-000045호
주소 10881 경기도 파주시 회동길 210
전자우편 editor@munhak.com | **대표전화** 031) 955-8888 | **팩스** 031) 955-8855
문의전화 031) 955-3578(마케팅), 031) 955-3572(편집)
문학동네카페 http://cafe.naver.com/mhdn
문학동네트위터 http://twitter.com/munhakdongne
북클럽문학동네 http://bookclubmunhak.com

ISBN 978-89-546-8694-5 03300

WWW.MUNHAK.COM